本书是国家社科基金重点项目（21AZD108）、国家社科基金一般项目（21BZZ016）和广东省社科规划2023年党的二十大精神研究专项（GD23XZZC24）的部分研究成果

经济安全与合作机制评估研究

何维达 等◎著

JINGJI ANQUAN YU
HEZUO JIZHI
PINGGU YANJIU

经济管理出版社
ECONOMY & MANAGEMENT PUBLISHING HOUSE

图书在版编目（CIP）数据

经济安全与合作机制评估研究/何维达等著 . —北京：经济管理出版社，2023.9
ISBN 978-7-5096-9259-2

Ⅰ.①经…　Ⅱ.①何…　Ⅲ.①经济安全—研究　Ⅳ.①F114.32

中国国家版本馆 CIP 数据核字（2023）第 179719 号

组稿编辑：任爱清
责任编辑：任爱清
责任印制：黄章平
责任校对：王淑卿

出版发行：经济管理出版社
　　　　　（北京市海淀区北蜂窝 8 号中雅大厦 A 座 11 层　100038）
网　　址：www. E-mp. com. cn
电　　话：（010）51915602
印　　刷：北京晨旭印刷厂
经　　销：新华书店
开　　本：720mm×1000mm/16
印　　张：17.75
字　　数：357 千字
版　　次：2023 年 10 月第 1 版　　2023 年 10 月第 1 次印刷
书　　号：ISBN 978-7-5096-9259-2
定　　价：128.00 元

前　言

　　本书是在习近平总书记关于国家总体安全观的指导下，结合中国周边国家的经济安全与合作机制进行研究的，对于加强我国与周边国家的经济合作，巩固和提升我国经济安全水平和总体安全水平，实现中国强国梦具有重要的理论意义和应用价值。本书共分为十五章，其中第一章至第四章是理论基础和方法的研究，主要阐述国内外经济安全理论及其研究方法，构建经济安全评价指标体系，并比较分析我国周边国家的地理和人文环境，分析它们对经济安全的影响。第五章至第七章在理论和现状分析的基础上，探究这些国家产业安全的主要影响因素，针对这些国家的产业安全进行实证评价，并分析了产业安全的合作机制。第八章至第十章主要是针对这些国家的金融安全现状及合作机制进行比较研究，分析影响其金融安全的主要因素，并构建计量模型对金融安全进行实证评价。第十一章至第十三章主要分析影响这些国家资源能源安全的主要因素，并构建计量模型对资源能源安全进行实证评价。第十四章至第十五章主要对这些国家的经济安全合作机制现状进行比较分析，并提出经济安全合作机制整合优化的思路和对策建议。

　　具体来说，本书研究的内容和基本观点主要有以下五个方面：

　　（1）阐述了国内外经济安全理论及其研究方法，构建了经济安全评价指标体系。首先，梳理了国内外有关经济安全的文献及研究动态，评述了经济安全理论及其研究方法，从中汲取精华。同时，本书提出目前经济安全理论存在的问题，对我国周边国家经济安全的复杂性缺乏深度研究，定量研究的成果极为少见，因此可以弥补其不足，丰富国家经济安全理论。在此基础上，提出构建国家经济安全的综合评价指标体系，包括总体经济安全、产业安全、金融安全、资源能源安全等方面，既包括总体安全，又包括主要的、具体的经济安全领域，具有系统性、全面性和重要性。

　　（2）比较分析我国周边国家的地理和人文环境，找出其共性和差异。为了更好地研究中国周边国家的国家经济安全机制，必须深刻分析其周边国家所处的地理和人文环境，找出其共性和差异。因为不同的地理环境、文化和宗教信仰，在很大程度上决定该国的制度、经济发展战略、经济发展水平和经济安全。本书比较分析了中国周边国家的经济安全现状及存在的问题。其中，中亚五国是苏联的加盟共和国，虽然苏联解体了，但俄罗斯在这些国家的影响力还是非常强大的，必须处理好其合作关系。

（3）评价了中国周边国家经济安全状况，揭示其经济安全水平。通过构建经济安全评价指标体系，并采用层次分析法和熵权分析法，对中国周边国家经济安全进行了实证评价。研究发现：中国的经济安全、产业安全处于基本安全状态；金融安全由基本安全转变为安全状态；能源安全由基本安全状态转变为轻度不安全状态；国家总体上处于基本安全状态。俄罗斯的经济安全、产业安全处于轻度不安全状态；其金融安全在基本不安全与轻度不安全之间变动；能源处于不安全状态；国家总体上处于轻度不安全状态。哈萨克斯坦的经济安全从不安全过渡到轻度不安全再转变为基本安全状态；产业安全、金融安全处于轻度不安全状态；能源基本处于不安全状态；国家总体上处于轻度不安全状态。吉尔吉斯斯坦的经济处于轻度不安全状态；产业由不安全状态过渡到轻度不安全状态；金融安全处于轻度不安全与不安全状态之间；能源处于极不安全状态；国家总体上处于轻度不安全状态。巴基斯坦的经济安全处于轻度不安全状态；金融由轻度不安全状态转变为不安全状态；产业安全、能源安全处于不安全状态；国家总体上处于轻度不安全状态。这些国家经济安全由高到低排序为：中国、哈萨克斯坦、俄罗斯、巴基斯坦、吉尔吉斯斯坦。

（4）揭示了中国周边国家产业安全、金融安全和资源能源安全的内外在影响机理，并构建计量模型进行评估。研究发现，首先，在产业安全、金融安全和资源能源安全中，受影响最大的是地缘因素。一国的地缘因素和历史对产业安全、金融安全和资源能源安全所起的作用一般大于其他因素。其次，一国的经济发展水平及经济结构是影响经济安全的物质基础。如果经济发展水平高，经济结构合理，那么该国的产业竞争力就强，抗御经济风险和金融风险的能力就大，因而经济安全水平就更高。当然，自然禀赋或者说地理因素也是一个重要因素。金融安全除了受上述因素影响外，还有其特殊性，它受国际金融风险变动的影响较大。同时，一个国家的监管因素和主权债务风险也会影响其金融安全，甚至影响较大。在此基础上，运用计量模型分别评估了中国及周边国家的产业安全、金融安全和能源安全，得到了一些有价值的结论。

（5）提出了国家经济安全合作机制优化的思路和对策。本书比较分析了几种典型的经济安全合作机制，找出其共性与差异。然后，提出经济安全合作机制整合优化的目标、思路和对策。目标就是：在"一带一路"框架下，坚持国家总体安全观，优化我国周边国家经济安全合作机制，达到多方利益均衡，维护好国家经济安全，实现共赢和多赢目标。

何维达

2023 年 6 月 16 日

目　录

第一章 导论

第一节 研究背景及意义

一、研究背景

在国际格局出现大变动的影响下，以美国为首的西方发达国家陷入经济衰退，而一些非西方国家尤其是中国保持了稳定增长势头。在此情况下，美国等国家处于极度焦虑与恐慌之中，并采取新的策略打压中国以维护其经济安全和霸权。特别是最近几年，美国为了遏制中国崛起，对中国高科技企业华为、中兴通讯、腾讯、阿里巴巴等实施制裁。2021 年 12 月 15 日，美国财政部对中国半导体、医药、生物三大领域的多家企业进行制裁，以保护其经济安全。欧盟推出史上最严厉的《通用数据保护条例》（简称 GDPR）以保护其数据安全和经济安全。近几年来，美国高举"长臂管辖""关税""知识产权协议"等大棒对我国企业进行制裁与限制，并通过与其盟国的协议扩张对中国科技实施封锁，其实质是基于美国国内经济安全体制及与其盟国经济安全协议做出的战略考虑。同时，以美国为首的部分西方国家针对我国南海、台湾地区、香港地区等议题频繁炒作，粗暴干涉中国内政，不断抹黑中国，给我国经济安全和社会安全等方面带来了一系列问题。

众所周知，我国周边国家众多，其中与中国西北部接壤的国家有八个，包括俄罗斯、哈萨克斯坦、吉尔吉斯斯坦、塔吉克斯坦、巴基斯坦、蒙古、印度、阿富汗。这些国家的经济安全直接影响我国的经济安全。经济安全是国家安全的重要组成部分，其风险是客观存在的，影响因素也是非常复杂的。在研究过程中，首先必须考虑国际化和全球化这个大背景，同时，要充分评估当前中国周边国家经济安全的影响因素及态势。否则，脱离这两个事关全局的条件，关起国门来研究问题和制定政策，必将是闭门造车，无的放矢。

我国高度重视包括政治安全、经济安全、社会安全等在内的国家安全。2014年4月15日，习近平总书记主持召开中央国家安全委员会第一次会议并发表重要讲话，强调要坚持总体国家安全观，走出一条中国特色国家安全道路，并特别提出"政治安全是根本，经济安全是基础"的重要思想。2021年3月13日，我国发布了《中华人民共和国国民经济和社会发展第十四个五年规划和2035年远景目标纲要》，强调加强国家安全体系和能力建设，确保我国经济安全，保障人民生命安全，维护社会稳定和安全。2021年11月8~11日，中共中央在北京举行的党的十九届六中全会审议通过了《中共中央关于党的百年奋斗重大成就和历史经验的决议》，进一步强调国家安全体系和能力建设的重要性。2022年10月16~22日在北京召开了党的二十大，习近平总书记提出坚决维护国家安全和社会大局稳定。这对于坚持总体国家安全观，评估我国周边国家经济安全与合作机制，贯彻落实党的十九届六中全会和党的二十大报告精神具有十分重要的理论意义和应用价值。

二、研究意义

本书对于维护我国周边国家经济安全与合作，巩固和提升我国经济安全水平和总体安全水平，实现中国强国梦具有重要的理论意义和应用价值。具体表现在以下五个方面：

（1）保持我国经济高质量和可持续发展。改革开放以来，我国经济发展取得了巨大成就，经济总量仅次于美国列世界第二，但也面临一些突出矛盾和问题，如经济增长的资源环境约束强化、能耗和污染加大、严重雾霾天气、产业结构不合理等。这些矛盾和问题集中起来就是经济发展方式还比较粗放，导致资源和环境约束与该地区经济发展之间面临许多突出矛盾，进而出现经济安全风险。要实现我国经济高质量和可持续发展，就必须加快区域经济发展，调整不合理的经济结构和产业结构，提升经济安全水平，走出一条我国经济高质量和可持续发展的新型发展道路。

（2）维护国家经济安全。经济安全是国家安全的重要组成部分，是国家安全的基础。我国周边国家众多，尤其是西部地区毗邻的国家最多，其经济安全与否不仅影响本地区的经济社会稳定，也影响整个国家的经济安全，影响我国与周边国家的睦邻友好关系。因此，加强对中国周边国家经济安全的研究，对于保持社会稳定，加快推进社会主义现代化建设，增强综合国力，保障国家经济安全和国防安全，具有十分重大的意义。

（3）加强与我国周边国家的友好协作。目前，中国周边国家经济安全存在许多问题，尤其是美国重返亚太和"再平衡战略"对中国构成严重威胁，因此必须有效维护中国周边国家经济安全。而加强中国与周边国家的友好协作，必须建立在经济发展与经济安全的基础之上，只有如此，才能更好地处理与周边国家的合作关系，更好地维护中国与周边国家的经济安全。

（4）有利于进行理论创新。本书与其他类似的研究有所不同，现有研究多数局限于对社会安全方面的研究，而对经济安全与合作机制的研究不够。例如，中国周边国家区域合作对经济安全和社会稳定的作用机理是什么、如何构建中国与周边国家经济安全新的合作机制等，需要我们以科学的探求真理的态度，了解真实世界状况，利用规范分析方法和实证分析方法予以深入研究，从而发现答案和规律。

（5）为全球经济安全和可持续发展提供中国"智慧"。在国际格局大变动的影响下，各国尤其是发达国家经济陷入衰退，而中国经济却保持稳定发展。世界对中国的发展充满期待。对中国周边国家经济安全与合作机制的研究，不仅有利于筑牢经济安全风险"防火墙"，提升我国经济安全和总体安全水平，而且有利于为全球各国尤其是发展中国家提供中国经济安全风险预警与风险防范的经验借鉴，简言之，为全球经济发展和经济安全提供中国"智慧"。

第二节 研究思路与方法

一、总体研究框架和思路

本书注重理论与实践的研究，重点进行实证研究，以数据为基础，利用经济学理论、比较研究方法和计量经济学方法等，对中国周边国家经济安全及合作机制进行系统研究。研究结论严格建立在三个条件的基础之上：一是高质量的数据；二是科学的分析方法；三是前沿理论进展与当前周边国家的现实紧密结合。同时力避基于有限证据的无限推断，避免简单化的断语。在研究上，既要坚持分析方法的先进性、科学性和前沿性，更要注重研究问题本身的特殊性，在立足于研究中国周边国家经济安全状态及合作机制的基础上，力求研究成果具有较高的学术价值和应用价值。本书的总体思路如图1-1所示。

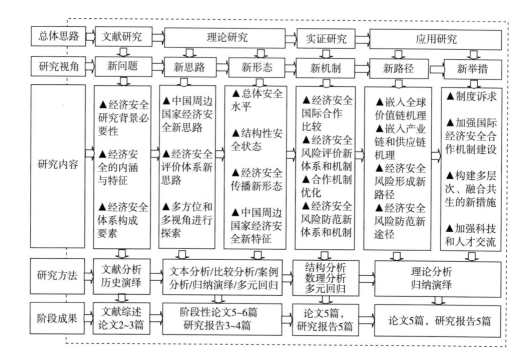

图 1-1 总体研究思路

二、主要研究方法

本书主要采用以下七个研究方法:

(一) 文献演绎法

我们根据筛选的结果总结出目前与研究内容相关的理论基础与最新研究成果,提炼出相关研究范式与研究方法,确定研究起点与大致的研究方向;然后,通过对理论基础、研究成果、研究方法与研究范式的总结,选择好研究视角、研究思路以及研究方法等,并考察所掌握的理论基础、研究成果以及方法的适用性。具体来说,采用文献演绎法主要研究回顾国内外相关文献,总结研究进展与不足,为后续研究与设计奠定基础。在梳理文献资料基础上,借助 Nvivo 软件对关键词词频进行文本分析,梳理主流理论研究动态、演进趋势和政策工具等,归纳国内外经济安全体系和实践模式,在此基础上提出中国周边国家经济安全研究的重点问题,制定研究计划和研究路线,为实证分析提供理论指导。同时,本书还运用历史分析、情景分析以及辩证分析的方法,考察所掌握的理论基础、研究成果以及研究方法的适用性问题。最终,通过对大量期刊论文的获取、筛选以及聚焦，构建并动态更新现有文献资料库，为经济安全研究动态提供文献保障。

（二）实证分析方法

经济学的实证分析是一种根据经验数据加以证明的分析方法。在运用实证分析法研究经济安全问题时，就是要提出用于解释事实的理论，并以此为根据做出预测。经济安全既是一个理论问题也是一个实践问题，因而在对中国周边国家经济安全风险形成机理和风险状态进行研究时，需要用到实证分析方法。通过构建数学模型，收集有关数据，采取定性分析与定量分析相结合的方式进行研究。例如，在探索经济安全风险形成机理及原因时，就会运用科学的抽象法，舍弃一些影响较小的因素或变量，这样把可以计量的复杂现象简化和抽象为为数不多的主要变量。

（三）案例研究方法

案例研究方法（Case Analysis Method）又称个案研究法。我们依据以下五个步骤运用案例研究方法：

（1）研究问题的确定，主要是针对研究背景以及研究内容，根据前期设计的技术路线，确定需要通过案例分析解决的现实问题。

（2）相关企业样本的选取，我们根据研究问题的需要，结合中国、俄罗斯、印度、哈萨克斯坦、乌兹别克斯坦、巴基斯坦、蒙古等国家重点样本综合选取若干典型案例，同时，我们还利用模糊聚类分析对以上典型案例进行归类。

（3）研究资料的收集，主要收集中国周边国家有关企业的研究样本，包括经济、治理、生活以及利益相关者等方面的资料。

（4）相关资料的分析，是对所有收集到的案例相关资料开展案例内分析、跨案例相互印证分析和跨案例比较分析，这是一个循环往复的过程，直到可以对前期的问题做出判断，对各个问题得到研究结果。

（5）研究结果的汇总与总结，对案例分析得出的所有结果进行汇总以及比较分析，包括中国周边国家经济安全状态、风险防控和保障措施等。

（四）理论建模分析法

我们在文献研究与案例研究的基础上，选择合适的理论去探索中国周边国家经济安全的现状及发展趋势，并构建理论模型，为深入开展研究指明方向。具体来说，采用理论建模法探索经济安全风险形成机理、经济安全风险状况等；研究经济安全合作机制的主要结构要素理论模型、经济安全保障能力的实践逻辑及实现路径理论模型等。

（五）综合评价方法

该方法主要用来研究客观事物中多个变量或多个因素之间相互依赖的统计规律性，其方法类别多种多样，我们根据情况，采用以下三个经典模型：

1. 结构方程模型

结构方程模型（Structural Equation Modeling，SEM）有利于处理包含可观察的显著变量，不可观察的潜在变量多个原因、多个结果的关系问题，可以估计和检验多变量之间的因果关系。由于经济安全风险受到多个因素影响，在这些因素中既有可观察的显著变量，也有不可观察的潜在变量。因此，在经济安全分析中都需要用到 SEM，以此研究多变量之间的作用关系。具体步骤包括：第一步考察解释变量/自变量（潜变量）到被解释变量/因变量（潜变量）的直接效应，如式（1-1）所示。第二步考察多重中介效应。多重中介模型是将所有中介变量都纳入到一个模型中进行系数估计。例如，通过 M1 这个中介变量产生的 X1 对 Y 的特定间接效应被定义为 X 到 M1，M1 到 Y 这两条非标准化路径系数的乘积。第三步检验调节变量 Zi 的调节效应是否存在，在确定了简单调节效应存在的前提下，使用调节的中介效应模型进行检验，如方程（1-3）所示。为了直观性和可视化，在设定加强经济安全风险强度具体问题的研究模型前设定总模型，分别是式（1-1）主效应模型，式（1-2）中介效应模型，式（1-3）调节效应模型，然后再研究多变量之间的关联性。

$$Y = a_1 + a_{X1}X_i + e_{Y1} \tag{1-1}$$

$$Y = b_1 + b_{X1}X_i + b_{M1}M_i + e_{Y2} \tag{1-2}$$

$$Y = c_1 + c_{X1}X_i + b_{Z1}Z_i + c_{X1Z1}X_iZ_i e_{Y3} \tag{1-3}$$

其中，X_i 表示第 i 个自变量中的前置变量，Z_i 表示第 i 个调节变量，Y 表示因变量。

2. 因子分析法

我们主要运用因子分析法构建经济安全风险评价指标体系中的各个相应指标赋予权重，采用 SPSS20.0 对评价体系的各个指标进行探索性因子分析，运用 Amos7.0 进行验证性因子分析，并结合调查数据测算综合指数。我们采用因子分析研究以下两个问题：一是经济安全风险形成机理的一般评价模型研究。主要研究复杂风险评价的一般评价模型指标体系（包括政府部门风险、专家风险、公众风险、监督部门风险、供应商风险、政策风险、经济风险和环境风险等），赋予这些指标以权重，评估并量化复杂风险。二是经济安全复杂风险组合性均衡动态评估模型研究。我们根据风险的影响程度（风险发生的可能性和风险的影响值）设计指标权重以及风险动态修正系数（具体指标赋值及权重在不同时间点相对动态变化），多角度分析判断风险危害程度。

3. 灰色模糊综合评价法

在研究中，还设计出一套符合我国经济安全风险 PESTLM 预警测评模型，并构建复杂风险的灰色模糊综合评价模型。首先，构建风险评价指标集，具体采用因子分析结果，建立风险评价指标集；其次，建立风险级别，预警测评水平分为四个等级 V = ｛危险，不安全，基本安全，安全｝；最后，计算各一级指标的灰色模糊隶属向量（假设为四个一级指标）：

$$\underset{\leftarrow}{\tilde{B}_i} = \underset{\leftarrow}{\tilde{W}_i} \times \underset{\leftarrow}{\tilde{\Gamma}_i} = \left\{ \sum_{j=1}^{n} \left[w_{ij} \times u_{ijk} \right], \quad \vee \left[v(w_{ij})_{j=1}^{n} \wedge v_{ijk} \right] \right\}$$

$$= \left[(u_{i1}, v_{i1}), (u_{i2}, v_{i2}), \cdots, (u_{ik}, v_{ik}) \right] \qquad (1-4)$$

其中，u_{ik} 表示第 i 个指标对于第 k 级评语的隶属度，v_{ik} 表示 u_{ik} 的点灰度。如果，$\sum_{k=1}^{p} u_{ik} \neq 1$，需要做归一化处理。又次，我们再计算各一级指标的灰色模糊综合评价值：

$$\underset{\leftarrow}{\tilde{R}_i} = \underset{\leftarrow}{\tilde{B}_i} V^T = \left(\sum_{k=1}^{5} \left[u_{ik} V_k \right], \quad \vee \left[v_{ik} \right] \right) = (r_i, v_i) \qquad (1-5)$$

其中，$V^T = (1, 2, 3, 4)^T$，$r_i (i = 1, 2)$ 表示第 i 个一级模糊综合评价值，v_i 表示 r_i 的点灰度。最后，计算经济安全风险灰色模糊综合评价值：

$$\underset{\leftarrow}{\tilde{R}} = \underset{\leftarrow}{\tilde{W}} \times \left[(r_1, v_1), (r_2, v_2) \right]^T = \left(\sum_{i=1}^{2} \left[w_i \cdot r_i \right], \quad \vee \left[v(w_i \overset{2}{\underset{i=1}{\vee}} v_i) \right] \right) = (r, v)$$

$$(1-6)$$

其中，r 表示经济安全风险的灰色模糊综合评价值。可根据 r 的大小判断风险的高低，v 表示 r 的点灰度，通常介于 0～1，越接近于 0，表示模糊综合评价过程中灰度越小，做出相应评价的确定性越强。当指标级数较多时，依次类推即可。

（六）社会网络分析法

社会网络分析法（Social Network Analysis）是一套规范的对社会关系与经济结构进行分析的方法，主要包括以下五步：①研究对象的确定，确定经济安全研究对象和调查社会网的网络边界。②收集、整理数据，确定研究对象及边界后，需要对研究对象相互关系的数据进行收集和整理。③数据处理。我们运用 UCI-NET7.0 软件完成此步骤及后续的操作。④对数据进行分析，使用 UCINET 软件绘制网络图，根据需求计算出各部分指标，通过这些内容对所要分析的对象进行分析。⑤解释结论，对计算出的定量结果做出定性解释，从而得出相应的研究结论。

（七）大数据挖掘方法

大数据挖掘（Data Mining）是从大量的、不完全的、有噪声的、模糊的、随机的数据中提取隐含在其中的、人们事先不知道的、但又是潜在有用的信息和知识的过程。主要内容包括数据挖掘对象、数据挖掘流畅、数据挖掘分类等。我们在进行数据采集和实证研究时，通常采用大数据挖掘方法研究高性能的数据处理，并且有效地处理通过各种渠道获取的结构化数据、半结构化数据和非结构化大数据，将具有关联性的数据整合成具有相互关联的大数据集，以便开展研究。

综上所述，本书的研究方法如表1-1所示。

表1-1　本研究应用的研究方法

项目内容	文献演绎法	实证分析法	案例研究法	理论建模分析法	社会网络分析法	大数据挖掘法	综合评价法
经济安全的理论基础及风险形成机理	√	√	√	√	√	√	—
中国周边国家经济安全经验比较及启示研究	√	√	√	—	√	√	√
中国周边国家经济安全风险评估研究	√	√	√	√	√	√	√
中国周边国家经济安全机制整合优化研究	√	√	√	√	√	√	√
加强中国周边国家经济安全合作机制研究	√	√	√	√	√	√	√

资料来源：笔者根据上述研究方法汇总得到。

第三节　主要研究内容与创新

一、主要研究内容

本书研究的主要内容如下：

第一章为导论。主要介绍研究背景及研究意义，主要研究思路和方法，主要研究内容和创新，以及研究不足之处。

第二章为经济安全文献综述、理论基础与评价指标体系研究，主要梳理国内外有关经济安全的文献及研究动态，评述了经济安全理论及其研究方法，从中吸取其精华。在此基础上，提出了构建国家经济安全的综合评价指标体系，包括总体经济安全、产业安全、金融安全、资源能源安全等方面，既包括总体安全，又包括主要的、具体的经济安全领域，具有系统性、全面性和重要性。

第三章为中国周边国家环境及发展对经济安全影响研究。本章首先分析中国周边国家的地理和人文环境的联系与差异，其次分析区域经济一体化组织对中国经济安全的影响，最后分析中国周边国家发展战略对中国经济安全的影响，包括正面的与负面的影响。

第四章为中国周边国家经济安全评估研究。本章基于层次分析法确定权重，然后构建经济安全评价模型，并对中国周边国家经济安全进行评估。研究发现：中国周边国家经济安全、产业安全处于基本安全状态；金融安全处于基本安全状态；能源安全由基本安全状态转变为轻度不安全状态，并且逐步发展为不安全状态；国家总体处于基本安全状态。虽然俄罗斯等其他国家总体经济安全、产业安全、金融安全和资源能源安全各有不同，但是均弱于中国。在此基础上，本章提出了中国经济安全应对策略。

第五章至第十三章，具体分析了中国周边国家产业安全、金融安全、资源能源安全现状及合作机制，并分别对其产业安全、金融安全、资源能源安全进行了定量评估。2008年至今，俄罗斯经历了全球金融危机，经济发展波动较大，产业处于轻度不安全状态，金融方面表现为卢布大幅贬值，处于轻度不安全状态；此外由于石油价格的剧烈波动，使俄罗斯能源也出现了较大的安全风险问题。受俄罗斯和国际形势的影响，中亚五国的产业安全、金融安全和资源能源安全也出现了不同程度的风险。比较而言，土库曼斯坦相对安全一些，主要是该国的开放度很低，受外界影响比较小。具体来说，从产业安全来看，仅有中国在样本期内制造业呈现基本安全状态，随后是俄罗斯制造业在样本期内呈现轻度不安全状态，其余五国制造业均呈现不安全状态，主要安全排序为中国>俄罗斯>印度>哈萨克斯坦>巴基斯坦>吉尔吉斯斯坦>蒙古。从金融安全来看，中国周边国家金融安全水平表现差异较大。2004~2018年中的大部分年份处于金融不安全的状态，且2014年俄罗斯发生乌克兰危机以来，金融安全状况一直没有缓解，没有达到较高的金融安全状态；俄罗斯两次金融危机表现不同，2008年金融危机以后，俄罗斯迅速反应，在2009年时就完全脱离了不安全的状态。但治标不治本，2009年以后，金融安全分数不断下降，直到2014年金融危机发生，2019年有所好转。从能源安全来看，以石油为例对我国西北周边国家能源安全进行了评估分析。我们利用中国石油安全预警综合系统（ISD）、石油安全的国内保障子系统（SD1）、影响石油安全合作的其他因素（SD3）进行分析，研究发现，中国多数情况下处于基本安全警限内。最近十年，俄罗斯能源处于轻度不安全，在西方国家的制裁下，处于不安全状态。其他国家受俄罗斯和国际石油市场影响，石油和天然气安全处于轻度不安全状态，有时处于不安全状态。

从经济安全合作机制来看，中国周边国家产业安全合作机制、金融安全合作机制和资源能源安全合作机制相继建立，多数是包含在经济安全合作机制之中。但也有一些独立的安全机制，例如，中巴经济走廊、亚洲基础设施投资银行、丝路基金和政府间合作委员会能源合作分会等。总体来看，中国周边国家受大国影响比较大，首先是俄罗斯，其次还有中国和美国等。如果要对这些经济安全合作机制进行优化，需要有一个漫长的过程，而且应该与大国进行博弈和平衡。

第十四章为中国周边国家经济安全合作机制现状比较分析。主要从两个方面进行比较研究：一是对中国周边国家经济安全合作机制现状及进展进行全面分析；二是用比较分析方法，探讨中国周边国家经济安全合作机制的共同点与差异。

第十五章为经济安全合作机制优化研究与措施。在经济全球化背景下，区域经济一体化组织迅速发展壮大起来，形成世界几大区域经济合作组织，即欧洲联盟、北美自由贸易区、东南亚国家联盟（简称东盟）和亚太经济合作组织等，极大地丰富了区域经济一体化实践，在一定程度上推动了世界区域经济合作化进程。在比较分析中国周边国家经济安全合作机制的基础上，我们提出经济安全合作机制优化的目标、思路和对策。目标就是：在"一带一路"框架下，坚持总体国家安全观，优化中国周边国家经济安全合作机制，达到多方利益均衡，维护好国家经济安全，实现共赢和多赢目标。在坚持总体国家安全观前提下，逐步优化中国周边国家经济安全合作机制，必须坚持如下六项原则，即开放合作、互利共赢、求同存异、和谐包容、独立自主和可操作性。为了实现中国周边国家经济安全机制优化，需要突出重点，主要包括三个方面：①以自贸区为基础构建和完善"一带一路"区域经济安全合作机制；②以基础设施互联互通构建和完善区域性经济安全合作机制；③充分合理发挥"经济走廊"示范效应。根据前面提出的目标、重点等，我们提出采取以下八个应对措施：①积极营造周边国家安全环境；②建立和完善有效的经济安全风险防范机制；③发展数字贸易，拓展互利共赢领域；④稳妥推进产业合作；⑤培植安全共同体；⑥积极推进区域经济治理；⑦积极开展非传统安全合作；⑧构建新的国际经济合作机制。

二、主要创新

本书有以下四个特色和创新：

（1）开创性。本书名为《经济安全与合作机制评估研究》，是在国家社会科学基金项目的基础上经过多次修改完成，研究视角新颖，研究内容也是该领域的前沿性研究成果，有些内容还是首次研究，具有开拓意义。

（2）研究内容创新性：

1）提出了构建国家经济安全的综合评价指标体系，包括总体经济安全、产业安全、金融安全、资源能源安全等方面，既包括总体安全，又包括主要的、具体的经济安全领域，具有系统性、全面性和重要性。

2）首次系统地评价了中国周边国家经济安全状况，揭示其经济安全水平。本书提出构建国家经济安全的综合评价指标体系，包括总体经济安全、产业安全、金融安全、资源能源安全等方面，既包括总体安全，又包括主要的、具体的经济安全领域，具有系统性、全面性和重要性。

3）首次比较分析了我国周边国家产业安全、金融安全和资源能源安全状况，并构建计量模型进行实证分析与评价，得到了有价值的结论。

4）揭示了经济安全的内在原因。通过研究，揭示了我国周边国家产业安全、金融安全和资源能源安全的内外在影响机理及其影响因素。

5）提出了国家经济安全合作机制优化的思路和对策。在经济全球化背景下，区域经济一体化组织迅速发展壮大起来，形成了世界一些著名的区域经济合作组织，包括欧洲联盟、北美自由贸易区、东南亚国家联盟（简称东盟）和亚太经济合作组织等，极大地丰富了区域经济一体化实践，在一定程度上推动了世界区域经济合作化进程。这些区域经济合作组织形成了不同的区域经济合作组织。经济安全合作机制应该建立在国家经济合作机制基础之上。

（3）全面性和系统性。本书研究的内容，既包括经济安全的一般理论和方法，也系统分析了中国周边主要国家经济安全状况及合作机制，涉及周边国家经济安全、产业安全、金融安全和资源能源安全等主要的经济安全状况，具有全面性、系统性和重要性。

（4）研究建议具有参考价值。本书提出有价值的政策建议。首先，本书从理论上分析了我国周边国家经济安全合作机制优化目标、重点和模式。然后，在比较分析我国周边国家经济安全合作机制现状的基础上，提出经济安全合作机制优化的总体目标、主要思路和具体对策。

第四节 研究不足之处

本书研究虽然取得了一些理论成果，但由于涉及我国周边多个国家，而且时间跨度较长、研究难度较大，因此一定存在许多不足之处，希望在今后的研究中不断拓宽思路，进一步完善。主要不足表现在以下四个方面：

（1）中国周边国家比较多，搜集数据和资料有较大难度。例如，中国周边国家有俄罗斯、哈萨克斯坦、塔吉克斯坦、吉尔吉斯斯坦、巴基斯坦、蒙古、印度、阿富汗等国，各国的情况如经济、文化和社会均有所不同，统计口径也不完全一样，从而为收集相关数据和资料增加了不小的难度，有些数据只能参照世界银行等机构的数据。

（2）指标口径归一化遇到不少困难，主要是涉及经济安全评价指标体系的内容，在一般统计资料上难以查到，例如，产业劳动力素质在各国表现就不一样，为此我们用平均受教育年限来替代。还有外资对本国技术控制程度，我们就用其他指标替代。

（3）经济安全包含较多内容，我们只是选择主要的、关键的指标包括总体安全、产业安全、金融安全和资源能源安全，可能存在挂一漏万的情况。因此，需要在今后的研究中不断补充和完善。

（4）由于受时间和经费等因素影响，本书统计的数据大多数是截至2019年，未能体现最近几年的数据资料。因此，今后研究要与时俱进，补充最新数据和资料。

第二章　经济安全文献综述、理论基础与评价指标体系研究

第一节　经济安全文献综述

国家经济安全（以下简称经济安全）是国家安全的重要组成部分，与军事安全、政治安全等具有同等地位。随着时代的快速发展，地理分割已逐渐弱化，世界各国的经济联系日益密切，国际间的经济传导性增强。经济全球化是一把"双刃剑"，一方面促进全球经济发展，另一方面也带来经济安全风险。与之相关的经济安全问题研究越来越多，研究成果逐渐丰富，不同时期的各国学者纷纷提出了自己的理论观点和论据。

通过文献检索，国内外有关经济安全相关研究列表综述如表2-1所示。

表2-1　经济安全等相关理论研究现状

视角	主要理论及观点	代表人物
经济安全的含义及特征	经济处于稳定、均衡和持续发展正常状态；具有国家性、战略性、根本性、全局性等	List（1841），Robert A. Pollard（1985），Michael A. Bamhart（1987），Barry（1991），Helen E. S. Nesadurai（2004），Brown（2009），Mamoon（2012），Acemoglu D. and Restrepo P.（2018），赵英（1994），赵刚箴（1999），郑通汉（1999），雷家骕（2000，2012），丁志刚（2001），陈凤英（2005），叶卫平（2008），王愉飞（2009），江涌（2010），曹云华（2010），何维达（2016），孔庆江（2018），李明（2019），刘伟、苏剑（2020），顾海良、刘碧（2021）

续表

视角	主要理论及观点	代表人物
经济安全的风险成因	国际贸易摩擦、大国关系；国际竞争力下降，产业衰退、市场控制力下降；整体环境不可控等	Alves（1978），Sharma and Mahajan（1980），Compell（2008），Ramana（2009），Mamoon（2012），Chyungly Lee（2017），赵英（1994），王瑛、邵亚良（2005），景玉琴（2005，2013），江涌（2007），杨益（2010），雷家骕（2000，2012），孔庆江（2018）
经济安全风险预警和评估，包括产业安全、金融安全等	经济安全风险预警和评估模型，主要有统计和非统计两大类；风险预警指标，评价方法及实证分析；产业安全、金融安全风险预警和评估	Beaver（1966），Altman（1968），Alves（1978），Ohlson（1980），Ramana（2000），Pankov（2011），Tobias（2013），Pêstinikas（2014），Kendall and Nguyen（2018）；赵英（1999），谢洪礼（2000），何维达（2002，2003），B. K. 先恰戈夫（2003），聂富强（2005），张汉林、魏磊（2011），姜茸、钱泓澎（2015），顾海兵、李长治（2019），刘伟、苏剑（2021）
经济安全风险防范机制和保障体系	风险防范机制构建，产业调整，产品结构调整，治理结构调整，安全风险防范，经济安全保障	Glison（1989），Deangelo（1990），Asquith（1994），Sudi（2001），Tobias（2013），Kendall and Nguyen（2018），谢洪礼（2000），胡再勇（2014），何维达（2012，2016），孔庆江（2018），顾海兵、李长治（2019），郑吉峰（2020）
经济安全能力建设	经济安全保障能力、治理能力等	Alves（1978），Ohlson（1980），Pêstinikas（2014），李海舰（1997），赵刚箴（1998），史忠良、何维达（2002），谢莹（2006），孔庆江（2018），顾海良、刘碧（2021）
中国周边国家经济安全	俄罗斯经济安全；印度经济安全；中亚五国经济安全；西北区域经济安全，产业安全、金融安全和能源安全等	Barry Buzan（1991），Richard Rousseau（2012），Shchurko Ulyana 等（2013），Shchwk（2017），丁志刚（2001），高永久（2003），高永久、岳天明（2006），顾海兵（2007），秦放鸣（2010），赵雪冉（2010），段秀芳（2008，2010），李新英（2009，2011），张磊（2010，2013），刘友发（2012），钟飞腾（2012，2013），高志刚（2012，2016），李思奇（2018）

资料来源：笔者根据国内外相关研究文献整理得到。

一、经济安全的含义及特征

大多数专家认为，经济安全是指一国的整体经济竞争能力强，经济处于稳定、均衡和可持续发展的正常状态，具有国家性、战略性、全局性和系统性等特征。国外学者李斯特（List，1841）从贸易保护角度研究贸易保护和经济安全。有的学者从国际问题、战争角度进行分析，哥伦比亚大学教授 Pollard（1985）在《经济安全和冷战的根源》一书中提出，冷战爆发的实质是为了稳定世界经济和政治体系，以防"二战"之后的世界经济重新回到20世纪30年代的大萧条状态。这些都是局限于时代背景提出的观点，可称为传统的经济安全观。正如 Helen E. S. Nesadurai（2004）指出，传统的经济安全观是一种追求本国经济独立、免受他国经济控制（如制裁、禁运等）以维护其国家安全的观念。

后来的学者开始对经济安全进行定义。英国学派的代表人物之一巴里·布赞（Barry，1991）认为，国家安全的基础是拥有国家生存所需的条件，经济安全处于国家安全概念范围内。Moran 和 Kapstein（1991，1993）认为，经济安全应强调开放与侵蚀国家主权之间的关系，而贸易、金融一体化和货币的相互依存是国家安全政策的薄弱环节。布朗（Brown，2009）认为，在经济全球化背景下，各国经济联系的加强使国家利益日益交融在一起，一国经济安全的范围将变得模糊起来，而要维护国家安全，不仅要维护国家主权与边界安全，还应包含维护本国"基于合理的条件"及其与外部的经济联系。我国学者对经济安全研究起步较晚，主要从国际贸易保护、产业安全维护等视角研究经济安全及相关问题（赵英，1999；王愉飞，2009；江涌，2010；孔庆江，2018；李明，2019）。随着全球化发展，经济安全风险类型发生较大变化，美国等西方国家对中国的打压更为频繁和严厉（吴笛，2010；刘伟、苏剑，2020；顾海良、刘碧，2021）。

二、经济安全风险成因分析

有的学者认为，经济安全风险主要原因是金融危机以及国际贸易摩擦等因素引发（Compell，2008；Ramana，2009；杨益，2010；孔庆江，2018）。有的学者认为，主要是大国关系发生变化，美国霸主地位下降引起的焦虑造成（Chyungly Lee，2017；江涌，2010）。有的学者认为，国际竞争力下降和产业衰退、市场控制力下降及整体环境不可控等导致经济安全风险加剧（Brown，2009；雷家骕，2012；李明，2019；刘伟、苏剑，2021）。

还有的学者通过实证研究，从知识产权保护、价格波动以及综合因素等探讨了经济安全的风险因素或者原因。例如，余翔等（2004）分析了知识产权保护对我国经济安全的影响，在对比美国和日本在知识经济时代对国家知识产权战略的调整和发展趋势基础上，提出建立中国知识产权危机预警和管理机制的初步设想。蒋瑛等（2007）分析了世界石油价格的波动对一国经济安全的影响，认为石油价格波动对发展中国家经济的影响远大于发达国家，对我国经济增长、产业安全和消费者行为也产生重要影响，使中国经济安全受到了威胁。为此，我国必须建立应对石油危机的经济安全预警机制，具体包括石油战略储备预警机制、石油价格预警机制、石油供应预警机制。胡再勇和林桂军（2014）通过分析 OECD 国家情况，得出影响经济安全的因素包括法律体系，各种政策（如国内经济政策、对外经济政策、军事和外交政策）以及区域合作组织共同的原则和指导方针等。顾海兵、张帅（2017）通过"十三五"时期我国改革开放以来能源消费对经济发展的影响，得出我国的能源弹性系数、能源消费波动规律、产业结构、人均能源消费是影响我国能源经济安全的重要制约因素。潘晓明、陈佳雯（2018）指出，特朗普政府的《国家安全战略报告》维护经济安全是实现国家安全的重要组成部分；并强调经济繁荣、科技创新和能源产业优势，重塑美国在国际经济秩序中的主导地位在美国经济安全的重要作用。

三、经济安全风险预警与评估

国外学者较早采用复杂的数学模型进行预警和评估（Beaver，1966；Altman，1968；Alves，1978；Ohlson，1980；Pėstinikas，2014；B. K. 先恰戈夫，2003），侧重点既有微观方面，也有宏观方面。国内关于我国经济安全监测预警和评估主要从三个视角进行：一是在我国经济安全概念的基础上设计监测预警和评估指标，例如，赵英（1994）提出5个子系统，41个指标。该体系的特点是较全面，缺点是过于庞大，难以量化，不具可操作性。国家统计局和清华大学联合课题组（2000）提出5个大类（包括资源与物资、国民经济速度与结构、对外经济、金融、政府与体制），33个小类，该体系的特点是较全面和宏观，缺点是覆盖面不广、缺乏产业安全方面的指标。二是从产业角度分析经济安全问题，常见的有产业安全、金融安全、能源和粮食安全等。该体系的特点是比较具体客观，例如，顾海兵（2007，2017）、赵佩文（2012）、何维达（2002，2008，2016）等，缺点是不够宏观。三是从方法论视角进行研究，例如，姜茸、钱泓澎（2015）用结构分析模型对经济安全进行实证评估预警。顾海兵、王鑫（2012，2019）将经济安全按不同标准分为产业子系统、时间子系统、区域子系统和国别子系统等四个子系统。该体系特点是具有一定的层次性和时间性，缺点是不仅有重复现象如区域和国家，还存在内涵不在一个层面上的问题。

四、经济安全风险防范机制和保障体系

国外经济安全风险防范主要侧重法律规制（Glison，1989；Tobias，2013；Kendall and Nguyen，2018）；国内强调加强宏观调控（胡再勇，2014；孔庆江，2018），并从财政金融、实体产业、战略资源和宏观稳定入手分析我国经济抵御外部冲击、维持自身稳定与发展的能力（刘伟、苏剑，2020）。

同时，国内学者还强调经济安全保障体系建设。唐建新（2008）指出，政府审计是我国国家经济安全保障体系的重要组成部分，政府审计在维护国家经济安全方面的作用路径应是针对国家经济安全政策制定与执行开展审计和审计调查，监督国家经济安全政策的贯彻实施；作为国家经济安全预警机制的重要一环，向政策制定部门反馈信息、提供意见和建议，促进政策的调整与完善。顾海兵等（2009）建议保障经济安全的政府机构除建立国家经济安全委员会相关分委员会

外，能源、产业、金融、社会等领域也应建立相应的部门和机构进行管理。张一弓等（2010）分析了我国国家经济安全战略的演进，剖析国家经济安全战略之重要性，并在德尔菲法的基础上，得出我国经济安全战略内容上应包括能源安全战略、产业安全战略、贸易安全战略、金融安全战略、粮食安全战略和科技安全战略；形式上应从初始时的"集中—分散嵌入型"逐步向完全的分散嵌入型过渡的结论。刘友法（2012）分析了中国未来面临的经济安全挑战，包括国际分工格局、金融风险、贸易保护主义、非传统安全和对外经济依存度。得出要从经济安全环境、安全防范机制、技术进步体制、互利共赢贸易、产业合作、安全观念、区域经济治理和非传统安全合作等多方面保障我国经济安全。蔡俊煌（2015）分析了三种不同利益（国家利益、垄断资本利益、国家利益和垄断资本利益交汇）驱动的全球定价权博弈对中国经济安全的威胁，进而提出营造公平竞争的国际市场环境、健全国家经济安全战略及指导思想、筑牢经济安全防范底线、巧夺定价话语权和打造拥有国际定价优势的市场主体等对策建议。高志刚（2016）提出，应根据我国的基本国情以及不断变化的周边环境，完善国家安全战略，建立我国经济安全预警机制，及时掌握本国经济以及周边国家经济动态。徐英倩（2017）分析了国家经济安全应该从国家经济立法入手，提出坚持国家经济主权原则、维护国家利益原则、促进经济发展原则、促进平等交易原则和国家干预原则，进一步完善各部门经济安全法，加强我国的国家经济安全。何维达等（2016，2018）从国家经济安全视角提出"四位一体"的经济安全保障体系构想。刘凡（2020）探讨了全面开放条件下我国经济安全面临的突出问题，并提出相关对策建议。

五、经济安全能力建设

国外关于国家经济安全能力建设的文献主要集中在法律制度建设等（Alves，1978；Ohlson，1980；Pèstinikas，2014；Zeng J. H.，2017），他们主张通过立法解决贸易争端。国内也有学者主张针对外资进入制定相应的法律确保国家经济安全（李海舰，1997；赵刚箴，1998；史忠良等，2002；谢莹，2006；孔庆江，2018；顾海良、刘碧，2021）。

此外，经济安全问题也引起越来越多的政府高层的关注和重视。美国前总统克林顿在1993年表示要"把经济安全作为对外政策的主要目标"，并在政策上将"经济安全"定为国家安全战略的三大目标之一（赵刚箴，1999）。2013年2月13日美国前总统奥巴马发表《国情咨文》讲话，强调经济与安全议题。2017年12月19日美国前总统特朗普发布《国家安全战略报告》，重申"美国优先"，强调经济发展攸关国家安全。自2020年以来，美国政府对中国华为、中国移动、腾讯、阿里巴巴等采取打压措施，2021年12月15日美国财政部对中国半导体、医药、生物等三大领域的多家企业和单位进行制裁，以保护其国家安全。俄罗斯于 1996 年也明确提出"我国经济安全战略"和"国家安全基本构想"（梅德韦杰夫，1999）。2019 年 3 月 1 日俄罗斯总统普京发布《国情咨文》强调安全与发展是其任期的重大目标。此外，英国、法国、印度等也提出本国的经济安全思路。我国党和政府也高度重视国家经济安全。2014 年 4 月 15 日，习近平总书记主持召开中央国家安全委员会第一次会议并发表重要讲话，强调坚持总体国家安全观，走出一条中国特色国家安全道路，并且特别提出政治安全是根本，经济安全是基础的重要思想。2021 年 3 月 13 日，《中华人民共和国国民经济和社会发展第十四个五年规划和 2035 年远景目标纲要》强调，坚持总体国家安全观，实施国家安全战略，确保我国经济安全，保障人民生命安全，筑牢国家安全屏障。

六、中国周边国家安全与经济安全研究

目前关于中国周边国家总体安全、宗教安全的文献较多，但是经济安全的文献较少。例如，高永久（2003）较早探讨民族地区的社会稳定和安全问题。高永久和岳天明（2006）还分析了"东突"恐怖分裂势力对周边国家社会稳定和社会安全的影响，并由此提出了"社会安全阀"机制的运用问题。张安福（2011）以清代以来的边疆屯垦与国家安全为研究对象，在传统屯垦戍边史的理论基础上，把国家安全理论与新疆屯垦的经济绩效、政治绩效、社会绩效有机结合起来，构建了国家安全机制的理论体系。秦放鸣（2010）、赵雪冉（2010）和李思奇（2018）分析了我国与中亚五国加强区域经济合作的必要性及其效应。段秀芳（2008，2010）探讨了我国与中亚国家的投资问题。李新英（2009，2011）分析了我国与中亚的经贸关系。张磊（2010，2013）从能源安全的角度分析了构建西部能源大通道的必要性。钟飞腾（2013）对中国周边安全环境包括中国西北周边安全环境进行了探讨，主要还是基于社会安全和领土安全的考虑。丁志刚（2001）首次提出地缘经济安全的概念。高志刚（2012，2016）对我国与中亚区域竞争力进行了比较研究，并探讨中国西北周边国家经济安全问题及对策。

总体而言，国内外对上述相关问题从不同角度进行了富有成效的探讨，取得了较大进展。在理论上，借助社会学理论、经济理论和数理模型等工具，对新形势下中国周边安全的深刻历史根源、现状问题及其趋势，以及经济安全的影响因素及成因、经济安全的概念与特征、经济安全评价理论与方法以及经济安全的维护政策等进行了有益的探讨，并得出一些颇具价值的结论；在实证和经验分析方面，许多研究根据大规模的调查数据，借助比较先进的计量经济模型和分析软件，分析了社会安全、政治安全和经济安全的关键因素等，为理解中国周边安全问题提供可靠的经验材料，提出有益的政策思路。应该说，已有的国内外研究成果

对于我们进一步的研究具有重要的理论借鉴意义，对于实践有重要的指导意义。

但是，已有研究的广度和深度还不够，对中国周边国家经济安全问题缺乏深入研究，尤其是中国西北周边国家经济安全的研究鲜有人涉猎。例如，中国周边国家经济安全的现状与特征是什么？中国周边国家区域协作对经济安全和社会稳定的作用机理是什么？如何构建中国周边国家经济安全新的合作机制等，这些问题正是本书研究的重点问题，我们对此进行了有益的探索。

第二节　经济安全理论基础

一、经济安全概念界定

目前，经济安全概念还没有统一的定义。但是，经济安全大体上有两种解释：即"能力说"和"状态说"，即从动态和静态两个角度来界定。此外，经济安全还可以分为传统的经济安全观和新经济安全观，即由于时代变化而导致影响经济安全的因素变化而产生不同的概念。

（一）能力说和状态说

"能力说"从动态的角度把经济安全看作是国家的一种能力，陈必达、许月梅（1996）认为，国家经济安全是一个国家经济发展所面临的国际环境、参与国际竞争并获得相应国际政治地位的能力。张修占（2000）认为，国家经济安全不是一般的市场经济风险，主要是指非正常状态下非经济因素对本国经济的冲击及全球化风险的重要影响结果。影响国家经济安全的因素主要有国际政治格局变动，更多的是指局部战争对经济安全的破坏、西方经济霸权主义对中国采取的遏制和制裁，以及国际跨国大公司的非经济竞争。闫恩虎（2002）从横向比较分析，认为国家经济安全就是相对于其他国家的不受威胁的平衡状态；从纵向来看，则是保持经济增长和社会发展不受外来干扰的能力。张志波等（2002）认为，我国国家经济安全就是指在经济发展过程中能够有效消除和化解国内外各种潜在风险，抵御国内外各种干扰、侵袭的能力，以确保国民经济持续、快速、健康发展的国内、国际环境。李晓勇（2003）认为，国家经济安全是指国家的根本经济利益不受国内外因素破坏和干扰，国家经济持续健康发展的态势。高昊（2010）和何维达（2016）认为，国家经济安全应该包括两个最基本的因素：一是国家的经济主权不受侵犯；二是导致经济危机的经济风险处于可控制状态。

但有些学者认为，国家经济安全的影响因素较为复杂，应该把动态和静态结合起来分析。林兆阳（2012）把国家安全定义为经济安全"状态（或者条件）"与"能力"的结合，即国家经济安全的保障能力不因国家经济系统受国内不利因素影响而缺失的一种状态，国家经济系统包括两个层面，即宏观层面和微观层面。尤传明（2013）认为，国家经济安全是指，在开放条件下主权国家的经济发展、经济利益不受内外部威胁及侵害而保持均衡、稳定、可持续发展的能力和状态，国家为了实现这种能力和状态，一方面要调节、控制和保护国内市场，另一方面要维护本国在世界范围内的经济利益，参与国际经济合作。

（二）传统经济安全观和新经济安全观

因国情和国际环境的不同而产生不同的经济安全观，主要分为传统的经济安全观和新经济安全观。前者产生于冷战背景下，是对国家如何在经济上独立自主的关注，是一种生存层面的保守和被动的经济安全观；后者产生于经济全球化背景下，不仅包括传统的经济安全观，还包括如何防控全球化背景下不可预料的经济冲击和经济波动，是发展层面的经济安全观。

前面提到的哥伦比亚大学教授 Pollard 和日本康奈尔大学教授 Michael A. Bamhart 就是传统经济安全观的代表，他们都曾探讨冷战后国家如何保护经济安全。国内学者早期的观点也体现了传统经济安全观的内涵，主要涉及国家对外活动的安全和国家主权的独立性。丁志刚（2001）从地缘角度分析经济安全，指出地缘经济安全是国家经济安全的一个重要领域，主要涉及一国从事经济活动时基于地理区位、经济的空间分布及与相邻地域经济单元间关系而存在的安全问题，重点是国家安全方面的对外经济考虑，本质是国与国之间围绕经济利益而展开的对话与合作、较量与竞争。雷家骕（2006，2012）认为，国家经济安全是指一国作为一个主权独立的经济体，其最为根本的经济利益不受伤害，即一国经济在整体上主权独立、基础稳固、健康运行、稳健增长、持续发展。具体即一国在国际经济生活中具有一定的自主性、自卫力和竞争力；不至于因为某些问题的演化而使整个经济受到过大的打击或损失过多的国民经济利益；能够避免或化解可能发生的局部性或全局性经济危机。产生新旧两种经济安全观是有原因的。叶卫平（2008）指出，国家经济安全定义的不统一性是由它的国家性和历史性造成的，国家经济安全的评价体系中应该有基本经济制度方面的指标。

王愉飞（2009）认为，新经济安全观是对新形势下国家经济安全问题的根本态度和观点，是对客观的经济安全状态的综合反映，是系统化、理论化的经济安全观念。在新经济安全观的指导下应如何维护我国的经济安全，是一个值得思考的问题。曹云华（2010）认为，经济安全实质上就是经济问题和国家安全的结合，经济安全问题是具有"高政治"性质的经济问题，它一般不被各国政府看作是纯经济问题，而是看作政治问题或国家安全问题。吴笛等（2010）认为，后危机时代的中国经济安全主要包括金融安全、产业安全与贸易安全、战略资源安全和信息安全。在金融安全方面，金融监管体制的相对滞后，金融开放和金融全球化程度的提高对我国金融安全构成直接或间接的威胁。在产业与贸易安全方面，外商直接投资对我国产业发展带来一定冲击，较高的外贸依存度降低了我国经济抵御外部风险的能力。战略资源安全主要集中在石油安全和粮食安全上。我国的信息安全也面临着巨大的挑战。顾海兵和张安军（2012）分析了影响中国经济安全的关键领域，将国家安全分为金融、产业、战略资源与社会免疫安全四个子系统。何维达（2008，2016）等强调，在新时代必须构建国家经济安全的"四维调控体系"，有效维护国家经济安全。孔庆江（2018）认为，国家经济安全可以阐释为从外来因素影响角度理解的国家经济发展的可持续性以及政府为实现其经济发展目标所具有的资源调动和决策能力，或"国家自主性"。经济安全可持续性取决于经济发展模式的转变，增强"国家能力"或"国家自主性"。

从文献梳理可以看出，尽管新的国家经济安全观的内涵更加丰富，影响一国经济安全的因素也随着世界发展形势的变化而变化，但总的趋势是影响因素的数量和复杂性日益增加。本书认为，国家经济安全首先是指国家的经济发展、经济利益处于不受外国和国际威胁的一种状态，从本质内涵而言，是指一个国家在经济发展过程中能够有效消除和化解潜在风险，抗拒外来冲击，以确保国民经济持续、快速、健康发展，确保国家经济主权不受分割的一种经济状态；其次是一国拥有能够抵御风险和威胁的能力；最后国家经济安全涉及领域主要包括国家产业安全、金融安全、资源能源安全、对外贸易与投资安全、经济网络与信息安全等。限于收集西北周边国家资料的困难，本书所研究的国家经济安全主要涵盖总体安全以及有关的产业安全、金融安全和资源能源安全。

二、国家经济安全的相关理论

（一）经济安全的相关基础理论

经济安全的相关基础理论主要包括地缘经济学理论和战略性贸易理论。地缘经济学理论是20世纪末美国爱德华·卢特沃克提出，主要观点有三个：一是"冷战"结束后世界面临的最严重威胁是经济危机和生态破坏，因此应该以经济和生态的优势来实现地区演变；二是世界各个国家间出现"超越国界的竞争与合作并存"这一新型竞争关系；三是世界范围内所有的竞争都是在国家经济利益的驱动下进行的，国家利益就是国家的经济利益。政府要在参与实现国家经济利益的各种竞争中给予支持和指导。国际市场的争夺不仅关乎企业本身还包括政府，地缘经济学的本质是发达国家的国际关系理论。

战略性贸易理论是20世纪80年代由布兰德、克鲁格曼、斯潘塞等提出的，侧重于主权国家对本国产业保护的理论研究。该理论最早可以追溯到 19 世纪上半叶德国学者李斯特的贸易保护理论。战略性贸易理论认为国家应对具有规模经济并对较强外溢效应的产业进行补贴，提升产业竞争能力，带动相关产业发展。战略性贸易政策主要是指一国政府在不完全竞争和规模经济条件下，凭借生产补贴、出口补贴或是国内市场保护等手段，扶持本国战略性产业发展，提高其在国际市场上的竞争能力，从而获得规模经济之外的额外收益，同时掠夺其他国家市场份额和工业利润（罗伯特等，2003）。其中，外部经济理论是战略性贸易政策的核心理论之一。该理论认为，如果某些行业具有明显的外部经济特点，将其选作重点扶持的战略产业，那么它的快速成长便能迅速产生外溢效应，从而带动其他行业的快速发展。一般来讲，行业内无法阻止技术外溢，这就在一定程度上打击了行业研发的积极性，如果国家为这类行业研发提供资金补贴，那么能对企业形成正向激励，此时发生技术外溢不仅使其他相关产业受益还能带动整个国家经济的快速发展。战略性贸易政策的另一个核心理论是利润转移理论，它具体分三个方面：一是出口补贴；二是进口保护；三是关税抽取租金理论。出口补贴是指在不完全竞争的市场环境下，一国政府对企业的技改研发进行补贴或者对出口进行补贴，从而降低出口企业的成本，提高企业在国际市场中的竞争力，获得大于该国出口补贴金额的垄断利润。进口保护有两个假定：一是市场由寡头垄断并可分割。各国寡头厂商的行为可以控制价格的变化，并在不同国家的不同市场可以索取不同的价格；二是存在规模经济效应。在这两种假定条件下，一国政府对进口产品采取贸易保护措施，增加外国厂商的成本，进而影响销售量和生产规模，这就为本国企业提供了一定的竞争优势。关税抽取租金理论是指在不完全竞争的条件下，一国政府利用关税从国外垄断企业抽取租金或向本国企业转移利润，可以称为进口政策，旨在增强企业在本国市场上的竞争优势和地位，这是因为对外国厂商征税不仅可以获得部分垄断利润，还可以迫使外国厂商降低产品价格，这样本国潜在厂商可以进入市场分享外国厂商原有的国内市场份额。

（二）国际关系理论中的国家经济安全理论

20 世纪 60 年代后期，理查德·库帕、斯坦利·霍夫曼、罗伯特·基欧汉和约瑟夫·奈等提出的相互依存理论以国家间关系、世界政治经济关系的相互影响和相互制约为研究对象。1968 年理查德·库帕提出相互依赖的概念是指一个国家的经济运行影响其他国家经济运行，这种影响称为相互依赖，存在双向的传递或依赖。在相互依赖的世界经济体系里，单个国家是没有办法对整个世界经济的发展施加过多影响的，合理的国内外经济政策的调整是在顺应世界经济形势的同时又在相互依赖发展中得到实现的。因此研究国家间的经济关系，关键是要了解该国经济发展是否与国际经济发展之间的反应一致（苏国辉，2001）。霍夫曼指出战后世界经济中各个国家间政策的相互依存关系既是一种条件也是一个过程。罗伯特·基欧汉和约瑟夫·奈等认为，不同国家之间的经济联系是社会渠道多样化的结果，经济渠道没有国界和不平等，大多数情况下不需要武力，但有可能这种联系是单向的（Pankov V.，2011）。

相互依赖理论为区域经济一体化提供了有力论据。主要体现在以下三个方面：一是经济一体化趋势在世界经济中成为基本形式，国家和地区之间经济依存度日益加深，区域经济合作和一体化以互惠互利为终极目的；二是成员之间的平等互利与合作共赢更有利于区域经济一体化发展；三是国家之间的相互依存关系有利于开展国际贸易，促进国际资本流动的自由化，推动生产要素的自由流动和有效配置。然而，相互依赖理论也有一定的局限性：首先，相互依存的实质是依附与被依附的关系；其次，实力是相互联系的前提；最后，提出解决全球性问题但不主张改变国际旧秩序。

第三节　经济安全评价指标体系构建

一、国内外经济安全评价指标体系研究现状及局限性

（一）国外经济安全评价指标体系研究现状

国外学者就经济社会某一方面的安全水平进行系统评估。如 Pankov（2011）分析了影响 2008 年金融危机的政治和经济因素，并指出经济安全的实质和表象；Shchurko（2013）分析了财务安全指标及金融安全指标对于乌克兰国家经济安全的影响，指出金融安全是保持经济安全的关键，并提供衡量金融安全水平的不同方法。Zlatar（2014）运用完整的电力供应安全评价体系分析并测算斯洛文尼亚经济衰落前后电力供应安全情况，指出关键因素和对电力安全供应的影响。

就区域经济安全评估系统构建方面而言，Komelina（2014）认为，人口、社会稳定和福利水平是一个地区经济安全效果的重要评估，基于系统性和协同评估方法，提出了社会安全的评估系统，该系统允许政府机构对现实和潜在的国家发展威胁作出反应。Pestinikas（2014）在 2003~2013 年美国发布的经济指标的基础上，构建了有效的统计模型，预测在美国经济形势发生变化的情况下，产出、国债的变动及产出的规模。Holikov（2014）指出，关于经济安全体系组成部分的理解非常必要，通过经济安全特点的系统化和概括的方法显示经济安全的原则，而且原则可以作为经济安全系统发展的基础，主要包括内外部威胁、创新原则；经济安全信

息系统、稳定运行原则；威胁预测系统、遵纪守法原则；经济安全调查系统、危机应对机制及预警指标系统、竞争原则；繁衍能力、满足社会需求原则等。应用这些原则将有利于建立有效的国家经济安全系统。Kendall、Nguyen（2018）从微观角度以家庭为基础提出经济安全体系的组成部分，通过固定效应回归分析得出家庭收入和财富与经济安全存在显著关系，经济安全在居民收入、财富之间关系中作为中介变量的作用，同时居民收入和财富能预测未来国家经济安全。

就经验借鉴方面而言，我国学者顾海兵等（2007，2010，2017，2019）分别研究了美国、日本、俄罗斯、印度的经济安全。在美国方面，他们指出美国政府认为经济安全的本质是"经济适应变化的能力"，经济安全归根结底取决于企业的竞争力，美国政府所确定的经济安全的主要任务是霸权性。在日本方面，他们主要研究日本国家经济安全观，指出经济安全不能仅从经济方面考虑，还必须从政治、文化等方面进行综合考虑；经济安全保障必须在世界政治、经济框架内考虑；保障经济安全不仅要靠政府，而且要动员地方、企业和全体国民共同参与，建立相应的应对危机体制。在俄罗斯方面，他们指出俄罗斯对国家经济安全的定义偏重于对内摆脱经济危机，对外抵御外来威胁，基于此所确定的衡量其经济安全状况的指标体系还存在一些不足，但其通过官方正式公布关于国家经济安全量化指标的做法值得借鉴。他们还认为在科学界定一国国家经济安全的基础上确定并公布经济安全的量化指标，一方面可以为国家的宏观调控提供相对较为准确的依据；另一方面有利于国民形成稳定的预期，对于保障国家的稳定有非常重要的意义。他们研究还发现，印度经济安全战略定位属于防御型，其形式为分散嵌入型，现阶段印度经济安全战略的重点包括粮食安全、能源安全、金融安全、科技信息安全和外资安全。

（二）国内经济安全评价指标体系研究现状

国内学者通过构建经济安全指标体系研究我国经济安全水平的不在少数。从国家经济安全划分角度，谢洪礼（2000）依据国民经济运行安全理论及系统分析，构建了由实物运行安全、财政运行安全、金融运行安全评价指标组成的国民经济运行安全评价指标体系，分析得出 1991～1998 年在国民经济运行中，实物运行、金融运行的风险大于财政运行的风险。余根钱（2004）把国家经济安全问题分为财政金融类安全问题、社会类经济安全问题、外经类安全问题、粮食安全问题、矿产资源类安全问题和其他经济安全问题，其中的监测指标仅用于反映主要因素。叶卫平（2010）认为，国家经济安全表现为基本经济制度和经济主权没有受到严重损害，使经济危机的风险因素处于可以控制的状态，并基于此设计出国家经济安全的两级评价指标体系。张汉林、魏磊（2011）将国家经济安全划分为粮食安全、就业安全、金融安全、市场安全、能源资源与环境安全、文化安全、信息安全以及人力资本与技术安全八个方面，将中国经济安全的国际测度指标作为中国经济安全量度体系的第九个有机组成部分，从这九个方面入手，建立起一个能够全面反映经济安全影响因素的、完全能够量化的、并且具有预警性质的中国经济安全量度体系。顾海兵、孙挺（2012）认为，研究国家经济安全应当"从外部着眼，从内部着手"，建立了一套涵盖经济安全条件和经济安全能力的国家经济安全评价指标体系，并用之预测"十三五"时期我国经济安全的情况。顾海兵和段琪斐（2016）借助于国家经济安全条件的指标体系，对经济安全进行了评分，对经济安全涉及的三个领域的八项指标进行国别分析，研究了因为国家差别，我国经济安全遭遇的冲击程度的不同。顾海兵和王甲（2018）还通过文献计量分析法和专家文献法确定经济安全"重要文献"，对"重要文献"中的指标进行汇总分析，形成国家经济安全指标体系修正的文献依据；并运用专家文献法对原有指标体系进行修正，确定了新的国家经济安全指标体系。

就经济风险角度而言，李金华（2001）指出，中国国家经济安全监测警示系统中的 6 个子系统、41 个指标都是经济风险的具体表征，具有高度的敏感性，可以度量经济运行的安全度，并利用我国 1998 年的实际数据进行预警评估。陈首丽（2002）建立了包括国民经济发展对外依存度的分层程度、市场风险程度、国民经济主导产业的风险程度、宏观经济调控力度、国民经济基础产业的风险程度、科技风险制约程度、社会保障程度、金融风险程度等的国家宏观经济运行监测指标体系。就经济安全系统角度而言，顾海兵等（2006）将经济安全监测评估系统分为经济安全常规监测评估系统和经济安全突发监测评估系统两个部分，重点分析了经济安全常规监测评估系统的安全条件指标系统和安全能力指标系统，并设计一套经济安全常规监测评估系统。年志远、李丹（2008）指出，预警指标体系可以分为财金安全预警指标、社会安全预警指标、外部经安全预警指标、资源安全预警指标和产业安全预警指标等，但通过整个指标体系层层加权综合得出的指数往往会弱化某些风险因素的影响，导致经济整体安全评估价值的不准确。赵蓓文（2012）引入当前国家经济安全研究中被忽视的外资因素，提出外资引起的国家经济不安全主要通过核心传导机制和外围传导机制进行扩散，在此基础上从三维视角构建中国国家经济安全预警指标体系的基本框架，并对目前中国国家经济安全的综合态势进行评估，得出虽然目前中国国家经济安全受外资风险影响程度不高，但若干指标已经出现严重不安全迹象的结论。高志刚（2016）从总体经济安全、产业安全、金融安全、能源安全、社会安全五个方面对中国与西北周边主要国家 2006~2014 年的经济安全进行综合评价，提出中国与周边国家的合作要以共同利益为出发点，深入研究利益取向，着眼于综合利益最大化；应加强区域经济合作，加快丝绸之路经济带与欧亚经济联盟的对接，强化在经济领域的依赖程度，实现经济的共同发展。丁德臣（2018）提出美元指数周期性波动的规律对中国经济安全产生影响，建议应当构筑坚实的金融防火墙，努力消除新自由主义的负面影响，积极争取国际贸易中的定价权，扎实稳健地提高包括经济实力在内的综合国力，构建起习近平总书记所倡导的人类命运共同体，才能逐渐摆脱美元指数周期性波动的不利影响，最终实现有效保障国家经济安全的战略目标。

（三）国内外经济安全评价指标体系的局限性

以上关于国家经济安全指标体系的研究为我们提供了宝贵的参考依据，但存在以下四个局限性：一是对于中国国内经济安全评估体系较多，对周边国家经济安全评估的较少。中国的安全与发展外部环境是一个建立在地缘政治基础上的国际系统。然而，尽管有学者提出国家经济安全应"从外部着眼，从内部着手"（顾海兵，2012），但现有指标体系多聚焦于我国内部经济安全因素，涉及地缘安全的非常少，将指标体系应用于周边国家安全评价的研究更是凤毛麟角。二是以偏概全的分析较多，个案分析较少。三是范围太广，把一些不是经济安全的因素也归纳进来。四是学术界对地区安全的评估多半是以欧洲为榜样，以比较的方式切入其他国家的安全评价，缺乏对于地缘环境的具体分析。

此外，就俄罗斯官方确定的经济安全评价体系来讲，多数指标考虑的是相对量的变化，缺乏对绝对值的考察。虽然相对量指标可以剔除物价因素的影响，但仅用相对量指标衡量经济安全状况，可能高估目前的经济安全形势。此外，指标中短期因素较多，而缺乏对经济增长潜力具有决定性作用的长期因素的考察，例如，缺乏对产业结构、国际竞争力、外贸依存度、投资的增长率与有效性、社会和政治秩序稳定性、对知识产权的重视及保护程度因素的考虑，而恰恰在这些方面俄罗斯的安全状况更糟糕。

鉴于此，本书通过整合国内经济安全评价指标体系，构建新的国家经济安全评价指标体系，客观、合理、有效评估中国周边国家经济安全水平，探究其安全形成机制和经济安全状况，为提升中国经济安全水平提供参考。

二、经济安全评价指标体系构建

（一）构建指标体系应遵循的主要原则

构建经济安全必须要符合以下五个基本原则：

1. 完备性原则

国家经济安全是一个多层次、多内容、多影响因素的复杂系统，需要各重要方面的指标反映，如果缺少某一个重要方面的评价指标，就很难准确地反映国家经济安全的实际状况。评价指标的完备性主要体现以下两个方面的含义：一是整体指标的完备性；二是具体指标的完备性。整体指标的完备性是指一级评价指标的完备性，即构成国家经济安全评价指标的结构要素是完备的，不缺少任何一个重要方面的评价指标。具体指标的完备性是指二级评价指标及三级指标是完备的。

2. 重要性原则

指标过多不仅会耗费大量的人力、物力和财力，延长评价周期，难以及时对周边经济安全环境进行评价，而且还会降低安全评价的可行性，难以达到目的。因此，应该忽略次要的安全指标，选择那些能够突出反映国家经济安全本质的关键性评价指标。该原则不仅应贯穿于各级指标的选择中，还应体现在指标结构优化中。应尽可能用最少量的指标，最大限度地实现安全评价需要。

3. 可测性原则

在进行国家经济安全评价时，应该计算出准确的量化数据，否则就难以对国家经济安全进行准确评价。国家经济安全指标的可测性包括两个方面的含义：一是评价指标直接可以测得准确数据。例如，基尼系数、资本充足率和外债偿债率等。二是虽然评价指标本身不能直接测得数据，但可以通过可靠的统计方法来获得，如居民消费价格指数等。

4. 特殊性原则

由于经济风险在大小不同的范围、不同的行业等不同领域的成因及影响程度不同，因而在指标设计中必须根据研究对象的基本国情、经济发展阶段、主要矛盾及矛盾的主要方面，恰当地确定各种因素的相互系数，以提高评价的准确性。

5. 独立性原则

独立性原则是指每个评价指标都是独立的，其内涵明晰、不相互重叠或不互为因果。只有每个指标都是独立的，国家经济安全评价指标体系才是精练的、合理的和有效的。根据独立性原则，各级指标确定以后，应对其进行分解，形成下一级评价指标，赋予其确定内涵。通过对指标的逐级内涵分解，并进行横向间比较分析和规范研究，剔除相通、相叠、相近、相似、含义不清、互为因果的评价指标，使每个指标在横向上和纵向上都具有独立性。在分析、比较、规范确定指标的独立性时，还必须考虑到评价指标的完备性、重要性和可测性，将四者有机结合。

（二）国家经济安全评价指标体系的内容及指标解释

对于国家经济安全评价，许多学者从自己的研究角度建立了各种指标体系，有经济综合层面的研究（谢洪礼，2000；陈首丽、马立平，2002；顾海兵、李宏梅、周智高，2006；年志远、李丹，2008；余根钱，2009；叶卫平，2010；张汉林、魏磊，2011；顾海兵、孙挺，2012；赵蓓文，2012；雷家骕、陈亮辉，2012；姜茸、钱泓澎，2015；顾海兵、张帅，2016；顾海兵、王丹，2018）；也有产业层面的研究（何维达、何昌，2002；景玉琴，2006；杨国亮，2010；白澎，2010；朱建民、魏大鹏，2013；高志刚，2016）；还有具体到某一产业的研究（信春华、朱世英，2007；王伯安、张德胜，2010；顾海兵、夏梦，2011；朱坚真、刘汉斌，2013；何维达、刘亚宁、张凯，2013；欧阳彪、王耀中，2015）。关于相关评价指标体系，上文已有说明，此处不再赘述。上述指标体系为构建本研究的国家经济安全评价指标体系提供了很好的借鉴与参考。

遵循上述原则，从国家经济安全的内涵出发，从总体经济安全、产业安全、金融安全与资源能源安全四个方面着手，本章提出国家经济安全评价指标体系，指标体系由 4 个一级指标、22 个二级指标构成（见表 2-2）。

表 2-2　国家经济安全评价指标体系

目标层（A）	一级指标（B）	二级指标（C）	单位	指标性质
国家经济安全	B_1 总体经济安全	C_1 GDP 增长率	%	正指标
		C_2 通胀率	%	逆指标
		C_3 失业率	%	逆指标
		C_4 财政赤字率	%	逆指标
		C_5 研发投入占比	%	正指标
		C_6 产业劳动力素质（平均受教育年限）	年	正指标
	B_2 产业安全	C_7 制造业产值占 GDP 比重	%	正指标
		C_8 国际竞争力指数	—	正指标
		C_9 对外贸易集中度	—	逆指标
		C_{10} 外资对本国技术的控制	%	逆指标
		C_{11} 外国商品国内市场占有率	%	逆指标
	B_3 金融安全	C_{12} 经常项目余额占 GDP 比重	%	正指标
		C_{13} 国债余额占 GDP 比重	%	逆指标
		C_{14} 不良贷款率	%	逆指标
		C_{15} 资本充足率	%	正指标
		C_{16} M2 与 GDP 之比	%	正指标
		C_{17} 外汇储备余额（支持几个月的进口能力）	月	正指标
		C_{18} 汇率变动率	%	逆指标
	B_4 能源安全	C_{19} 综合能源对外依存度	%	逆指标
		C_{20} 石油、天然气进口集中度	—	逆指标
		C_{21} 国家石油战略储备满足消费的天数	天	正指标
		C_{22} 能源消耗系数	%	逆指标

资料来源：笔者根据上述国内外研究成果汇总得到。

绝大多数指标的含义是明确的，可通过统计年鉴和相关部门的统计资料或经过简单计算获得，部分指标需要做一些解释，并计算求得。这些指标的含义和计算公式分别为以下十个：

(1) 国际竞争力指数 C_8。全球竞争力指数是由萨拉·伊·马丁教授为世界经济论坛设计，旨在衡量一国在中长期取得经济持续增长的综合能力，各国相关数据来自世界经济论坛 GCR。

(2) 对外贸易集中度 C_9。以该国对主要贸易伙伴国（地区）贸易额在该国出口总额中的比重计算方差和标准差，标准差越大则说明该国的出口越不平衡。

(3) 外资对本国技术的控制 C_{10}。外资在本国发明专利占本国发明专利授权量的比重，比重越大说明外资对本国技术的控制越强。

(4) 外国商品国内市场占有率 C_{11}。限于数据，此处用该国进口货物价值/一国最终产品市场价值计算。

(5) 国债余额占 GDP 的比重 C_{13}。国债余额是指中央政府历年的预算差额，衡量一国的国债负担，即预算赤字和预算盈余相互冲抵后的赤字累计额和经全国人大常委会批准的特别国债的累计额。分中央政府历年的预算差额和出现特殊情况需要增加年度预算赤字或发行特别国债。

(6) 不良贷款率 C_{14}。是指金融机构不良贷款占总贷款余额的比重。在评估银行贷款质量时，把贷款按风险基础分为正常、关注、次级、可疑和损失五类，其中后三类合称为不良贷款。

(7) 资本充足率 C_{15}。是一个银行的资本对其风险资产的比率，是保证银行等金融机构正常运营和发展所必需的资本比率。国家调控者跟踪一个银行的 CAR 来保证银行可以化解吸收一定量的风险。

(8) M2 与 GDP 之比 C_{16}。衡量一国经济货币化程度的重要指标。一般来说，该比值越高，经济货币化程度越高，金融业越发达；反之，则经济货币化程度越低，金融业越落后[1]。

(9) 外汇储备余额（支持几个月的进口能力）C_{17}。外汇储备的多少，从一定程度上反映一国应付国际收支的能力，关系到该国货币汇率的维持和稳定。考虑到当前俄罗斯卢布及哈萨克斯坦坚戈汇率波动较大，已经对其国内经济稳定产生了较为明显的冲击，故此处将该指标纳入评价体系。

(10) 石油、天然气进口集中度 C_{20}。以该国从前五大（石油、天然气）进口国进口的石油、天然气贸易额占从世界进口的石油天然气贸易额比重的标准差

---

① 根据国际经验，该比值在一国发展初期一般是增加的，到达一定程度后，货币化将被证券化所代替，表现为稳定或者下降的趋势。该比值最优为 1.15∶1，最高界限为 2∶1。

衡量。

（三）经济安全水平的主要评价方法

经济安全水平的评价有许多方法，其中最主要的是层次分析法（Analytic Hierarchy Process，AHP）。该研究方法最早是由美国匹兹堡大学运筹学家 T. L. Saaty（1980）提出的一种多层次权重分析决策方法，它是基于系统论中的系统层次性原理建立起来的，它遵循认识事物的规律，有意识地将复杂问题分解成若干有序的、条理化的层次，然后在层次上逐步分析比较，把人的主观判断用数量的形式表达和处理是一种较新的定性和定量分析相结合的多因素评价方法。其特点是具有高度的逻辑性、系统性、简洁性和实用性，现已广泛运用于社会经济系统的决策分析。

层次分析法首先把研究的复杂问题看作是一个大系统，通过对系统的多个因素的分析，划出各因素间相互联系的有序层次；其次再请专家对每一层次的各因素进行客观的判断后，相应地给出重要性的定量表示；再次建立数学模型，计算出每一层次全部因素的相对重要性的权值，并加以排序；最后根据排序结果进行规划决策和选择解决问题的措施。具体步骤将在第三部分进行详细说明，此处不再赘述。

第三章　中国周边国家环境及发展对经济安全影响研究

本章主要从三个方面进行分析：一是比较中国周边国家的地理和人文环境；二是分析区域经济一体化组织对经济安全的影响；三是分析中国周边国家发展战略对经济安全的影响。

第一节　中国周边国家的地理和人文环境的联系

一、中国周边国家的地理和人文环境的联系

中国西北地区接壤的国家有八个。由于各国的地理和人文环境有所不同，对经济安全及合作机制的影响也不完全相同，因此不得不全面考虑。

阿尔泰山脉位于我国最北部，延伸到中国与蒙古、俄罗斯边界，是中国与蒙古、俄罗斯、哈萨克斯坦的界山。天山山脉呈东西走向，中、东段位于我国境内，西段在哈萨克斯坦、吉尔吉斯斯坦和乌兹别克斯坦境内。喀喇昆仑山脉位于中国、塔吉克斯坦、阿富汗、巴基斯坦和印度等国的边境上。在水资源利用方面，中哈两国就伊犁河、额尔齐斯河、霍尔果斯河开展了多层次的跨界河流合作。此外，由于和周边国家毗邻，在气候条件、地质构造、土地覆被、矿产资源等方面存在一定的相似性。

中国西北地区处于亚欧大陆的中心，自古以来就是东西方经济、多元文化交流的重要通道，四大文明在西北交会，经过长期的相融共生发展，形成了独特的地域文化和民族文化。这里是多民族聚居地区，有汉族、维吾尔族、哈萨克族、回族、柯尔克孜族、蒙古族、锡伯族、塔吉克族、乌孜别克族、满族、达斡尔

族、俄罗斯族等 13 个历史悠久的民族，与周边国家的民族在文化、风俗、语言等方面相同或相近，在人文领域的合作更具优势，更容易与周边国家建立广泛而深入的联系。新亚欧大陆桥的贯通以及中巴铁路、中吉乌铁路的建成，使其"连接东西、沟通南北"的通道和枢纽作用更加突出。

二、中国周边国家的地理和人文环境的差异

中国周边国家的地理和人文环境的差异主要体现在人口分布与增长、经济及发展模式、贸易与金融市场、基础设施建设等方面。

（一）人口分布与增长

中国周边国家的人口数量与分布情况具有较大差异。中亚地形、地貌和经济发展等因素决定了人口分布及构成的突出特点有五个：

（1）人口密度很小，平均每平方公里仅 18.5 人。其中，哈萨克斯坦每平方公里只有 6.8 人，只有乌兹别克斯坦人口较密，达到 74.8 人。

（2）人口分布不均匀。山区每平方公里只有 1~2 人，在卡拉库姆沙漠、克孜勒库姆沙漠及哈萨克斯坦中部的荒漠几乎是渺无人烟，而绿洲及大城市周围聚集了大量人口，如富庶的费尔干纳盆地每平方公里高达 300~400 人。吉尔吉斯斯坦首都比什凯克所在的楚河盆地仅占共和国国土的 1/12，却集中了 35% 的人口。

（3）出生率和人口年增长率较高。2018 年，中亚各国出生率普遍在 20‰以上，塔吉克斯坦达到 30.8‰，各国人口年增长率在 1.5%~2.5%，均高于世界平均水平，与其经济发展程度不匹配。

（4）绝对人口增加迅速。以吉尔吉斯斯坦为例，在近 60 年中人口增加了近 2 倍，近 45 年人口翻了一番，绝对人口增加了 323 万。乌兹别克斯坦也是如此，1960 年为 853 万人，1982 年翻了近一番，达 1675 万，2019 年为 3358 万，差不多又翻了一番。

（5）近 50 年来，城市化水平存在显著差异。乌兹别克斯坦、哈萨克斯坦和土库曼斯坦分别增长了 14.1%、7.9% 和 4.3%。哈萨克斯坦一些地区城市化水平很高，如卡拉干达州、杰兹卡兹甘州、曼吉斯套州的城市居民已占这些州总人口的 80%~90%。由于农村人口的自然增长率大大超过城市人口自然增长率以及俄罗斯人迁出，吉尔吉斯斯坦和塔吉克斯坦从 2000 年至今城市人口的比例有所下降，塔吉克斯坦下降了近 10 个百分点。

（二）经济结构及发展模式

依据人均 GDP 和产业结构对 10 个经济体所处的发展水平进行判断，我们发现，处于中上等收入经济体的为俄罗斯和哈萨克斯坦；处于中等收入经济体的为中国西北和土库曼斯坦；处于中下等收入经济体的为蒙古，处于低收入经济体的为印度、乌兹别克斯坦、吉尔吉斯斯坦和巴基斯坦；处于最低收入经济体的为塔吉克斯坦和阿富汗。其中，多数国家存在加工业基础薄弱，制造业和加工业落后，经济结构单一等问题。

总体来说，我国与蒙古、塔吉克斯坦的产业结构极为相似，与土库曼斯坦、巴基斯坦和乌兹别克斯坦略有互补性。根据历史数据，中国西北地区与周边国家的产业结构相似度上升，趋同较明显。然而，从第二产业内部来看，周边国家重工业相对发达，轻工业相对薄弱。

中国西北周边国家能源资源丰富，众多国家和地区依靠区域内要素禀赋包括非技能劳动和自然资源，特别是矿产资源的优势，通过资源的开采、初级加工和国际贸易方式推动经济增长，主要包括俄罗斯、吉尔吉斯斯坦、塔吉克斯坦、乌兹别克斯坦、土库曼斯坦等。虽然哈萨克斯坦的资源也非常丰富，但金融危机后经济转型较快。哈萨克斯坦通过发展教育着力提高劳动者素质、改善和完善商品市场与劳动力市场、发展金融市场等举措，优化资源配置、提高资源使用效率、缩小实际经济增长与潜在经济增长方面的差距，逐渐成为全球快速崛起的五个新兴经济体之一。与中亚国家和俄罗斯等国家不同，印度经济增长的因素除了资源开采之外，还有一些新的因素——制度变革、资本形成增加、私人消费增长、技术进步、人力资源开发、产业结构调整等。

（三）贸易与金融市场

中国西北出口到周边国家的商品逐渐向高技术含量、高附加值转移，中国西北对周边国家的出口贸易结构处于相对较高层次。但由于缺乏核心技术，因此其生产的产品质量、档次、品种与国际先进水平仍存在显著差距。西部地区进口商品具有较强的资源性特征，双方进出口贸易结构有着较强的互补性。此外，中国西北出口产品过于单一，对外贸易增长方式仍然比较粗放。又由于周边各国商品市场发育不足或存在结构性缺陷，其国内商品市场的竞争程度普遍较低，因此大多数国家限制国内市场上进口商品的竞争，关税水平较高，贸易便利化还有待改进，尤其是中亚国家。

中国西北周边国家之间金融体系不健全，金融市场有限度地相互开放，一些国家的银行实力欠佳，向企业提供金融服务的能力普遍不足，且这种服务的成本较高，而企业无论从股票市场直接融资，还是从金融机构获得信贷的机会都比较少。此外，由于没有开展对外经营保险和信贷业务，中国西北周边国家完成大宗交易仍需借助第三国机构，增加了交易成本。因此，中国倡议发起亚洲基础设施投资银行和丝路基金，"一带一路"倡议为有关沿线国家的基础设施建设提供资金支持，促进经济合作。

（四）基础设施建设

在中国西北周边国家中，无论是俄罗斯、中亚五国，还是巴基斯坦、印度等，都面临着基础设施不足或质量不高，不能满足当地经济发展需要的问题。中亚五国交通基础设施均欠发达，其中哈萨克斯坦交通运输基础设施总体上相对完备，乌兹别克斯坦公路建设相对领先，但其他各国基础设施总体及各类别均较落后。我们研究后发现两个现象：一是这些国家的内陆运输成本占到一个标准集装箱跨境交易成本的50%以上，除哈萨克斯坦外的四个中亚国家的内陆运输成本占比高达84%。基础设施的质量和数量成为这些国家经济发展的瓶颈。二是中国西北地区与中亚五国综合交通基础设施水平每提高1%，两地区贸易量增加0.4%，当两地区有铁路连通时，那么该地区间贸易量会提高295.13%。因此，来自经济发达的一线城市和新疆地区的国有企业和大型股份有限公司应当继续把握机遇，坚持互利共赢原则，助力推进中国西北周边国家基础设施建设。

第二节　区域经济一体化组织对中国经济安全的影响

一、上海合作组织对中国经济安全的影响

上海合作组织（简称上合组织）是中华人民共和国、哈萨克斯坦共和国、吉尔吉斯共和国、俄罗斯联邦、塔吉克斯坦共和国、乌兹别克斯坦共和国于2001年6月15日在中国上海宣布成立的永久性政府间国际组织[①]。2017年6月1日，印度和巴基斯坦在阿斯塔纳上合组织峰会上成为正式成员。2022年9月在乌兹别克斯坦撒马尔罕召开的上海合作组织峰会，又有数个国家拟加入该组织。上合组织的宗旨和原则集中体现在"上海精神"上，即"互信、互利、平等、协商、尊重多样文明、谋求共同发展"。它对中国周边国家经济安全的影响有以下四个：

第一，在地缘政治合作及能源安全中发挥了积极作用。上合组织成立以后在地缘政治稳定性方面发挥积极作用，创造较为稳定的经济投资环境，改善我国西

---

① 政府间国际组织是根据多边国际条约，即创设性文件建立的组织。它规定自己的宗旨、原则及活动章程，有一套常设的组织机构。其宗旨、原则和活动必须符合公认的国际法准则。它是若干国家为实现特定目的和任务而建立的。

北周边国家安全环境，并使我国在能源安全方面拥有一个可选的路径。从目前的主要能源国来看，中亚国家和俄罗斯已经成为不可低估的能源来源国。俄罗斯、中亚成员国以及巴基斯坦等国家之间的能源贸易安排，进一步降低了我国能源进口中从马六甲海峡途径的能源安全风险。

第二，国际影响力博弈中的经济安全风险变数增多。该组织成立以后，对我国经济安全发挥了促进作用，主要体现在通过地缘政治的稳定来营造良好的区域性投资环境和对外贸易环境。但是由于这些国家在政治意识形态上的差异，也造成了很多不稳定因素，对我国边境区域的社会稳定和经济稳定带来极大的变数。总体来看，上合组织运行到现在，区域性开放程度的提高，为我国实施一系列的对外贸易、投资、能源等方面带来一定的便利和对话平台，但上合组织成员国也把地缘政治当作从我国获得经济发展资金的筹码。造成这一现象的主要问题是，上合组织中俄罗斯传统政治文化影响力还很大，随着我国政治文化影响力的增强，其他成员国已经产生了在俄罗斯、中国这两个国家博弈中坐收渔翁之利的心态。巴基斯坦和印度的加入，虽然提升了上合组织区域影响力，但是印巴之间的分歧远超过经济利益分歧，虽然从某种程度上解决了这两个国家在中亚地区的外围干扰力度，但是这两国之间的矛盾在上合组织中也变为内部矛盾[①]。如何处理这种矛盾并把它变成我国影响力提升的有力工具，也为我国经济安全带来间接的影响。

第三，上合组织成员国之间存在复杂的区域性双边和多边贸易安排，这种安排的每次调整都会带来我国经济安全方面的变数。这种名目众多的贸易安排由于俄罗斯的存在不可能在短期内完全化为上合组织框架下的合作安排。如果上述安排全部纳入到上合组织框架内讨论的议题是不太现实的，主要体现在以下两个方面：一是由于俄罗斯战略意图上的排斥无法实现；二是哪怕要这样做，我国也面临巨大经济代价。因此在上合组织框架下，上述国家内部区域性贸易安排的每个变化总会为我国经济安全带来变数，而这种变数会导致我国与上述国家之间经济贸易合作的再次调整，也表现为经济安全成本的进一步增加。

第四，印度加入上合组织后对我国经济安全会产生一定影响。一方面，如果不考虑政治影响，仅从经济安全角度来看，印度在传统产业领域比我国更具有比较优势，主要来自于廉价劳动力的优势。如果上合组织框架加快内部贸易合作，

---

① 从某种意义上说，巴基斯坦和印度加入上合组织是把传统意义上的 UK 成员国之间内在的矛盾延伸到上合组织内部。这一矛盾在上合组织中虽然还没有成为主要矛盾，而且 UK 对这两个国家在上合组织中的具体角色和未来趋势没有明确表态，但是从英国脱欧、加强印度洋的关注中可以看出，英国对此有自己的打算。

在传统产业领域印度将会对我国西北周边国家经济安全产生较大影响。这种影响大小就要看贸易合作进程和我国供给侧结构性改革成效和速度。另一方面，我国在信息产业发展方面与印度不相上下，印度软件业比较发达，在人工智能、大数据等方面具备基本的转化能力，只是资本积累和投资规模不大。这些领域也会为我国未来的经济安全带来负面影响。

二、其他区域性组织对中国经济安全的影响

（一）对中国经济安全的影响

上合组织成员国大部分都加入了其他区域性组织。每个组织都有其发起人和发起人特有的政治与经济利益。上合组织这一区域性组织与其他区域性组织之间的有效对接成为影响中国经济安全的重要因素。

这些区域性组织集合图说明围绕中亚展开的大国博弈以及区域性经济实力之间的博弈十分激烈。其中，俄罗斯的影响力不得不考虑。虽然以俄罗斯为核心的欧亚经济联盟与中国提出的"一带一路"倡议实现对接并提出相应的合作声明和备忘录等，但是作为一个区域性的经济组织，上合组织与上述各种区域性组织之间的对接还在磨合之中，没有形成相应的强协调机制。

在这些国际性组织中，土耳其启动的经济合作组织需要密切关注。由于土耳其与中亚国家之间的复杂关系，土耳其经济形势的好转以及埃尔多安提出的一系列复兴计划，提醒我们要自始至终关注该经济组织的建设进程。由于当前土耳其正在面临如何平衡俄罗斯和美国的关系，如何有效权衡本国全局利益等棘手的外交与国际政治问题，在该区域内由其发起的经济合作组织没有取得实质进展。如果美国和欧盟对俄罗斯的关系发生一定的变化，土耳其将会趁机加大对该地区的渗透，可能会让上合组织的经济安全产生变数。

（二）其他区域性组织对我国西北地区经济安全的影响

第一，经济安全提升的正面影响。在上海合作组织框架下，西北地区经济安全形成机制主要是依靠该合作组织地缘政治上发挥的正面作用。另外，在我国主导的上合组织中，西北地区参与程度提高对其经济的快速发展起到重要作用，尤其是在能源合作中更能发挥西北能源产业潜力，并从合作中提升收益份额。

第二，上海合作组织框架对中国西北地区的资源优势开发的影响。上海合作组织的高效有效运行，从全国层面来看，符合国内产业的国际布局和国内产业竞争力的提升。但是我们也要看到，因上海合作组织作用而改善的中亚南亚投资环境可能不利于西北招商引资和产业输入。这就要求中国西北地区在国际分工的参与方面重新考虑区域性战略布局。

第三，上海合作组织框架下的区域性资本市场建设，也会影响中国西部地区的经济安全。这种影响主要看区域性金融合作中的资本流向问题。如果资本流入西北并从西北以产业形式或增值资本形式流出西北则产生正面的影响作用。如果中亚区域性金融机构趁机快速发展,这对于西北资本市场产生打击的同时,也会引起上述国家的企业获得更为宽松的资本供应,为实体产业的发展注入活力,长远内形成更为广泛的产业竞争力,使中国西部地区经济安全受到短期内资本短缺冲击和长期内产业竞争力削弱的影响。

三、欧亚经济联盟对中国西北地区经济安全的影响

(一) 欧亚经济联盟及其影响力

欧亚经济联盟是在欧亚经济共同体基础上建立的。2000年10月10日,俄罗斯、白俄罗斯、哈萨克斯坦、吉尔吉斯斯坦和塔吉克斯坦等在五国关税同盟基础上成立欧亚经济共同体,其目标是在关税同盟的基础上建立统一货币市场和劳动力市场,进而建立统一经济空间。在俄罗斯的积极推动下,一体化进程加速,组织规模不断扩大,中亚合作组织并入欧亚经济共同体①。2015年1月1日,俄罗斯、哈萨克斯坦、白俄罗斯和亚美尼亚四国正式启动欧亚经济联盟,2015年8月吉尔吉斯斯坦加入。短短几年的时间,欧亚经济联盟成员中以观察国身份加入该组织的国家不断增加,该联盟已经和包括中国在内的许多国家和经济合作组织达成各种协议和备忘录,影响力快速提升。

欧亚经济联盟在实施一体化方面取得了较大进展。具体包括以下五个作用:一是建立关税同盟②。二是统一运输空间、统一能源市场和统一社会经济空间的建设正在逐步推进。三是金融和货币领域合作有所加强。为协调各国间金融和银行体系、推动资本自由流动、建立多边结算体系,成员国成立了欧亚发展银行③,主要为成员国交通基础设施、能源和农工综合体项目融资。同时建立欧亚经济共同体反危机基金,促进共同体的经济一体化进程。反危机基金为纯粹的援助基金,不具备商业用途。该基金除了向成员国提供主权贷款以克服金融危机外,还以稳定贷款和拨款的形式用于成员国间的投资项目。四是在这个组织基础

---

① 2006年1月25日,乌兹别克斯坦加入,后又于2008年11月12日退出。尽管该国因种种原因暂停了在该组织内的活动,但由于自乌兹别克斯坦加入该组织以来并未批准所有协议,乌兹别克斯坦的退出并未对共同体造成大的损失。

② 根据三方在2009年12月19日发表的联合声明,如果关税同盟运转顺利,三国在2012年1月1日正式建立统一经济空间,实现真正一体化,但这一进程因种种原因没有进入实质性阶段。

③ 欧亚开发银行(又称欧亚发展银行)是俄罗斯和哈萨克斯坦于2006年1月成立的国际金融机构,旨在促进成员国市场经济的发展、扩大经济和经贸关系。俄罗斯在欧亚银行的注册资本金为10亿美元,哈萨克斯坦注册资本金为5亿美元。2008年12月,该银行同意接纳塔吉克斯坦、白俄罗斯和亚美尼亚为其成员国。银行总部将设在哈萨克斯坦的阿拉木图,银行行长由俄罗斯人担任,副行长由哈萨克斯坦人担任。

上启动欧亚经济联盟，更加巩固了紧密的经贸合作和全方位合作基础。虽然欧亚经济联盟并没有提出类似欧盟的统一货币政策，但是其他方面的紧密度已经接近欧盟的政策。此外，成员国在货币自由流通、不对第三国货币采取歧视性政策等方面做出实质性努力并取得一定成效。五是对外经贸合作发展迅速，合作范围拓展较快。该联盟通过实施观察员制度，接纳摩尔多瓦成为联盟首个观察员国后，2020 年接纳乌兹别克斯坦为观察国。同时与其他国际组织积极衔接，与欧盟、美欧商协会开展对话和合作。2015 年，该联盟与中国签署《中国与欧亚经济联盟经贸合作协定》，进一步推动联盟与"丝绸之路经济带"对接合作。此外，该联盟同东盟、南方共同市场、非盟等主要地区一体化组织签订合作备忘录，还与越南、伊朗、塞尔维亚和新加坡签署了自贸区协定。

（二）欧亚经济联盟对中国经济安全的影响

我国是欧亚经济联盟成员国重要的贸易伙伴。欧亚经济联盟的成立无疑将对我国与其成员国经贸关系的发展产生不可忽视的重要影响。由于这种协议安排的宏观影响机理基本上是在上合组织框架下的影响机理中被谈及，下面主要分析四个方面的影响机理：

第一，关税同盟及欧亚经济联盟的成立加大了微观影响因素的作用。一方面，因为我国是上述国家的主要贸易伙伴，而且在进出口贸易结构中，出口主要是以产成品为主。如果上述国家的一体化进程加快，主要是从成本层面上影响区域贸易。俄罗斯主导的这一贸易安排不利于我国企业商品的出口竞争力，可能会造成较大的出口阻力。已经实施的俄白哈关税同盟是一个典型的例子①。这一同盟主要是以俄罗斯税法为基础做出来的同盟规则，结果我国大量出口到哈萨克斯坦的产品关税税率被提高，由于哈萨克斯坦有五年的过渡期，我国出口产品大部分集中于过渡期税率调整，2013 年之前没有明显感到压力，但 2013 年后我国与哈萨克斯坦之间的贸易受到明显影响。另一方面，该联盟与其他国家、其他经济组织之间开展对话速度较快，外贸合作领域拓展较为迅速，这对中国与上述国家之间的双边谈判或多边谈判造成很大的影响，尤其是与东盟、非盟之间的合作事项需要中国认真思考，这为中国拓展非盟合作空间，强化东盟之间的紧密经贸合作以及中国与上述国家已经开展或即将开展的双边合作带来一定的负面影响。

第二，欧亚经济联盟对中国产业国际布局造成一定的负面影响。欧亚联盟进一步强化了俄罗斯在中国经贸合作中处于绝对优势地位的中亚国家的影响力。中

---

① 俄白哈关税同盟：俄罗斯、白俄罗斯、哈萨克斯坦三个国家统一关税，形成海关联盟（Customs Union, CU）。1995 年俄、哈、白、乌、塔、吉六国签署建立关税联盟（成立统一关税区、取消海关监管和统一经济空间的协议，在此协议基础上成立了欧亚经济共同体。

国对中亚贸易中哈萨克斯坦和吉尔吉斯斯坦的贸易规模占到总贸易规模的60%～70%，个别年份甚至80%以上。而哈萨克斯坦和吉尔吉斯斯坦在丝绸之路经济带建设国外段处于亚欧大陆腹地，在产业空间布局中具有举足轻重的战略意义。而这两个国家加入欧亚经济联盟后，在联盟产生的贸易转移效应和市场扩容效应下，俄罗斯产业在中亚各国的市场布局以及俄罗斯在上述各国的产业转移变得相当容易，这对于中国在"一带一路"建设过程中的产业转移和中国产业的中亚布局产生更为直接的影响。

第三，欧亚经济联盟为中国的资本空间布局带来一定影响。欧亚联盟通过统一的货币财政政策，能够快速调整内部政策，通过汇率协调和对外结算中的便利条件来提升上述国家的资本运营效率，同时为成员国之间的资本流动提供有利条件。这一有利条件一方面提升了成员国货币的稳定性，另一方面也提升了各成员国在该区域贸易中抗衡美元结算产生不利影响的能力。同样这一举措为人民币的国际化和较早进入中亚国家成为国际货币带来了不确定性。

第四，欧亚经济联盟在能源安全领域的影响力巨大。根据欧亚经济联盟的发展议事日程安排，欧亚经济联盟下一步的重点工作特别强调了形成天然气、石油和石油产品的统一市场、统一的金融运作模式以及统一的运输市场的重要性。欧亚经济联盟的这一发展目标一旦实现，在强化俄罗斯的影响力的同时，使我国将面临另一个能源卡特尔组织——欧亚能源联盟，其影响相当于第二个OPEC，为中国未来的能源多样化和能源总体安全形势带来较大的不确定性。

（三）欧亚经济联盟对中国西北地区经济安全的影响

第一，对中国西北地区的开放型经济布局和对外贸易造成不利影响。中国西北与中亚国家的贸易所占比重比较大，虽然这种贸易对西北经济的实际贡献率并不大，但是对其未来的外向型发展战略会产生较大的负面影响。这就要求在中国西北的外向型发展战略安排上以及开放型经济布局上做好适度调整。中国西北的外向型企业也因此面临不确定的市场环境和市场预期，投资信心受到打击。同时由于外国市场消费者偏好的转移，也会导致中国西北地区输出产品的竞争力下降。

第二，欧亚经济联盟对中国西北区位优势开发带来负面影响。中国西北在经济发展中加大外向型经济的同时，通过形成口岸自由贸易区模式推动西北经济发展。但是，欧亚经济联盟建成后，在该地区所设立的自由贸易区提供的优惠条件可能进一步失去诱惑力。一方面欧亚经济联盟国家之间的规定可能不会让那些双边谈判继续发挥效力，原有制度安排和合作机制失去效力；另一方面欧亚经济联盟内部的要素自由流动可能会对自由贸易区的合作方产生不利影响。当地原本已经建立起来的边境自由贸易区（中哈霍尔果斯边境合作中心）和产业园区为重点安排的地区性发展战略达不到预期效果，进而带来不必要的经济损失。

第三，欧亚经济联盟对西北农产品贸易的影响可能远远超过其他领域。由于西北地区农产品贸易在本地产品贸易中所占比重高达70%以上，而上述农产品贸易的50%以上以中亚和俄罗斯为去向国。而欧亚经济联盟成立后，吉尔吉斯斯坦、亚美尼亚的农产品流向上述国家。同时还要看到，长期以来，乌兹别克斯坦作为苏联的重要农作物种植业基地，在棉花、水果蔬菜等可贸易产品的商品化生产上初具规模，尤其是棉花种植面积较大，水果蔬菜品质和种植结构与西北地区的农产品品质水平大体相当。乌兹别克斯坦的上述优势一旦通过中亚国家质检以及原独联体组织内部的通道流向欧亚经济联盟就会获得比较优势，西北地区农产品可能会失去相应的竞争力。

第三节　中国周边国家发展战略对中国经济安全的影响

一、哈萨克斯坦经济发展战略及其对中国经济安全的影响

（一）哈萨克斯坦经济发展战略

在中亚国家中，哈萨克斯坦的经济发展战略值得一提。独立后，哈萨克斯坦经济发展遵循"先经济后政治"的发展战略[1]。2012年12月14日，哈萨克斯坦总统纳扎尔巴耶夫发表了国情咨文，提出哈萨克斯坦"2050"战略。这一战略是1997年哈萨克斯坦提出的"2030"战略的升华。如果说哈萨克斯坦"2030"战略凸显了经济发展优先思路，那么哈萨克斯坦"2050"战略报告更加明确提出哈萨克斯坦2050年的国际地位和具体发展目标。该战略具体目标可以概括为建立起各方面都强大的国家，尤其是经济上成为发达经济体，形成发挥全员劳动潜力的劳动性社会，2050年要跻身世界发达国家30强[2]。哈萨克斯坦"2050"战略，

---

① 这一观点出现在江雪梦的《哈萨克斯坦发展战略研究》一文中，该论文以哈萨克斯坦独立以来总统纳扎尔巴耶夫的1992年、1997年、2012年三次具有重要战略意义的国情咨文报告作为依据提出上述观点。本研究中查阅了相关国情咨文原文以及其他年份的国情咨文，本书认为这一观点比较客观地总结了哈萨克斯坦发展战略的全过程。

② 在哈萨克斯坦总统发表以《同一个目标、同一个利益、同一个未来》为题的国情咨文后，该报告被进一步整理成《哈萨克斯坦之路——2050发展战略：同一个目标、同一个利益、同一个未来》，全文刊载于：https：//www.inform.kz/cn/article_a2638736。

重点放在了如何实现工业化，强调了工业目标等具体的发展目标值和具体举措，在 2014 年的国情咨文中对此进行了具体的部署和安排①。

无论是 1997 年提出的哈萨克斯坦"2030"战略还是 2012 年提出的哈萨克斯坦"2050"战略，都强调如何实现经济上的强国梦，强调工业化。从某种意义上来讲，哈萨克斯坦的经济战略方针归结为三个核心词：改革、增长、发展。改革内容包括以企业管理、经济转型为核心内容的新型私有化改革；实行税收优惠，营造优越的投资环境；政府管理部门的现代化改造等。哈萨克斯坦强调每年平均 5% 以上的增长率，发展目标就是进入世界 GDP 排名前 30 以内。除了上述宏伟目标之外，哈萨克斯坦"2050"战略还提出了更为具体的发展目标，劳动生产率提高五倍，人均 GDP 从 2.45 万美元增加到 12.6 万美元，人均收入达到 6 万美元，使中产阶级成为社会主体。实现城镇化，城镇化率达到 70% 以上②。

（二）哈萨克斯坦经济发展战略对中国经济安全的影响

第一，哈萨克斯坦为中国能源通道安全性带来的影响越来越大。由于中国对能源安全的考虑，一方面关注能源的总体安全需要与哈萨克斯坦开展石油天然气等领域的积极合作，尤其是在石油开采和加工领域加大了合作力度，已经形成你中有我的合作格局；另一方面中国从能源结构安全的角度加大了清洁能源和一次性电力能源领域的合作。在天然气合作领域，哈萨克斯坦不仅扮演天然气供应国的角色，更为重要的是哈萨克斯坦已经成为中国天然气管道和石油管道运输的必经之路，直接控制着管道运输命脉。除此之外，哈萨克斯坦与中国在水资源合理开发领域的分歧较大，尤其是额尔吉斯河和伊犁河开发利用方面，哈萨克斯坦和俄罗斯的意见较大。随着哈萨克斯坦工业战略的实施，农业大开发，对伊犁河下游水资源开发，尤其是卡拉干达州对水资源需求量继续加大，这也可能引起围绕能源动力资源领域的安全问题。

第二，哈萨克斯坦在区域性组织中几乎成为所有组织的核心地带国家。该国所处的有利位置和较大资源能源影响力，使其成为中亚地区举足轻重的国家。这种国家地位，严格意义上与其说是哈萨克斯坦本身经济实力的影响，还不如说是因为哈萨克斯坦的地理优势造就其现在的重要性。因此在区域组织主导国之间的实力变化可能会引起哈萨克斯坦政策的不连贯性，在各种复杂的区域性经贸合作组织安排中所获得优势已经成为使哈萨克斯坦稳步发展并不断增强其经济和其他

① 哈萨克斯坦总统就 2050 年国家发展战略部署具体任务［EB/OL］. 国际在线，http：//news. sina. com. cn/o/2014-01-18/105829280285. shtml.

② 哈萨克斯坦之路——2050 发展战略：同一个目标、同一个利益、同一个未来［EB/OL］. https：// www. inform. kz/cn/article_ a2638736.

影响力的法宝。在围绕中亚地区复杂的区域性组织中，哈萨克斯坦能够权衡和杠杆化的政策工具较多，这种政策工具在经贸合作博弈中起到关键影响作用。因此哈萨克斯坦国家的政策调整随机性较大，在推进"一带一路"建设的沿线国家中，是相应成本较高的国家之一。因此哈萨克斯坦对中国实施"一带一路"倡议、上合组织框架下的经贸合作及其上述政策效应等方面的影响较大。

第三，哈萨克斯坦加入欧亚联盟后对中国中亚地区的产业布局和产业转移产生负面影响。哈萨克斯坦加入欧亚经济联盟的主要目的在于通过联盟内部的产业转移并以较低成本实现其"2050"战略，从而提升本国产业竞争力。俄罗斯轻工业相对我国而言比较落后，但俄罗斯和白俄罗斯本身具备快速发展轻工业的能力。哈萨克斯坦加入欧亚经济联盟后，瞄准中国市场的俄罗斯产业势必转移至哈萨克斯坦，通过空间区位优势以及中亚国家提供廉价的劳动力。塔吉克斯坦和乌兹别克斯坦每年向俄罗斯和哈萨克斯坦输出的劳动力规模达到 500 万~700 万人，而且上述两国劳动力在哈萨克斯坦的工资水平是哈萨克斯坦当地工资水平的 1/3，在俄罗斯的工资水平是俄罗斯当地工资水平的 2/3 以上[1]，但是俄罗斯的生活成本比哈萨克斯坦高出 30%，因而只要哈萨克斯坦提供相应的劳动机会，上述劳动力都愿意到哈萨克斯坦务工，因而会进一步提升哈萨克斯坦的工业竞争力。这对于我国以大量轻工业出口为主的外向型企业来说是一个严重的打击。

（三）哈萨克斯坦经济发展战略对中国西北地区经济安全的影响

第一，产业竞争力提升带来的负面影响。哈萨克斯坦的发展战略强调改革，而改革的目标是实现新型私有化，弱化以前提倡的"哈萨克斯坦含量"。所谓哈萨克斯坦含量强调哈萨克斯坦出口产品中哈萨克斯坦本地制造的产品所占比重足够大。但是一般不考虑出口上述产品或制造上述产品的企业最终所有权是否属于哈萨克斯坦，只以考虑是否在哈萨克斯坦境内生产为主。哈萨克斯坦"2050"相关战略进一步明确，哈萨克斯坦实行新型私有化，强调哈萨克斯坦居民或国有资本占比必须达到支配地位，同时强调合资合作企业必须注重技术含量较高的创新产业。由于哈萨克斯坦加入欧亚经济联盟，俄罗斯和白俄罗斯等国家的企业在哈萨克斯坦工业领域的投资吸引力增加，加之通过税收改革降低成本来吸引更多投资。就是说，哈萨克斯坦通过招商引资、引进技术来强化哈萨克斯坦企业竞争力和产业竞争力的这一做法，将会影响以最终产品输出为核心的中国西北外向经济发展战略。

---

① 2015 年 7 月课题组随西北隆博投资集团公司参加自治区商务部中哈通关便利化会议的相关考察活动，在此期间进行了相关调研活动。哈萨克斯坦这些数据根据调研获得。俄罗斯外地劳动力，尤其是乌兹别克斯坦和塔吉克斯坦到俄罗斯务工劳动力的工资收入也是通过考察期间的相关调研内容获得的。

第二，哈萨克斯坦投资环境改善带来的投资流向对新疆利用内外资产生负面影响。一方面，哈萨克斯坦大量招商引资对于西北的产业发展战略造成影响，尤其是削弱了新疆引进外资方面的竞争力。哈萨克斯坦发展战略制定了两项具体措施，就是制定税收优惠政策，改善投资环境。2015 年末，哈萨克斯坦总统提出当前"应创造优越的投资环境"，继续"加大哈萨克斯坦对投资者的吸引力度"，尤其是要"吸引大型跨国公司对哈萨克斯坦的投资"，并为此实施两项重要举措：一是签署税务大赦法案；二是时任总统纳扎尔巴耶夫签署《关于对哈萨克斯坦有关法律条款就哈萨克斯坦公民、归国哈侨以及持有在哈长期居住证人员的资产公开进行大赦豁免等问题进行修改补充》法案，以简化资产和资金合法化程序，延长资产合法化活动的期限。另一方面，哈萨克斯坦在优化引资环境方面的力度较大。目前哈萨克斯坦投资环境较为宽松，虽然保留了通过立法设立禁止投资领域的权力，但并未明确禁止外资进入特定产业。哈萨克斯坦前总统责成各级政府制定并呈报旨在改善投资环境的详细方案，成立以吸引投资者、优化投资环境为己任的政府委员会，引导投资者参与当地具有重要意义的项目。所有这些措施将提升国家、社会以及国民经济在面临危机时的承受和应对能力。这就加剧了国际投资和国内兄弟省市对新疆投资方向转移的竞争。

第三，哈萨克斯坦加快企业家队伍建设和企业运营效率提升，在微观层面对中国西北地区经济安全形成潜在的负面影响。一方面，哈萨克斯坦"2050"战略提出要通过组建合资企业方式建设生产性交通物流设施，在有出海口的国家建设港口码头，在世界的交通过境枢纽点建设运输物流港。目前哈国正在进行博加克特—叶尔塞、阿拉木图—楚河铁路以及库勒克港渡口建设。2015~2017 年投资 90亿美元用于实施"光明之路"。另一方面，以前由于哈萨克斯坦投资政策和投资环境宽松，大部分外资企业和内资企业都考虑在西北地区开展实体产业，以产品输出为核心参与哈萨克斯坦经济活动。哈萨克斯坦这一发展战略强调应在公开、公正的竞争原则下对国有资产进行新的私有化计划，以保证国内和外国投资者尽可能地参与到私有化进程。哈萨克斯坦的这一发展战略旨在通过进口替代来逐步实现出口导向的策略，短期内对中国西北地区的外贸不产生影响，如果不改变目前的贸易结构和产业竞争态势，那么将来不仅会从哈萨克斯坦市场撤出来，而且还会成为哈萨克斯坦产品的消费目标市场。

二、乌兹别克斯坦经济发展战略及其对中国经济安全的影响

（一）乌兹别克斯坦经济发展战略

乌兹别克斯坦政府确立经济重于政治、政府是改革的总设计师、采取渐进式

经济转型模式的经济发展战略①。乌政府采取较为灵活有效经济策略，主要是不断出台系统性改革举措，落实经济发展与现代化战略，以提升产业竞争力、实现经济多元化，并促进内需，提振市场活力。乌兹别克斯坦实施三阶段目标化发展战略：第一阶段构建新的经济体制，完成市场经济的过渡；第二阶段加快国家建设阶段即完成国有资产私有化；第三阶段是保障经济增长、实现稳步发展的经济体制，目前已经进入第三阶段。《2017—2021 年乌兹别克斯坦五大优先发展方向行动战略》② 涉及经济板块的主要内容是进一步发展经济自由化，目标是要加强宏观经济稳定性并保持经济高速增长，提高产业竞争力，实现农业现代化和快速发展，深化制度性和结构性改革以减少国家对经济的参与，进一步强化对私有财产和企业主权益保护，刺激小企业和私营部门发展，综合均衡发展各地经济，通过改善投资环境积极吸引外资。

(二) 乌兹别克斯坦经济发展战略对中国经济安全的影响

第一，乌兹别克斯坦农业体系的完善对中国农业发展的影响较大。一方面，乌兹别克斯坦的传统强项就是农业，尤其是锡尔河畔和阿姆河畔开发了大量的灌溉农业土地，棉花种植面积在整个中亚处于领先地位，而且单位成本比中国成本要低。另一方面，乌兹别克斯坦已经与吉尔吉斯斯坦和塔吉克斯坦达成水资源换电力资源和天然气能源的协议，有效保障了两大河流水资源的稳定流量。虽然从生态环境角度来看，耕地过度开发和连续复耕利用带来了农业土地产出率下滑、盐碱地增多等问题，但是 2018 年提出的保护乌兹别克斯坦农业用地行动，已经开始治理土壤，有效解决了事态的恶化，稳定了棉花产量，继续保持最大棉花出口国地位。同时通过加大蔬菜水果种植面积，已经有效控制了俄罗斯、白俄罗斯以及苏联加盟共和国分离出去的东欧蔬菜和水果市场 30%的市场份额。乌兹别克斯坦集约化农业生产的继续强化对于中国农产品行业的出口和布局造成不利影响。

第二，乌兹别克斯坦工业体系的进一步完善，将使中国工业企业在中亚地区面临更多的对手。一方面乌兹别克斯坦过度保护本国工业企业已经形成相当规模的地方工业体系，虽然目前工业竞争力远不如中国，但是随着乌兹别克斯坦工业创新能力的提升，尤其是在日本、德国、土耳其、印度等国家产业转移的支持下，很快就会形成相当大的工业规模。由于乌兹别克斯坦人口规模在欧亚经济联

---

① 依马木阿吉·艾比布拉，阿布来提·麦麦提. 试论乌兹别克斯坦经济转型模式选择［J］. 新疆师范大学（哲学社会科学版），2014（5）：45-51.

② 乌兹别克斯坦制定优先发展领域行动战略［EB/OL］. 中国日报网，［2017-09-07］. http：//caijing. chinadaily. com. cn/2017-09/07/content_31688872. htm.

盟国家仅次于俄罗斯排在第二位，劳动力相当丰富，廉价劳动力已经成为吸引外资的重点。另一方面，俄罗斯和美国与欧盟关系由于俄乌军事冲突趋于恶化，乌兹别克斯坦对于放开手脚与美国、欧盟和土耳其大力发展经贸合作关系有所顾虑。但是，一旦上述大国博弈之间出现有利可图之机，乌兹别克斯坦可能会快速启动，工业体系的快速建立和竞争力的提升，无疑会对中国企业在中亚的投资和运营、中国产品在中亚国家的市场份额产生较大负面影响。

第三，乌兹别克斯坦政策多变，经贸合作诚信不足，容易导致连锁反应而增加安全隐患。乌兹别克斯坦建国多年的外交政策，不管是对独联体国家的政策调整还是对各种区域性经贸合作组织的政策调整，随意性较大。乌兹别克斯坦曾经加入欧亚经济共同体关税同盟，但是一段时间后不但没有履行义务，最后反而选择退出，而2020年4月又以观察国身份加入欧亚经济联盟。在中亚区域合作组织中，乌兹别克斯坦对于合作条款执行也是选择性较强，总会产生不断的纠纷，使经贸合作效率降低。因此，尽管乌兹别克斯坦经济发展战略没有明确表示乌兹别克斯坦优先，但是由于在经贸合作中总是过分强调零和博弈或我方多利原则，使许多合作谈判破裂。由于大部分合作谈判是多方合作谈判，乌兹别克斯坦的这种做法势必影响其他合作国家的具体行为，也可能引起效仿效应，使实际进展达不到预期效果。

（三）乌兹别克斯坦经济发展战略对中国西北地区经济安全的影响

从上述分析来看，乌兹别克斯坦强调渐进有序推动的战略，政策稳定性比较强。但是从具体做法来看，乌兹别克斯坦的农业发展战略、提高竞争力的贸易保护主义战略以及改善投资环境的策略，在中观和微观层面上会对中国西北区域经济安全产生一定的影响。从宏观层面开放度指标来看，中国对乌兹别克斯坦的贸易依存度不高，短期内乌兹别克斯坦经济战略和改革对中国经济安全的影响不大。但是从长远来看，由于乌兹别克斯坦人口多、劳动力资源丰富、国内市场容量较大，具备迅速发展工业体系的能力和资源支持，加之乌兹别克斯坦与中亚国家之间的紧密联系，一旦该国农业和工业体系确立，中国西北地区企业在上述地区的影响力将面对被削弱的可能性。虽然这一可能性并不大，但是这种影响已经在农产品贸易领域显现。尤其是西部地区具有优势特色的农产品棉花、特色水果以及葡萄等产品，在国际市场上被乌兹别克斯坦的农产品替代的可能性较大。通过俄罗斯各大超市和小超市陈列货物原产地调研发现，俄罗斯市场上供应的大部分蔬菜和水果产品原产地为乌兹别克斯坦。从俄罗斯和哈萨克斯坦的调研来看，服装类从乌兹别克斯坦进口的大众化服装排在我国和吉尔吉斯斯坦进口产品之后。在其他纺织产品中，乌兹别克斯坦产品紧跟在我国产品之后。中亚其他国家的情况基本相似。棉花作为乌兹别克斯坦农业支柱产业之一，目前具有微弱的竞争优势。这种优势的微弱性不是因为乌兹别克斯坦棉花成本高，而是因为我国对棉产业，尤其是对西北棉产业的目标价格补贴政策导致在终端棉产品国际竞争力上乌兹别克斯坦的成本优势没能显现。如果我们不改变目前的棉产业发展中的成本劣势状态，随着"一带一路"倡议的实施和我国开放度的提升，那么将会在国际市场上失去竞争力。由于西北发展纺织服装产业主要是面向中亚和俄罗斯等市场，如果棉花生产成本等不能够与乌兹别克斯坦竞争，从长远来看，乌兹别克斯坦棉纺织服装产业的发展，会对我国目前的短平快项目实施机制产生冲击。

三、俄罗斯经济发展战略及其对中国经济安全的影响

（一）俄罗斯经济发展战略

从宏观因素来看，俄罗斯改变靠出口资源性产品和传统工业制成品思路，开始致力于知识经济和技术创新之路。俄罗斯采取注重发掘本国科学技术创新潜力、培育高新技术产业并对传统经济部门实施现代化改造等系列措施，加快由政府主导、企业和科研院所广泛参与的国家创新体系建设。"新经济"政策提出优先发展制药、高科技化工、非金属复合材料、航空工业、信息通讯技术、纳米技术、核工业和航天技术；实施"大行业集团战略"，形成从研发到生产、销售和服务集于一身的大型企业集团，在国际劳动分工中实现向全面的跨国公司的转变，提高国际竞争力。加快人才培养，派遣更多的年轻人和经验丰富的专业人士出国进修以提升专业能力。

从开放度来看，俄罗斯从"全球存在战略"和奉行"全球渗透战略"已转变为积极倡导重构世界经济新格局的全球战略①。主要举措包括推动经济自由化和生产国际化、积极加入全球性和地区性国际经贸组织、积极提出全球经济构想以推动世界经济格局演变，包括国际金融——货币体系改革、国际贸易和投资环境透明、重建世界能源市场和改造世界粮食格局等一系列主张。但是，由于俄乌军事冲突爆发，引起北约等国家加大对俄罗斯的制裁，其经济发展战略的实施受到遏制，经济发展也受到严峻挑战和打击。

（二）俄罗斯经济发展战略对中国经济安全的影响

第一，重构世界能源市场战略对我国经济安全的影响。俄罗斯的目标是建立"天然气输出国组织"，并以管道、税收、产量等综合措施积极影响世界石油价格，在争取国际油气定价权方面发挥更大作用。2012 年在 APEC 峰会上提出提高天然气在亚太地区能源结构中的比重，稳步推进能源基础设施的投资，确保核能作为一种清洁能源的安全利用和合作分享，提高能源效率等。上述重构战略对我

---

① 欧阳向英. 俄罗斯的全球经济战略 [J]. 国际展望，2013（5）：71-88+144-145.

国经济安全的影响主要来自以下三个方面：一是俄罗斯进一步加大欧佩克国家和俄罗斯之间的矛盾，进一步导致石油天然气为主的国际能源市场的变数，为我国能源产业的发展增加了更多的不确定性。二是俄罗斯作为中亚影响力最强的国家，通过影响中亚石油天然气生产国家的政策来进一步影响我国能源生产。三是俄罗斯在能源市场上的作用的强化，从长期来看，可能会影响我国与其他石油天然气生产国家之间的能源合作战略，导致国际关系的调整，带来能源安全更多的不确定性。但是，近期来看，由于俄乌军事冲突，俄罗斯受到北约等西方国家的制裁，这有利于俄罗斯加强与中国的能源和经济领域的合作。

第二，改造世界粮食格局战略对我国经济安全的影响。俄罗斯不仅是粮食生产和出口大国，且粮食增产潜力巨大。俄罗斯发展绿色农业、扩大粮食出口，成为国际粮食市场举足轻重的供应商。俄罗斯强调应为实现农业可持续发展创造有利环境；采用包括生物技术在内的创新农业技术，促进农业生产率的显著提高，缩小粮食价格波动，改善食品供应链的运作等。这一战略的实施，在开放环境下对我国农业和粮食安全的影响很大。开放条件下的粮食贸易安排，在某种程度上使我国农民的粮食生产积极性大大受挫。目前来看，我国饮食结构中小麦所占的比重较小，俄罗斯水稻产量亦有限，但是俄罗斯可种植水稻的耕地面积大，水资源丰富，且适合于发展有机农业。从长远来看，如果不加快提升我国农业竞争力，俄罗斯的这一战略将会威胁我国农业的健康发展和农业安全。

第三，俄罗斯产业发展战略对我国经济安全的影响。苏联解体后俄罗斯工业体系遭到破坏，但通过近 20 年的努力，俄罗斯的工业东山再起。依靠良好的基础素质，工业技术力量，俄罗斯的机械制造业、信息通信业以及航天航空工业快速发展，目前是世界上不可小觑的一支力量。当前进一步加快上述领域的投资和发展速度，意味着我国汽车制造业、装备制造业以及通信业等将面对来自俄罗斯的竞争。由于俄罗斯在中亚的影响力，俄罗斯工业的崛起不仅在俄罗斯范围内对我国工业制成品的竞争带来冲击，还会在中亚和其他东欧国家市场内对我国工业制成品的贸易带来冲击。

第四，俄罗斯金融对我国经济安全的影响。金融领域的影响包括直接影响和间接影响。直接影响是俄罗斯的金融发展战略以及金融局势对我国人民币国际化的影响以及我国对俄罗斯的开放性经济领域的影响。间接影响表现为，受俄罗斯金融影响进行调整的中亚和东欧国家货币政策和汇率变动对我国人民币国际化以及我国对上述国家的外向型发展都产生负面影响。从某种程度上来看，俄罗斯金融变动的间接影响比直接影响大得多，且影响机理十分复杂。所以关注俄罗斯金融局势比关注其他中亚和东欧国家金融局势更为重要。

（三）俄罗斯经济发展战略对中国西北地区经济安全的影响

俄罗斯对我国西北的经济安全并不是通过直接影响，而是通过俄罗斯为主导的欧亚联盟以及其他区域性组织来影响西北经济发展。就当前而言，西北在对外开放中的竞争优势是能否在面向中亚和西亚的市场中保持竞争定力。但是就目前情况来看，其本身的工业竞争力较弱，制造业体系中还没有形成独具特色的产业优势，要加快形成这些优势需要时间和机遇。俄罗斯主导的欧亚经济联盟，某种意义上，一方面，把中亚各国开放的国际市场环境进一步转变为对联盟内部更加开放，对联盟外部产生较大进入壁垒的相对封闭市场环境。更为重要的是欧亚经济联盟造成的工业再次空间布局，加快了中亚各国提升各自工业竞争力的步伐，可以说进入了赛跑阶段，使西北制造业工业体系的形成所剩机遇期缩短。另一方面，作为实体经济血液的金融中心建设是西北核心区建设中处于中心地位的项目，但是俄罗斯主导的欧亚经济联盟的建立对我国面向中亚的区域性金融市场建设带来了较大变数，严格意义上使这一进程受到更多的不确定性影响。

四、巴基斯坦经济发展战略及其对中国经济安全的影响

（一）巴基斯坦经济发展战略

随着印度经济的快速发展，迫使巴基斯坦政府以更加开放的姿态发展经济。2007 年后巴政府推行以撤销管制、自由化、私有化为主要内容的经济改革政策，改善了投资环境，外来直接投资明显增多①。2012 年后，巴基斯坦在工业领域加大开放力度的同时，更加注重农业现代化。在农业方面，巴政府增加农业贷款的供应，加强水利设施建设，提高农产品收购价格。2015 年至今，巴基斯坦进一步加大工业领域的改革力度，在努力稳定国内安全形势的基础上，改善商业环境，鼓励私人投资，促进小型企业发展，推进基础设施建设。结合巴基斯坦的劳动力优势、棉花产业优势和轻纺工业优势，提出了进一步强化纺织品发展战略，实现纺织产业集群化发展的战略思路②。在其他方面，包括银行、资本市场、能源、电力和电信等许多部门实施旨在吸引外来投资、加快外资利用步伐的宽松政策。

---

① 陈继东. 转型中的巴基斯坦经济——经济困境与结构矛盾分析［J］. 四川大学学报（哲学社会科学版），2009（4）：52-57.

② 根据商务部相关报道，巴基斯坦纺织业协会正在联合政府制定纺织业长期发展战略，计划在未来5 年吸引投资 70 亿美元，促进纺织品和服装出口额增加 100% 达到 260 亿美元。具体参见：巴基斯坦政府拟制定纺织业长期发展战略［EB/OL］. 商务部，［2019-10-29］. http：//finance. eastmoney. com/a/2019 10281274058147. html.

（二）巴基斯坦经济发展战略对中国经济安全的影响

第一，巴基斯坦纺织品发展战略对我国经济安全的影响。巴基斯坦作为我国的重要伙伴国，其经济的快速发展为我国发展外向型产业提供了市场空间，这是正面的影响。但是从目前的战略选择来看，当前巴基斯坦制定了以服装行业为驱动的振兴工业计划，希望通过工业化扩大出口，缩小贸易逆差；巴基斯坦为发展纺织品产业出台了国家战略行动纲领。巴基斯坦纺织业发展政策为服装产业链（棉田→轧花→纺纱→织布→印染→服装）的每个环节都提供了相应的政策支持，使纺织品产业更有竞争力。巴基斯坦政府对中小企业创造有利的环境从而通过集群发展提高增值项目产品的生产。如果这一战略取得成功，那么对我国纺织产业带来的冲击比较大，尤其是传统的纺织服装产业的冲击更大。从中国新疆的产业布局来看，其纺织服装产业即将面临的市场冲击更大。新疆的纺织服装产业不仅受到来自中亚国家——乌兹别克斯坦的冲击，还会受到来自巴基斯坦的竞争压力。

第二，巴基斯坦政策调整对我国经济安全的影响。目前中巴经济走廊成为世界所关注的一大工程。但是这一走廊建成后，巴基斯坦政策的稳定性成为影响我国经济安全的重要因素。这不仅是因为我国投入大量资金修建铁路和港口，更为关键的是这一港口和铁路运行后所产生的联动效应依赖于巴基斯坦的政局稳定性和政策连续性。巴基斯坦政局稳定性一方面来自于国内的极端势力，另一方面来自于克什米尔问题的印巴关系。虽然上合组织能够使两国领导人坐在一起商谈相关问题，但是在各自国家利益上的分歧较大。尤其要关注巴基斯坦国内一些新动向，巴基斯坦新生力量与传统上一代之间存在政治共识上的较大差异，这一次巴基斯坦选举中出现的新一届政府已经说明，巴基斯坦未来的政治外交走向出现细微变化，这些变化会不会成为一个主流值得进一步观察。如果政府换届或由于巴基斯坦国内局势的不稳定性等原因出现问题，将会对那些我国已经形成路径依赖的产业和企业造成很大的冲击。

（三）巴基斯坦经济发展战略对中国西北地区经济安全的影响

第一，巴基斯坦产业结构升级对中国西北经济安全的影响。自中巴签署"中巴经济走廊"合作协议以来，巴基斯坦经济的年增长率一直在4%以上，是亚洲经济增速最快的国家之一，也是巴基斯坦经济迅速发展的核心所在。中巴经济走廊为巴基斯坦创造了理想的吸引外资的平台和机遇，也体现了巴基斯坦独特的区位优势。据此，巴基斯坦强调产业合作，进而促进其产业结构转型升级。巴中各类产业园区建设也将成为最具有光明前景的领域。通过工业园区的引领作用和辐射效应，巴基斯坦企业必将提升在制造业领域的竞争力，在国际市场上获得优势地位。从长期来看，这些变化从某种程度上将针对那些以巴基斯坦市场为目标的我国外向型制造企业和西北外贸企业产生远期影响。

第二，巴基斯坦纺织服装行业的发展对我国西北实施的短平快项目为主的纺织服装产业的冲击。2019 年以来西北实施旨在提升资源优势转换为经济优势竞争力、提高就业能力为主要目标的纺织服装产业基地建设，其目标主要针对外向需求外部市场。一方面，巴基斯坦也强化了纺织服装领域的投资，使西北纺织服装产业面临更多的外部市场不确定性。就从目前的纺织服装贸易来看，虽然巴基斯坦并不是我国西北纺织服装产品的主要出口去向，但是巴基斯坦纺织服装产业的提升使之更容易渗透到阿富汗、乌兹别克斯坦等国市场，进而影响西北地区的纺织服装产业发展。另一方面，西北地区在劳动力资源优势并不明显，全国工资水平提升压力下，西北向内地省区看齐，地方性工资差异并不显著，因此对于这一战略举措和发展趋势产生的影响不容忽视。

五、印度经济发展战略及其对中国经济安全的影响

（一）印度经济发展战略

2010~2021 年，印度经济保持了较高的增长速度，值得中国关注！2017 年与中国经济增长相当，虽然 2018 年和 2019 年经济增长速度有些放缓，但在世界经济中的排名不断上升，2017 年超过法国排在第七位，2019 年超过英国排在第五位，2021 年经济增长为 8.1%。印度取得这样的成果主要归因于该国最近十多年实施的一系列经济发展战略。其中涵盖经济领域的季风行动、向东行动、数字印度以及涉及调整对外开放和贸易政策的税收、劳工以及国内开放度提升等一系列的改革[1]。这一系列举措背后，就是印度政府所强调的基础设施建设与印度制造业同步发展，实现工业强国的印度制造战略。同时印度自莫迪掌权后，特别注重对外关系和区域合作领域，提出一系列旨在提升印度影响力、实现印度国际市场利益的区域性合作项目和组建区域性经贸合作组织等。其中最为重要的就是与伊朗合作建设的以恰尔巴赫港口为中心的，"与伊朗、阿塞拜疆、俄罗斯共同提出的'第二苏伊士运河计划'。通过此计划，将会形成从南亚、中亚、高加索至俄罗斯和欧洲的海陆联运走廊，进而打通绕过巴基斯坦联通中亚和欧洲的战略新通道"。

印度经济战略可以从内外双线启动。内部强调环印度经济发展战略，具体强调以大城市为增长极的黄金四边形经济发展格局，并以此为契机大力发展交通基础设施投资，不断改善交通基础设施环境。同时特别注重内部各邦之间的协调和

---

① 梅冠群. 莫迪执政后印度经济发展战略选择及我国应对之策［J］. 南亚研究季刊，2017（2）：30-45.

协同发展，形成一定的合力。实施印度制造战略，进一步强化制造业的地位和投资力度，加大制造业的自我发展动力和能力，实施一系列税收、劳动就业、工资社保领域的全方位改革，提供内部经济发展的内在动力基础。在对外开放上，不断加大向东行动的实施力度，改变了与美国、日本之间的不信任关系，强化环太平洋国家之间的贸易往来，争取更多的美国和日本投资涌入印度。印度当前总体利用的外资规模并没有中国多，但是外资利用的增长速度比中国高得多。这种针对性的外资引进和对外开放战略，为印度制造、印度品牌等各种以强化工业地位为主的经济发展战略提供了良好的外在动力基础。

（二）印度经济发展对中国经济安全的影响

第一，印度制造战略对中国吸引外资、稳定就业、提升产业国际竞争力的影响较大。从目前的实施效果来看，印度制造这一战略没有达到预期，但是围绕印度制造业所提出的税收和就业、工资和社会保障领域的改革进一步突出了印度人口红利优势，引起全球范围内劳动密集型工业企业转移到印度的小浪潮。大量的劳动密集型行业集中到印度，这为印度进一步形成产业集群发展提供了便利。这就会进一步引起生产输出国贸易从传统的贸易伙伴转移到印度，进一步提高印度的对外贸易份额和国际市场份额，提供更多的外汇资源，为实现印度制造、印度品牌等提供有利条件。同时这一举措反过来直接影响曾经依靠人口红利占据世界贸易半壁江山的中国制造业竞争力，进一步削弱中国在世界贸易所占的比重。

第二，数字经济的优先地位和工业化速度的加快，为中国数字产业发展带来一定的冲击。当前，依靠数字经济方面的优势和信息服务业发展起来的印度正在加速工业化进程。莫迪执政后，印度不断刺激本土工业，制造业等实体经济的能力倍增。尤其是 AI 产业发展会通过高附加值形式让印度获得更多的盈利环境来支撑制造业领域的快速发展。印度在 2017 年农业就业人数是总劳动力规模的43%，而中国在农业领域就业人口下降到17%，说明印度在将近十年的时间内不断获得廉价劳动力来推动工业和服务业发展。这样一来，中国"互联网+"、人工智能产业、数字经济等领域的国际竞争力将会面对发达国家和正在快速发展的印度数字产业激烈竞争的压力。

第三，印度能源战略对中国能源安全的影响较大。印度实施的第二苏伊士运河战略实际上就是针对中巴瓜达尔港这一能源和经贸通道。由于瓜达尔港位于巴基斯坦，而印度和伊朗直接合作建设的恰赫巴哈尔港口在伊朗，从资源的获取角度对印度十分有利。从伊朗获得的石油通过瓜达尔港陆路运输过程从某种意义上还会受到印度恰赫巴哈尔港口的干扰和影响。由于这一港口建设后延伸的第二苏伊士运河战略，符合俄罗斯的利益，印度通过俄罗斯在伊朗、中亚国家的影响力，对中国的能源安全形成间接的干扰。

第四，印度季风行动战略对中国南亚地区经贸合作的影响。印度的季风行动实际上是印度洋东岸国家之间通过强化政治、宗教文化交流来实现印度影响力的战略。不管对这一战略在印度国内还是外部有什么样的负面评论，这一战略都会随着印度经济地位的提升，产生很强的影响力。我们认为这一战略对中国最直接的影响就是在斯里兰卡与中国关系中产生杠杆效应。由于斯里兰卡与印度在人文环境和宗教文化等社会领域的认同感较强烈，印度经济地位的提升必然会对斯里兰卡产生连锁效应，这对于中国通过斯里兰卡进行的海上能源和其他经贸交流产生不利影响。

（三）印度经济发展对中国西北地区经济安全的影响

西北地区与印度相邻，印度经济发展或多或少对西北经济发展产生影响。但是从中国西北地区对外经贸合作和贸易数据来看，印度并不是该地区的主要贸易国。所以印度经济发展在短期内对西北经济发展产生不了太大的直接影响。但是从中巴经济走廊建设角度来看，印度的发展和崛起，从地缘政治的角度产生较强的间接影响。具体而言：

第一，中国正在实施的经济增长极推动区域协调发展的战略受到影响。喀什经济开发区依托的是喀什能够容易开展对外贸易的相邻八国的区位优势。其中中亚和巴基斯坦作为重点开展对外贸易的国家，依靠推动外向型发展战略实施产业承接和产业组织战略。印度经济的发展和区域型经济组织中的影响力增加，加上印度廉价的劳动力和较强的数字产业优势，可能会削弱当地的产业竞争力，因而导致国外市场份额减少。这样一来喀什经济开发区的产业组织战略和产业承接模式就需要重新评估和调整。

第二，中巴经济走廊带动西部地区经济发展作用及其外溢效应弱化。印度经济实力的提升，进一步加剧印巴之间的矛盾，中巴经济走廊的整体安全和预期效果可能会受到印度崛起的干扰，进而影响当地对依托中巴经济走廊建设的整体布局和产业发展战略。同时由于中巴经济走廊强调互惠互利，对沿线节点城市的带动效应可能由于印度经济的发展受到分化，中巴经济走廊对中亚地区的辐射效应进一步弱化，这对于以中亚市场开发和中亚国家经贸合作为主的经贸合作格局产生比较深远的影响。

总而言之，中国西北周边国家对中国经济安全的影响来自于上述国家国内局势演变导致的经济安全问题，上述国家内部合作带来的区域性组织产生的宏观环境和政策调整带来的经济安全以及各个国家发展战略调整带来的宏观、中观以及微观的影响。其中，应该重点关注俄罗斯的能源战略和粮食战略。因为这个战略将会改变中亚的能源战略和农业战略进而影响到我国的经济安全。上合组织框架下的印度和巴基斯坦关系协调问题成为中国考虑的新的安全因素。尤其是印度的发展战略可能会为我国的传统优势产业带来较大冲击。巴基斯坦和乌兹别克斯坦的农业发展以及纺织服装产业对中国纺织服装产业造成冲击。而中巴经济走廊一旦建设成功，不仅是中国经济发展的一个增长极，更要看到巴基斯坦政策变化以及印巴关系的变化可能会对我国未来的经济安全造成新的风险。所以如何对接俄罗斯主导的独联体国家，尤其是中亚国家之间的区域性组织与上合组织和"一带一路"建设的相关内容，成为影响中国经济安全的重要内容。

第四章 中国周边国家经济安全评估研究

影响经济安全的因素是多方面的，因此难以用单一指标进行衡量。我们根据第二章关于经济安全评价指标体系的构建，从总体经济安全、产业安全、金融安全、能源安全四个维度建立国家经济安全评价指标体系，其中二级指标共22个。本章主要采用层次分析法来确定各级指标权重，对中国周边国家俄罗斯、哈萨克斯坦、吉尔吉斯斯坦、巴基斯坦的经济安全进行综合评价，同时也采用该指标体系对中国的经济安全进行评价，并与中国周边国家的经济安全水平进行比较分析。同时，还运用层次分析法（AHP），综合有关专家的经验和看法，应用一定的数学知识，从而得到更加全面客观的权重。我们根据有关同行专家打分，构造判断矩阵，从而得出各个指标的权重。为了使综合评价的结果更有意义，首先分别对每个指标根据限值计算安全得分，其次进行线性加权计算出综合得分，最后依据安全等级进行经济安全评估。

第一节 基于层次分析法的权重确定

权重决定了每一指标相对于整体评价体系的相对重要程度，基于经济安全的评价，根据专家打分（来自高校、研究机构和相关政府部门的17位专家）来确定各层指标的权重，具体计算步骤有以下五个：

一、建立层次结构模型

某层次的因素受下一层次的因素影响，同时也影响着上一层的指标，全部因素形成一个自上而下的递阶层次结构。层次结构一般可分为目标层即国家经济安全，准则层即一级指标，指标层即二级指标，具体结构如表4-1所示。

表4-1　国家经济安全评价指标体系构造

目标层 (A)	一级指标 (B)	二级指标（C）	指标性质	下警限	上警限
国家经济安全	B_1 总体经济安全 (0.362)	C_1 GDP 增长率 (0.197)	正	7%	10%
		C_2 通胀率 (0.230)	逆	2%	5%
		C_3 失业率 (0.200)	逆	2%	12%
		C_4 财政赤字率 (0.161)	逆	2%	5%
		C_5 研发投入占比 (0.092)	正	2%	
		C_6 产业劳动力素质（平均受教育年限）(0.12)	正	6 年	
	B_2 产业安全 (0.178)	C_7 制造业产值占 GDP 比重 (0.227)	正	30%	60%
		C_8 国际竞争力指数 (0.245)	正	0	10%
		C_9 对外贸易集中度 (0.171)	逆		40%
		C_{10} 外资对本国技术的控制 (0.208)	逆	50%	80%
		C_{11} 外国商品国内市场占有率 (0.149)	逆	20%	50%
	B_3 金融安全 (0.259)	C_{12} 经常项目余额占 GDP 比重 (0.135)	阈值	2%	7%
		C_{13} 国债余额占 GDP 比重 (0.131)	逆	20%	60%
		C_{14} 不良贷款率 (0.144)	逆		4%
		C_{15} 资本充足率 (0.134)	正	4%	8%
		C_{16} M2 与 GDP 之比 (0.117)	正	85%	250%
		C_{17} 外汇储备余额（支持几个月的进口能力）(0.152)	正	3 个月	
		C_{18} 汇率变动率 (0.187)	逆	0%	50%
	B_4 能源安全 (0.201)	C_{19} 综合能源对外依存度 (0.351)	逆	3%	15%
		C_{20} 石油、天然气进口集中度 (0.195)	逆		40%
		C_{21} 国家石油战略储备满足消费的天数 (0.293)	正	7 天	90 天
		C_{22} 能源消耗系数 (0.161)	逆	1.5	0.6

注：①每个指标后括号内的数值是计算所得的平均权重。②本书在确定上下限临界值时，主要参考国际通用标准、国内外历史数据和一些学者的研究成果。③由于能源安全下的二级指标"国家石油战略储备满足消费的天数"无法查询到所有年份的数据，因此在实证分析时将该指标的权重按权重比例分摊到能源安全下的其余二级指标上。

二、建立各层级的比较矩阵

通过专家对所有指标两两比较的相对重要程度，打分来确定各级的比较矩阵，通常使用 1~9 标度值（见表4-2）。构造各级比较矩阵 $A = (a_{ij})_{n \times m}$。设某层有 n 个因素，X = {X₁, X₂, …, Xₙ}，通过两指标间的比较，确定标度。其中 a_{ij} 表示第 i 指标对第 j 指标的比较结果，$a_{ij} = 1/a_{ij}$，A 称为成对比较矩阵。

表 4-2　判断矩阵指标比较标度值

标度	说明
1	两个指标比较，重要性一样
3	两个指标比较，一个指标比另一个指标稍微重要
5	两个指标比较，一个指标比另一个指标明显重要
7	两个指标比较，一个指标比另一个指标更为重要
9	两个指标比较，一个指标比另一个指标极端重要
2，4，6，8	需要在上述两个标准之间折中时的标度
倒数值	两个指标的反比较

三、根据矩阵，确定各层指标权重

首先计算矩阵各行元素的乘积，其次将乘积开 n 次方运算，得到个向量组成的矩阵，对矩阵进行标准化处理，所得到的结果就是特征向量的特征值，即权重。

四、一致性检验

计算一致性指标 CI = (λ_max − n)/(n − 1)，其中 λ_max 是最大特征值。通过查表得到随机一致性指标的值，并且计算 CR = CI/RI，当 CR < 0.1 时，认为判断矩阵具有一致性，否则要对矩阵做出适当的调整。通过一致性检验，说明经专家打分计算出来的权重是合理的。

根据专家的打分表，分别计算每位专家的打分权重，并且进行一致性检验，最后将通过一致性检验的 17 位专家的打分权重，求取平均值，最终得到每层指标的权重（见表 4-1）。

五、指标安全得分的计算和安全类型判断

本书所提出的经济安全指标分为定量指标和定性指标两种类型，分别运用"插值法"和"定性分析法"得到各个指标的百分制安全得分，再根据权重进行线性加权，得到指标的综合得分，从而判断出安全等级。

"插值法"的计算步骤如下①：首先，基于中外文献的综合统计，查取每个指标的警限值，根据上、下警限值来确定每个指标的安全区间（具体限值见前面的表4-1）；其次，根据所查指标的实际数值，确定指标的所属区间；最后，将指标的实际数值代入比例公式得到百分制的安全得分。考虑到中国西北以及周边国家的实际国情，近年来社会安全问题较为突出，这将直接影响国家的整体经济安全，因此客观地评价经济安全必须考虑国家政局稳定程度、国民对政府的满意度以及各民族的和谐程度。但是这些指标属于定性指标，并不能通过直接查询文献资料获得数据，因此需要通过专家打分来获得。"定性分析法"步骤：首先，将各项指标的评价结果分为五个等级："很好""较好""一般""较差""很差"；其次，专家需要根据各国的实际情况，对每项指标采用评价等级的方法进行评估；再次，对各项指标的每个等级进行赋值，"很好"的赋值为90分，"较好"的赋值为70分，"一般"的赋值50分，以此类推，"很差"赋值为10分；最后，将每个专家的评价结果进行百分制赋值求取平均值，得到最后的指标得分。

运用以上方法，计算指标的安全得分，并判断安全类型，将各个指标的上、下警限所对应的分数各自设定为60分，划分区间如表4-3所示。

表4-3 各指标安全区间的划分

定量指标数值	指标安全得分
X_{min}<a<下警限值	0<f<60分
下警限值<a<1/2（下警限值+上警限值）	60<f<100分
1/2（下警限值+上警限值）<a<上警限值	100>f>60分
上警限值<a<X_{max}	60>f>0分

在表4-3中，X_{min}、X_{max}分别表示指标的最小值与最大值，a表示指标的实际数值，f表示该指标的安全得分。由此可知，各项指标与经济安全状况之间是线性关系，并且该指标是正指标（如果为逆指标，指标数值越大，安全得分越低，与此情况得分相反），那么安全分值计算公式为：

① 顾海兵，孙挺. "十二五"时期国家经济安全水平预测分析［J］. 国家行政学院学报，2012（3）：16-21.

$$当\ X_{min}<a<下警限值时，\quad \frac{a-X_{min}}{下警限值-a}=\frac{f}{60-f}$$

$$当下警限值<a<1/2(下警限值+上警限值)时，$$

$$\frac{a-下警限值}{1/2(下警限值+上警限值)-a}=\frac{f-60}{100-f}$$

$$当\ 1/2(下警限值+上警限值)<a<上警限值时，$$

$$\frac{a-1/2(下警限值+上警限值)}{上警限值-a}=\frac{100-f}{f-60}$$

$$当上警限值<a<X_{max}\ 时，\quad \frac{a-上警限值}{X_{max}-a}=\frac{60-f}{f}$$

如果以 GDP 增长率为例，下警限和上警限分别为 7% 和 10%，2014 年中国 GDP 增长率为 7.4%（a＝7.4%），即 7%～8.5%，对应的边界安全得分为 60 分和 100 分，那么通过 $\frac{a-7}{8.5-a}=\frac{f-60}{100-f}$ 公式计算，得出 f＝70.67 分。根据表 4-4 中安全类型的判断标准，该得分介于 60～80 分，属于"基本安全"类型。其余指标按照同样的方法，依次计算安全得分。

表 4-4 安全类型的判断标准

安全得分	安全类型
80～100	A. 安全
60～80	B. 基本安全
40～60	C. 轻度不安全
20～40	D. 不安全
0～20	E. 极不安全

第二节 经济安全评价模型

一、国家经济安全子系统的综合评价模型

在得到各级指标的权重值以及安全得分之后，研究报告采用线性加权的综合评价方法对所需评价的经济安全子系统算出评价值。第 t 期一级指标安全得分的

计算公式为：

$$v_{it}^{(1)} = \sum_{j=1}^{m} w_{ij}^{(1)} v_{jt}^{(2)} \qquad\qquad (4-1)$$

其中，$v_{it}^{(1)}$ 表示第 t 期第 i 个一级子系统的综合评价值，$v_{jt}^{(2)}$ 表示第 t 期第 j 个二级分指标的安全得分值，$w_{ij}^{(1)}$ 表示第 j 期第 i 个二级分指标所对应的第 i 个一级指标子系统的权重值。

二、国家经济安全综合评价模型

在得到国家经济安全子系统的安全评价值之后，可以将各子系统指标的综合评价值与其相应的权数相乘，并且加总得到国家经济安全的综合评价。第 t 期最终综合评价的计算公式为：

$$v_{it} = \sum_{j=1}^{m} w_{ij} v_{jt}^{(1)} \qquad\qquad (4-2)$$

其中，v_{it} 表示第 t 期的国家经济安全综合评价值，$v_{jt}^{(1)}$ 表示第 t 期第 j 个一级子系统的综合评价值，w_{ij} 表示第 j 个一级指标子系统所对应的权重值。

三、经济安全状态的界定

根据表 4-4，将经济安全评价状态的结果进行等级划分，共分为五种类型：安全、基本安全、轻度不安全、不安全、极度不安全。安全等级依次设为 A、B、C、D、E，所对应的得分范围为：［80，100］、［60，80）、［40，60）、［20，40）、［0，20），得分越低，国家经济越不安全。

第三节　中国周边国家经济安全评价分析

我们通过对《中国统计年鉴》、《世界能源统计年鉴》、独联体数据库、世界银行、亚洲发展银行、BVD 数据库、CEIC 数据库（全球数据库+世界趋势库）等数据库以及相关网站上查询 22 个二级指标的实际数据，选取 2006~2018 年的数据，分别对中国、俄罗斯、哈萨克斯坦、吉尔吉斯斯坦以及巴基斯坦的经济安全进行分析评价。

一、一级指标评价

（一）中国经济安全分析

根据上述理论，运用"插值法"和"定性分析法"将各项指标的实际数值转化成对应的安全得分，结合表4-1中各项指标的权重，并根据式（4-1）计算出各项一级指标的安全得分。一级指标的综合评价结果如表4-5所示：

表4-5　中国经济安全一级指标综合评价结果

年份	B₁ 总体经济安全		B₂ 产业安全		B₃ 金融安全		B₄ 能源安全	
	得分	等级	得分	等级	得分	等级	得分	等级
2006	70.4	B	63.6	B	70.1	B	76.1	B
2007	67.9	B	65.0	B	67.7	B	75.5	B
2008	69.4	B	67.0	B	67.4	B	75.3	B
2009	79.2	B	68.2	B	80.5	A	66.9	B
2010	67.0	B	68.9	B	84.1	A	60.0	B
2011	70.9	B	69.8	B	79.7	B	56.8	C
2012	78.3	B	69.3	B	81.7	A	51.7	C
2013	77.8	B	69.7	B	81.9	A	34.4	D
2014	77.7	B	69.0	B	81.8	A	35.1	D
2015	77.9	B	69.5	B	81.6	A	35.3	D
2016	78.2	B	70.2	B	82.1	A	35.7	D
2017	78.1	B	70.8	B	82.4	A	36.1	D
2018	78.2	B	71.5	B	82.2	A	36.6	D

资料来源：笔者根据《中国统计年鉴》（2006～2019年）有关数据计算获得。

从表4-5中可以得出：2006年以来，我国总体经济安全没有太大变动，处于基本安全状态，2010年以后总体经济安全综合得分呈上升趋势，主要是因为近年来我国经济发展较快，GDP增速逐步向安全区间靠拢，并且近年来通胀率逐步降低，虽然失业率有轻度上涨趋势，但仍然处于安全范围，产业劳动力素质不断提高，并且在"丝绸之路经济带"背景下，中国与中亚国家贸易发展较快，在很大程度上能够带动整体经济的发展。

产业安全每年均处于基本安全状态，并且安全得分基本呈上升趋势。这主要是因为近年来我国的科学技术发展突飞猛进，外资对我国的技术控制所占比例越来越低，由2006年的41.89%下降为2018年的4.58%，而国际竞争力不断提升，指标均在安全值范围内。然而，目前竞争不仅是围绕个别产品的竞争，也是围绕整个产业链的竞争，在同一产业链上，我国一般处于"微笑曲线"的下端，发达国家总体上处于"微笑曲线"的两端，我国工业产品的附加值较低，导致我国的产业竞争力较弱。因此，我国产业安全的进一步提升，需要增强我国的国际竞争力以及综合实力，并且产业结构也需要进一步优化。

金融安全处于基本安全状态，这是因为我国的不良贷款率基本呈逐年降低趋势，资本充足率逐渐提高，M_2 与 GDP 的比值也逐渐提高，并且外汇储备余额支持的进口能力不断加强，这与我国较大程度的金融管制有关。随着互联网的深入发展以及大数据时代的到来，金融领域改革步伐加快，我国银行业将面临着更加复杂的市场环境，国有银行的政策决断力和执行力要能与经济稳定发展程度相协调，商业银行需要进一步提高营业能力来维持这一安全水平，只有如此才能维护我国总体安全水平。

能源安全由基本安全到轻度不安全再到不安全状态，安全等级在逐步降低，因为我国能源需求较大，并且大部分依赖于向其他国家进口，随着"一带一路"倡议的推进，尽管能源进口的集中度有所下降，但能源对外依存程度不断提高，我国能源进口还主要依赖于中东地区，并且这些国家内部冲突不断，对我国能源外部供给造成一定的威胁。虽然我国的战略储备能源呈上升趋势，但还远低于国际标准，未能达到安全限值，并且我国对能源的消耗量不断增加。总之，按照当前经济发展形势预估，我国能源内部供给不足以满足国内生产需要，大多数主要能源资源需要向其他国家进口，使我国濒临能源危机，国家应予以高度重视，加快开发新能源，降低对传统能源的消耗。

从四个一级指标综合得分的对比可以发现，金融安全整体上呈上升趋势，安全程度逐步提高；总体经济安全、产业安全变化幅度不大，基本在 60~80 分的区间内波动，处于基本安全状态；能源安全得分整体处于下降趋势，风险程度或等级逐步上升，我国对此应予以高度重视。

（二）俄罗斯经济安全分析

俄罗斯经济安全一级指标的综合得分结果如表 4-6 所示：

表 4-6　俄罗斯经济安全一级指标综合评价结果

年份	B_1 总体经济安全		B_2 产业安全		B_3 金融安全		B_4 能源安全	
	得分	等级	得分	等级	得分	等级	得分	等级
2006	53.1	C	59.1	C	59.2	C	19.5	E
2007	60.9	B	58.2	C	59.5	C	22.3	D
2008	48.3	C	56.9	C	61.0	B	24.5	D
2009	56.8	C	56.2	C	50.1	C	26.5	D
2010	52.8	C	55.0	C	59.3	C	21.0	D
2011	48.1	C	54.7	C	60.4	B	16.6	E

年份	B₁ 总体经济安全		B₂ 产业安全		B₃ 金融安全		B₄ 能源安全	
	得分	等级	得分	等级	得分	等级	得分	等级
2012	58.4	C	53.7	C	58.5	C	31.8	D
2013	59.2	C	54.4	C	64.6	B	24.0	D
2014	56.0	C	54.2	C	50.8	C	28.0	D
2015	55.4	C	54.7	C	54.5	C	29.2	D
2016	56.3	C	54.4	C	53.3	C	32.4	D
2017	56.8	C	54.8	C	56.4	C	35.5	D
2018	57.0	C	55.7	C	59.2	C	38.1	D

资料来源：笔者根据独联体数据库和 CEIC 数据库（全球数据库+世界趋势库）计算获得。

从表4-6中可以得出：俄罗斯的总体经济安全只有2007年处于基本安全状态，并且只是潜在的基本安全，得分只有60.9，刚刚超过60分，由短暂的安全状态很快转变为较长期的轻度不安全状态。这主要是因为在经历1992～1998年国家经济转轨时期后，俄罗斯的经济长期处于缓慢增长状态，并没有达到安全状态。俄罗斯经济与能源关系密切，国际油价波动对经济的影响较为明显，资源依赖型经济特征较为突出，国内经济危机爆发频率较高。2008年全球金融危机爆发，俄罗斯经济深受影响，GDP增长率出现连续下滑，特别是2009年GDP增长率以7.8%的速度出现负增长，导致该年的失业率高达8.3%。从居民的失业率来看，虽然基本上呈下降趋势（2008年、2009年除外），2014年失业率最低下降到5.10%，2018年为4.8%，但仍未达到安全标准。2014年底俄罗斯卢布暴跌再次引发国内经济危机，物价高涨、银行破产、外资抽逃现象十分严峻，对俄罗斯经济安全造成严重威胁。俄罗斯在研究与开发新产品的过程中投入较少，2009～2018年，研发支出投入比重占GDP的平均比例为1.11%，未能达到安全标准，这主要是因为石油、天然气、铁路运输等基础性的自然垄断行业表现为行政垄断占主导地位的事实，阻碍了技术进步以及组织创新的发展，在研究与发展领域投入较少，并且加之2014年底以来石油价格大幅度下滑，这对石油主要出口国俄罗斯来说，经济发展更是雪上加霜。需要说明的是，由于是实证分析，需要统计数据的支撑，所以这里评估的情况不包括俄乌军事冲突以来的状况。

产业安全处于轻度不安全状态，并且综合得分基本呈下降趋势。这主要是因为俄罗斯的经济结构存在很大问题，最突出的表现就是产业结构不合理，主要表现在重工业发达，轻工业发展缓慢，民用工业落后。而且第二产业增加值大部分来自石油、天然气等自然资源的开采与加工，2018年制造业占GDP的比重仅为

13.03%，加之商品结构矛盾突出，二元结构矛盾比较明显，外贸出口产品结构单一，使国际竞争力不强，产业处于不安全状态[①]。

金融安全出现较大波动，主要在基本安全与轻度不安全状态徘徊。国债余额占 GDP 比重、外汇储备支持的进口能力均处于基本安全状态，但是俄罗斯作为石油等能源出口大国，出口外汇受国际油价牵制，汇率波动也几乎被出口获得的外汇美元绑架。金融危机爆发以来，尤其是 2014 年底俄罗斯卢布暴跌，汇率大幅度贬值，出现了流动性危机，居民对银行的安全产生恐慌心理，纷纷计提银行存款，导致银行的资本充足率较低，不良贷款率增加，俄罗斯政府出台反经济危机政策，对汇率进行不断的调整，从而导致汇率波动较大，使金融安全出现较大波动。

能源安全状况不容乐观，基本上处于不安全状态，这是由于 2014 年和 2015 年俄罗斯遭受了重大的能源危机，石油价格暴跌，作为世界上最大的石油输出国，无疑会遭受重挫，近些年虽然石油价格有所回升，但价格波动幅度较大，不利于能源产业的平稳发展，加之饱受西方的制裁，对俄罗斯来说更是雪上加霜，并且单位 GDP 能耗较大，未能达到安全标准，一系列原因使俄罗斯的能源处于不安全状态。

从四个一级指标综合得分的对比可以发现：能源安全综合得分处于较低水平，说明能源安全出现了较为严重的安全问题，俄方政府应予以高度重视，除此之外，其余指标波动范围较小，综合得分均在 45~65 分波动，安全等级较低。

（三）哈萨克斯坦经济安全分析

哈萨克斯坦经济安全一级指标的综合得分结果如表 4-7 所示：

表 4-7　哈萨克斯坦经济安全一级指标综合评价结果

评价结果 年份	B₁ 总体经济安全		B₂ 产业安全		B₃ 金融安全		B₄ 能源安全	
	得分	等级	得分	等级	得分	等级	得分	等级
2006	32.8	D	48.8	C	61.3	B	42.6	C
2007	52.8	C	48.2	C	57.2	C	47.8	C
2008	34.0	D	50.5	C	59.7	C	48.5	C
2009	54.8	C	49.5	C	50.8	C	33.0	D
2010	43.1	C	54.2	C	60.9	B	37.1	D
2011	57.0	C	50.5	C	52.6	C	44.2	C

---

① 马蔚云 . 俄罗斯国家经济安全及其评估 ［J］. 俄罗斯中亚东欧研究，2012（5）：56-62.

评价结果 年份	B₁ 总体经济安全		B₂ 产业安全		B₃ 金融安全		B₄ 能源安全	
	得分	等级	得分	等级	得分	等级	得分	等级
2012	67.1	B	50.1	C	53.6	C	32.2	D
2013	62.8	B	50.5	C	52.7	C	31.5	D
2014	70.9	B	51.8	C	42.9	C	35.6	D
2015	65.2	B	51.2	C	53.1	C	35.8	D
2016	64.3	B	52.0	C	52.6	C	38.6	D
2017	67.6	B	51.4	C	56.3	C	40.7	C
2018	68.5	B	53.5	C	59.1	C	43.9	C

资料来源：笔者根据独联体数据库和 CEIC 数据库（全球数据库+世界趋势库）计算获得。

从表4-7中可以得出：哈萨克斯坦总体经济安全从不安全过渡到轻度不安全再转变为基本安全状态，综合得分呈上升趋势。这是因为近年来哈萨克斯坦经济发展较快，GDP 呈上升趋势，从而带动更多的就业人口，失业率呈下降趋势，由 2006 年的 7.8%下降到 2018 年的 4.90%，均在安全区间内；通过政府采取措施，通货膨胀有所抑制，由 2006 年的 21.55%，降低到 2018 年的 5.3%，部分年份达到安全限值；并且近三年财政赤字率呈现出下降趋势，2015 年哈萨克斯坦正式加入世界贸易组织（WTO）以后，经济发展增速出现回升态势，由 2015 年的 1.2%提升到 2018 年的 4.1%。

产业安全处于轻度不安全状态，综合得分呈缓慢地波动上涨趋势。这是因为哈萨克斯坦的工业并不发达，制造业产值比重偏低，近年来变化并不大，制造业产值占 GDP 的比重均值为 11.71%，未能达到安全水平；国际竞争力虽有小幅度提升，但仍然较弱，并没有达到安全值水平，并且国内进口商品较多，外国商品国内市场占有率高达 30%以上，个别年份超过 40%，处于不安全状态，但是国内拥有较多的核心技术，外资对该国的技术控制平均值为 14.6%，处于安全水平。

金融安全基本上处于轻度不安全状态，综合得分呈下降后上升的趋势。主要是因为哈萨克斯坦的不良贷款率较高，2014 年不良贷款率高达 19.03%，远超过 4%的安全界限；负债率持续攀升，由 2006 年的 6.7%上升到 2018 年的 22.1%，且银行资本充足率不在安全范围内，广义货币流通量较少，占 GDP 比值的平均数为 40.6%，没有达到 85%的安全下限值，处于不安全状态。

能源安全多数年份处于不安全状态，即使 2006~2008 年、2011 年、2017 年、2018 年处于轻度不安全状态，但整体综合得分也接近下限水平，但近三年有向好的趋势。哈萨克斯坦拥有较多的石油和天然气资源，在油气价格大幅度下跌时，对经济发展和经济安全是负面的；但是，如果一旦油气价格大幅度上升（如俄乌军事冲突期间），那么出口收入增加，有利于提升经济安全水平。需要说明的是，由于苏联时期传统势力范围导致哈萨克斯坦等中亚国家能源管道受俄罗斯控制，中亚国家基本上无法独立在能源领域进行决策，能源安全问题深受俄罗斯的影响。

从四个一级指标综合得分的对比可以发现，能源安全的综合得分处于较低水平，但有上升趋势，能源处于轻度不安全状态；总体经济安全综合得分处于上升趋势，并且加入世界贸易组织（WTO）以后，经济有望实现安全状态；产业安全、金融安全的综合得分变化幅度不是很大，基本在50~70分变动。

（四）吉尔吉斯斯坦经济安全分析

吉尔吉斯斯坦经济安全一级指标的综合得分结果如表4-8所示：

表4-8　吉尔吉斯斯坦经济安全一级指标综合评价结果

评价结果 年份	B₁ 总体经济安全		B₂ 产业安全		B₃ 金融安全		B₄ 能源安全	
	得分	等级	得分	等级	得分	等级	得分	等级
2006	52.4	C	38.8	D	54.2	C	10.7	E
2007	59.3	C	36.7	D	46.0	C	10.6	E
2008	49.1	C	39.3	D	43.0	C	8.3	E
2009	58.7	C	41.2	C	35.2	D	9.0	E
2010	50.7	C	43.1	C	36.9	D	11.2	E
2011	42.3	C	44.9	C	48.6	C	9.8	E
2012	59.8	C	41.3	C	41.9	C	11.0	E
2013	64.8	B	43.4	C	44.2	C	10.4	E
2014	57.3	C	42.3	C	32.5	D	10.7	E
2015	58.8	C	42.5	C	30.2	D	10.9	E
2016	62.1	B	42.8	C	28.8	D	11.5	E
2017	62.3	B	42.6	C	29.7	D	11.8	E
2018	61.2	B	43.1	C	29.5	D	12.3	E

资料来源：笔者根据独联体数据库和CEIC数据库（全球数据库+世界趋势库）计算获得。

从表4-8中可以得出：总体经济安全由轻度不安全状态转为基本安全状态。吉尔吉斯斯坦经济发展较为落后，GDP增长缓慢，2010年、2012年出现了负增长，2006~2018年其GDP增长率平均为4.58%，GDP增长率较低，未能达到安全标准；国内通货膨胀较为严重，通胀率的均值为9.11，超出了（2%，5%）的安全范围，经济不发达导致失业率偏高，并且国内科技不发达，缺少对核心技术的控制，研发投入占GDP比例较少，平均比例仅为0.144%，且总体呈现下降态势，未能达到安全水平，并且劳动力素质普遍偏低，平均受教育年限较短，吉尔吉斯斯坦在私有化的过程中，涉及国家命脉的大型国有企业的股权转让，造成国家对经济控制力不断下降，不利于经济安全。

产业安全由不安全状态过渡到轻度不安全状态，吉尔吉斯斯坦制造业并不发达，企业缺乏活力，制造业产值占GDP的比重虽然呈上升趋势，但是平均水平并不高，只有15.5%，反而农业相对来说较发达，农业产值占GDP的比重高达50%以上，说明三次产业结构并不均衡，产业结构单一，国际竞争力水平较低，并且国内大部分商品依赖进口，对外贸易集中度较高，外国商品的国内市场占有率不断提高，均值达到60%以上，超过了安全阈值。

金融安全处于轻度不安全与不安全状态之间，近些年虽然一直处在轻度不安全状态，但金融安全得分总体呈现下降态势。2009~2010年处于不安全状态，主要是因为金融危机对该国的影响有一定的滞后期，受金融危机的影响，导致国债余额所占比例较多，2006~2018年，政府负债总额占GDP的比重平均高达57.2%，最高年份2006年高达72.6%，2018年也达到64.0%，银行不良贷款增加，并且汇率波动较大，均超出了安全范围，导致金融处于不安全状态，随后随着政府的反危机政策，金融安全状态有所好转，但是近年来哈萨克斯坦对吉尔吉斯斯坦金融业的控制增加了吉国金融发展的安全隐患。

能源处于极不安全状态，因为吉尔吉斯斯坦拥有的油气资源较少，本国的能源产量远不能满足其国内需求，每年约95%的全国原油、天然气和石化制品需要依靠进口来满足，进口集中度和依赖性太高，能源处于极不安全状态。

从四个一级指标综合得分的对比可以发现：能源综合得分处于最低水平，基本保持平稳状态，处于极不安全状态，相比较而言，总体经济安全得分较高，在40~70分波动，产业安全、金融安全综合得分变动幅度较小，在30~50分波动。

（五）巴基斯坦经济安全分析

巴基斯坦经济安全一级指标的综合得分结果如表4-9所示：

表4-9 巴基斯坦经济安全一级指标综合评价结果

评价结果 年份	B₁ 总体经济安全		B₂ 产业安全		B₃ 金融安全		B₄ 能源安全	
	得分	等级	得分	等级	得分	等级	得分	等级
2006	52.0	C	35.2	D	59.4	C	27.2	D
2007	61.0	B	35.5	D	60.1	B	26.2	D

续表

评价结果 年份	B₁ 总体经济安全		B₂ 产业安全		B₃ 金融安全		B₄ 能源安全	
	得分	等级	得分	等级	得分	等级	得分	等级
2008	59.2	C	37.8	D	36.4	D	27.1	D
2009	46.2	C	38.0	D	44.6	C	27.3	D
2010	62.0	B	36.6	D	54.9	C	26.3	D
2011	48.1	C	37.0	D	58.3	C	25.9	D
2012	72.4	B	35.8	D	38.0	D	25.9	D
2013	69.3	B	37.4	D	38.0	D	25.0	D
2014	64.7	B	35.9	D	37.8	D	25.4	D
2015	66.3	B	36.2	D	39.4	D	25.6	D
2016	68.1	B	36.0	D	39.8	D	25.2	D
2017	68.2	B	36.5	D	40.5	C	26.3	D
2018	68.7	B	36.9	D	41.1	C	26.6	D

资料来源：笔者根据世界银行数据库和 CEIC 数据库（全球数据库+世界趋势库）计算获得。

从表4-9中可以得出：总体经济安全由轻度不安全状态过渡到基本安全状态，近年来巴基斯坦经济发展较快，不仅是得益于全球经济复苏带来的稳定环境，还归功于巴基斯坦国家领导人高瞻远瞩的战略眼光以及与中国的密切合作。巴基斯坦国内改革决心很坚定，求发展的呼声很明确，借助中巴经济走廊建设的东风，积极完善国内基础设施建设和投融资环境，加强与中国在能源、管道、电力、港口等多领域的合作，把这条由北到南贯通巴基斯坦全境的经济走廊视为新的经济增长引擎，经济增速保持持续增加的态势。根据世界银行统计，巴基斯坦经济增长由 2010 年的 1.6% 提高到 2018 年的 5.84%。通货膨胀得到有效遏制，通货膨胀率由 2009 年的 20.67% 下降到 2018 年的 5%，总体经济保持了良好的发展态势。

产业安全处于不安全状态，巴基斯坦制造业并不发达且发展较缓慢，第三产业所占比例较高超过 50%，三次产业结构不均衡需要及时调整，国际竞争力较低，综合国力不强，并且国内科学技术水平不发达，掌握的核心技术较少，一些关键技术依赖于其他国家，外资对本国技术的控制高达 80% 以上，处于不安全状态。

金融安全由轻度不安全状态转变为不安全状态，近两年又转为轻度不安全状态。国家金融监管不力，存在较多的不良贷款，平均不良贷款率为 10.9%，超过 4% 的安全界限，资本充足率较低，流通中的货币较少，M₂ 与 GDP 的平均比值为 46.24%，没有达到 85% 的安全下限值，汇率波动幅度较大，造成金融轻度不安全局面。

能源安全处于不安全状态，巴基斯坦能源短缺，并且遭遇电力危机，首要原因就是发电能源结构不合理，主要依靠石油、天然气来发电，并且这些能源主要依赖于进口，使用成本较高，导致发电成本上涨，造成国内电厂的亏损及停产。能源是国民经济发展的命脉，巴基斯坦能源缺乏，对能源进口依赖程度很高，政府应高度重视能源问题，认识到能源的重要性和紧迫性。

综上所述，从四个一级指标综合得分的对比可以发现，能源安全处于较低水平，总体经济安全综合得分相对较高，处于较高水平，并且经济发展有逐渐好转趋势，产业安全、金融安全得分在 35~60 分波动。

二、综合评价分析

对各个国家的一级指标得分，根据公式（4-2）以及表 4-1 中的权重，再一次线性加权，最终得到五个国家的经济安全综合得分，结果如表 4-10 所示：

表 4-10　五个国家的综合评价分析

评价结果 年份	中国		俄罗斯		哈萨克斯坦		吉尔吉斯斯坦		巴基斯坦	
	得分	等级	得分	等级	得分	等级	得分	等级	得分	等级
2006	70.3	B	49.0	C	45.0	C	42.1	C	45.9	C
2007	68.9	B	52.3	C	52.1	C	42.0	C	49.2	C
2008	69.6	B	48.3	C	46.5	C	37.6	D	43.0	C
2009	75.1	B	48.9	C	48.4	C	39.5	C	40.5	C
2010	70.4	B	48.5	C	48.5	C	37.8	D	48.5	C
2011	70.1	B	46.1	C	52.1	C	37.9	D	44.3	C
2012	72.2	B	52.2	C	53.6	C	42.1	C	47.6	C
2013	68.7	B	52.7	C	51.7	C	44.7	C	46.6	C
2014	68.5	B	48.7	C	53.2	C	38.8	D	44.7	C
2015	68.8	B	49.8	C	53.7	C	38.9	D	45.8	C
2016	69.2	B	50.4	C	53.9	C	39.9	D	46.4	C
2017	69.5	B	52.1	C	56.4	C	40.2	D	47.0	C
2018	69.7	B	53.5	C	58.5	C	39.9	D	47.4	C

资料来源：笔者根据世界银行数据库和 CEIC 数据库（全球数据库+世界趋势库）计算获得。

从表 4-10 中可以看出，2006~2018 年我国整体经济安全综合得分在 68~75 分波动，虽然处于基本安全状态，但是得分并不太高，处于该区间的下游阶段。

主要是因为中国的能源安全度有所降低，能源是一个国家经济发展的命脉，对能源安全问题我国应予以高度重视。此外，在中巴经济走廊建设、"一带一路"倡议的推动下，我国的经济将会注入新的活力，社会经济稳步发展，我国的整体安全度将会进一步提升。

俄罗斯的整体安全度不高，处于轻度不安全状态，2013年以来的综合得分变化幅度较小，综合得分在46~54分波动。主要是因为俄罗斯的经济增长方式单一，过度依赖于能源部门，效率不高，作为主要能源输出国，最近的能源危机、油价的大幅度下降，严重阻碍了本国经济的发展，加之本国政治局势动荡不安、民族斗争不断，腐败现象严重制约着社会经济发展，威胁着国家的整体安全水平。

哈萨克斯坦的整体安全程度处于轻度不安全状态，并且综合得分在45~59分，总体呈波动上升趋势。哈萨克斯坦自独立以来经济实力较为薄弱，近年来哈萨克斯坦经济体制改革，对外开放程度不断提高，并且在丝绸之路经济带的背景下，对外贸易发展突飞猛进。2015年哈萨克斯坦正式加入世界贸易组织（WTO），这对该国的经贸发展起到很大的促进作用，所以国家整体经济安全有望进一步提高。

吉尔吉斯斯坦的整体安全程度多数年份是处于不安全状态。主要是因为该国经济实力较弱，经济发展水平较低，发展速度较慢，并且在私有化改革过程中，社会上存在大量的贪污、腐败、违法等现象，民众对政府不满意，民族矛盾激烈，社会动荡，对整个国家的整体安全造成威胁。

巴基斯坦整体安全程度处于轻度不安全状态，综合得分波动较小，并且得分小于俄罗斯和哈萨克斯坦。中巴经济走廊建设为本国经济发展带来了契机，但是巴基斯坦能源短缺，加之国内暴乱频繁，严重影响了社会秩序以及经济的发展，严重影响着本国的整体安全。

综上所述，通过五个国家综合得分的对比可以发现，中国的综合得分最高，因此在五个国家中中国的整体安全程度最高，其次是哈萨克斯坦和俄罗斯，两国的综合得分大体相当，但近五年哈萨克斯坦的总体安全程度高于俄罗斯；总体安全程度位于第四位的是巴基斯坦，安全程度最低的是吉尔吉斯斯坦。

第四节 中国经济安全应对策略

在国际环境日益复杂、经济全球化背景下，我国的经济安全不仅受到国内因素的影响，还受到国际因素的影响。中国正处于重要的发展时期，中国以及周边国家的环境，对未来中国的发展和经济安全有着重要的影响，同时中国的发展也为周边国家的发展带来新的机遇。因此，根据上文的综合评价结果，并且从中国自身的需要出发，提出以下四个建议：

一、从中国自身角度出发

（1）在经济安全方面，应根据我国的基本国情以及不断变化的周边环境，完善国家安全战略，尤其是与周边国家的经济安全合作战略，因为周边国家的安全状况，直接影响着我国经济的发展；制定和完善经济安全政策，主动优化地区以及双边经济合作机制，建立我国经济安全预警机制，及时掌握本国经济以及周边国家经济动态，寻找新的合作契机和合作路径，制定未来合作计划；加快推进区域一体化进程，加快与周边国家自贸区谈判，推动区域经济合作；转变经济发展模式，以低碳经济发展为重心，大力发展以绿色经济为主体的科技研发与商业推广，促进经济发展。

（2）在产业安全方面，我国应该调整产业结构，培育主导产业，这是提高国际竞争力的关键途径，主导产业应占领高新技术的制高点，既要有较高的技术含量，还要不容易被其他国家学习和模仿，同时还要具备创造高经济价值的能力，具有前瞻性和持续性[①]，在国际市场中抢先占据有利位置；增强自主创新能力，提升产业素质，加大技术研发的投入，对国企进行深化改革，在原有的技术基础上进行创新，在引进的新技术上进行再次创新，实现核心技术从依赖国外到依靠自主创新转变，提高产品的国际竞争力；强化政策导向，实现优先发展重点产业、振兴支柱产业、保护民族产业、淘汰落后产业、大力发展第三产业和高新技术产业，形成符合市场要求的竞争性企业[②]，同时，对于我国的过剩产能，要逐步向周边国家转移，扩大生产空间，延长生命周期，提高中国与周边国家的经济效益，有利于提升国家经济安全水平；立足比较优势，争创竞争优势，根据我国的自身优势以及综合实力，将具有比较优势的高附加值产业置于有利的产业链环节，优化产业结构，加快制造业数字化转型，提高其在国际竞争中的地位。

（3）在金融安全方面，我国应提高资产质量，谨慎处理银行的不良资产，提高经营能力和管理水平，建立多元的融资体系，大力发展非银行金融机构，满足市场的各种需求；努力实现国际收支平衡，稳定币值和外债结构，缓解通胀压力，降低金融体系风险；加强资本流动监管，完善外汇管理制度，对外汇的收支和兑换严格管理，防止国有资产的外流，加强对非法资本流入的控制，改善资本

① 曹秋菊. 经济开放条件下中国产业安全问题研究 [D]. 湖南大学博士学位论文，2007.
② 朱建民. 一些国家维护产业安全的做法及启示 [J]. 经济纵横，2013（4）：116-120.

流动方式；建立科学的金融安全网，具有风险预警、风险分摊、危机救助以及退出管理等方面的作用，能快速降解风险，化解危机，维护国家金融安全①。

（4）在能源安全方面，我国应积极开发替代能源，大力发展水能、风能、太阳能、生物质能源等新能源，充分利用可再生能源，实现能源结构多元化，逐步减少国民经济对短缺能源的依赖；建立和完善能源战略储备，制定符合我国基本国情的战略储备方案，在能源管理上由国家直接领导，集中管理，统一调配，一旦出现能源危机，迅速做出反应，保障能源的及时供应②；多样化地开展能源贸易，我国能源进口严重依赖于中东地区，并且该地区冲突不断，一旦生命线被切断，后果不堪设想，因此，多样化地与其他国家开展能源贸易，尤其是非洲、俄罗斯以及东南亚国家，这样可以有效分散风险；建立能源合作机制，走能源可持续发展战略，能源消耗对能源安全有很大影响，要用法律手段保障能源的合理开发和利用，提高能源使用效率，确保能源安全。

二、从中国与俄罗斯合作的角度出发

（1）在总体经济安全方面，中俄两国的经济合作要以共同利益为出发点，在保证我国利益的前提下，还要照顾俄罗斯的国家利益，对两个国家的利益要进行客观评估，深入研究俄罗斯国家的利益取向，化解利益矛盾，着眼于两国利润最大化；加强中俄双方在区域经济的合作，让各自企业参与俄西伯利亚和中国西部的开发，强化两国在经济领域的依赖程度，将中俄经贸关系提升到战略地位，实现经济的共同发展，提升两国的经济安全。

（2）在产业安全方面，不仅要大力提高中俄在能源领域的合作、完善各项合作条款、各项协议符合两国的长期发展战略，还要大力发展中国与俄罗斯在其他产业领域的合作，近年来俄罗斯致力于地质勘查和开发的新环境，中国要抓住这一机遇，我国企业要积极开展与俄在矿业领域的合作。此外，俄罗斯远东与我国黑龙江省处于黑土带上，可以加强两国在农业有机食品方面的合作；随着俄罗斯东部的发展，以基础设施建设为突破口，提高中俄合作的层次，提升两国产业的竞争力，更好地维护产业安全。

（3）在金融安全方面，深化中俄两国在金融领域的合作，扩大本币结算和银行间的信贷规模；中俄两国共同努力建设"金砖国家"开发银行，着重在金融监管、银行卡业务和保险领域展开深入合作；俄罗斯在饱受西方经济制裁的背景下，中国香港的资本市场为俄罗斯提供必要的资金，不仅可以使俄罗斯避免西

---

① 李建军. 国家金融安全研究报告（2021）[M]. 北京：中国财政经济出版社，2022：60-68.
② 常军乾. 我国能源安全评价体系及对策研究 [D]. 中国地质大学（北京）博士学位论文，2010.

方国家的制裁、为企业发展提供充足的资金，还可以巩固中国香港国际金融中心的地位，实现两国的共赢①。

（4）在能源安全方面，中、印、日、韩四个国家主要都是从中东和俄罗斯国家进口与消费能源，这四个能源进口大国在获取俄罗斯能源方面应加大合作力度，协调贸易、投资政策，制定统一的能源安全政策，解决能源安全问题；中俄两国作为能源消费和能源生产大国，要努力重塑与两国地位相称的定价影响力，协调两国在能源市场定价的话语权，提高应对价格波动的风险管理能力；提高能源使用效率，合作开发新能源和节能环保能源产品，在能源领域实现可持续发展。

三、从中国与中亚国家合作的角度出发

（1）在经济安全方面，在"丝绸之路经济带"倡议下，加强我国与中亚国家的经贸合作，打击灰色贸易，营造良好的贸易环境，同时要推动公路、铁路、信息等基础设施互联互通建设，创造多条运输渠道，为企业创造便利的贸易条件，促进经贸发展；充分发挥和提升新疆口岸功能，加快推进自贸区建设，在扩大现有口岸功能的基础上初步有序地向中亚国家开放新口岸，为促进中国与中亚国家的经贸发展开辟多条通道；对中亚国家实施优惠的对外开放政策，如实施入境旅游和购物优惠政策，简化入境签证手续，制定统一的标准与要求，降低贸易投资成本与人员往来限制，提高贸易便利化与开放程度。

（2）在产业安全方面，深化中国与中亚国家在非资源领域的合作。近年来，纺织及服装等具有比较优势的传统贸易合作领域面临激烈竞争，并且中亚国家试图改变以依赖能源、原材料为主的经济增长方式，努力尝试机电产品、冶金、化工等非资源领域的合作，这给中国与中亚国家的产业合作带来新的机遇，因此，中国要高度重视非资源领域的相关技术投资与产业规模向中亚市场的转移，形成技术与产业依赖，促进经济发展；优化产业结构，从粗放型贸易向集约型转变，从粗加工到精加工转变，进一步优化商品的出口结构，打造中国独特品牌，向中亚国家出口具有特色、高附加值、高质量的产品，以此促进双方经济增长。

（3）在金融安全方面，加强中国与中亚的交流，不断扩大金融合作的广度与深度，可以尝试建立中国与中亚的紧急救援基金账户，目的是防范金融危机发生以及解决对紧急救援基金的需求；鼓励境外业务多与抗风险能力强的金融机构"走出去"，走向中亚国家市场，提升基础设施以及电子等领域的金融服务水平；

---

① 冯玉军，吴大辉等. 俄罗斯经济"向东看"与中俄经贸合作［J］. 欧亚经济，2015（1）：1－126.

此外，还应加快推进中国与中亚国家的人民币结算步伐，完善人民币跨境支付机制。

（4）在能源安全方面，积极发挥区域合作组织的作用，在上合组织以及世界贸易组织（WTO）的框架下，加强中国与中亚的能源合作，建立中国与中亚的能源俱乐部，通过定期召开能源会议和能源合作论坛等形式，加强能源发展的对策交流，解决贸易摩擦和利益纠纷；积极开展能源贸易的直接投资，在石油和天然气的深加工领域以及能源勘探等技术薄弱、有待提高的行业，中国以独资形式进行直接投资；开展中国与中亚国家的能源期货交易，降低风险，满足投资需求，有利于中国把控能源的定价权①。

四、从中国与巴基斯坦合作的角度出发

（1）在经济安全方面，在中巴经济走廊建设的背景下，完善交通设施建设、减少运输成本，加快铁路、公路、油气管道、光缆"四位一体"的互联互通建设，建设高效、便利、安全的通关环境，确保信息畅通、交流无障碍，提高中巴两国的经济发展水平；加大对巴基斯坦的援助，延长产业链，共建特色产业带，拉动巴基斯坦经济快速发展，改善民生；对在巴基斯坦投资建厂的中国企业在融资、税收方面给予优惠政策，对经济特区予以政策支持。

（2）在产业安全方面，要扩大中巴在多产业的合作范围。中国是巴基斯坦信得过的合作伙伴，巴基斯坦处于经济发展的关键时期，是中国企业投资建厂的良好目的地，巴方愿意提供便利和安全保障；完善产业协调机制，充分发挥在产业和能源领域的互补性，加速产业有效对接，加强两国企业的合作，实现优势互补、资源共享、共同发展；优化产业布局，使经济走廊建设与港口建设、经济特区等结合发展，并且巴基斯坦还要承接好中国的产业转移②。

（3）在金融安全方面，建立和完善中国与巴基斯坦的金融合作机制，制定统一的金融管理准则；加强两国的金融救援机制建设，提高金融风险管理能力；有效建立中巴两国与主要市场的资金实时清算通道，以金融手段支持中巴经贸发展。

（4）在能源安全方面，巴基斯坦能源短缺，中巴关于能源方面的合作机制较少，不利于能源的合作。因此，中巴要建立有效的合作机制，丰富能源合作内容，成立能源联合工作组，有效解决巴基斯坦能源短缺问题；大力推动中巴在石

---

① 张新华．中国与中亚国家及俄罗斯能源合作探析——以丝绸之路经济带建设为视角［J］．新疆社科论坛，2013（6）：21-28.

② 陈利君．中巴经济走廊建设前景分析［J］．印度洋经济体研究，2014（1）：107-160.

油、天然气领域的合作，目前巴方着重在油气领域吸引外资，中国可以积极发挥资金、技术、人才等优势，加大投入，提高巴基斯坦的产能水平；加强中巴水、电合作，中国是水、电大国，而巴基斯坦水、电的缺乏影响着经济发展和人民生活，中巴的合作可以实现两国的互补；巴基斯坦拥有优越的地理位置，与伊朗、沙特、土库曼斯坦等世界重要的原油输出国为邻，临近霍尔木兹海峡，因此可以考虑建设中巴"能源走廊"①。

---

① 陈利君.中巴能源合作问题探讨［J］.云南财经大学学报，2012（1）：71-79.

第五章 中国周边国家产业安全现状及合作机制比较分析

第一节 中国周边国家产业安全现状

一、产业生存发展环境

生产要素禀赋对产业竞争的优势有着至关重要的作用。影响产业生存的因素包括劳动力、自然资源、政策等。

（一）劳动力

在经济增长模型中，劳动投入增加是促进经济增长的重要手段之一。如果一个国家或地区的适龄劳动人口占总人口比重高，首先意味着其拥有丰富的劳动力资源，特别是在农业剩余劳动力存在的条件下，可形成比较显著的劳动力成本优势。西北与周边国家产业多属于劳动密集型产业，但是随着中国工资收入的提高，劳动成本不再具有比较优势。2021年全国城镇非私营单位就业人员年平均工资为106837元，西北地区当地为94281元，2021年俄罗斯平均工资是51259卢布，由于卢布贬值只相当于3848元人民币，远高于俄罗斯的劳动力成本。同时，我国西部地区的劳动成本也远高于哈萨克斯坦劳动力成本35435.73元（2016年数据）、塔吉克斯坦15945.11元（2016年数据）和巴基斯坦12197元（2016年数据）。虽然与发达国家水平相比较，尚具有比较优势，但是与中国西北周边国家工资水平相比，不仅不具有比较优势，而且显示出了劣势。

（二）自然资源

随着"一带一路"倡议的提出与全球化的不断发展，我国西北地区与周边国家的产业合作也在不断丰富与深化。可以看出，我国西北与周边国家都处在资源富足的区域，石油、天然气、矿产等自然资源丰富，为经济发展提供了坚实的基础。

就第一产业而言，2019 年全球棉花总产量达到 1.22 亿包，棉花主产区主要有印度（24.3%）、中国（22.4%）、美国（16.3%）、巴西（10.7%）、巴基斯坦（5.4%）。2019 年印度和中国棉花总产量均达 570 万吨，接近全球产量的 50%。2019 年我国新疆棉花产量为 500.2 万吨，较 2018 年下降 10.9 万吨，占全国棉花产量的比重达 84.9%。纺织原料的巨大产量为纺织业的发展奠定了基础。从第二产业尤其是能源产业而言（见图 5-1），俄罗斯在中国周边国家中一直是石油生产大国，同样中国的石油产量也稳定在 200 万吨左右，占全球产量 4.2%。在大力勘探石油的同时，我国已经建成了准噶尔盆地、塔里木盆地和吐哈盆地三大石油天然气基地。虽然西北地区石油化工起步较晚，目前仍有转化率不高等问题，能源的转化率约为 66.2%，但资源的丰富仍为产业安全提供有利的屏障。

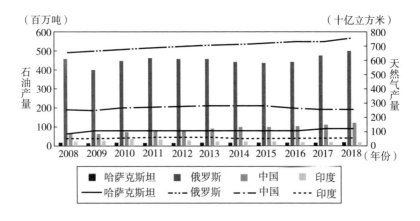

图 5-1　2008~2018 年中国西北周边国家石油及天然气产量

资料来源:《2019 BP 世界能源年鉴》。

（三）政策环境

对产业合作来说，合作方政府的政策尤其是税收政策是其参照系，例如，其税收优惠、关税壁垒、海关便利化等政策，为中国与周边国家合作提供了坚实的保障，并为双方贸易发展提供有利的政策环境。

近年来，我国政府十分重视营商环境的改善，并在各个不同时期制订各项务实合作计划。强化税收征管的协调与对接，合理地应用我国西北与周边国家税收征管合作机制的制度性安排，共同打造互惠共赢、充满活力的税收征管合作机制。

目前，我国与周边国家大多签署了国际税务协定。如表5-1所示，我国与周边国家签署了一系列税收协定。不仅有综合协定税收，也包含单项税收协定。例如，与哈萨克斯坦、乌兹别克斯坦、土库曼斯坦签订了航空协定税收条款。

表5-1　我国周边十国税收协定分类

地区分类	签订税收协定国家	签署的协定类型
中亚五国	哈萨克斯坦、吉尔吉斯斯坦、土库曼斯坦、乌兹别克斯坦、塔吉克斯坦	1. 避免双重征税协定 2. 航空协定税收条款 3. 海运协定税收条款 4. 湖面国际运输收入税收协议或换函
独联体	俄罗斯	
南亚	印度、巴基斯坦	
其他	蒙古国、阿富汗	

资料来源：笔者根据表中十国的有关政策规定汇总得到。

随着中国"一带一路"倡议的不断推进，我国西北对外投资在不断增加。从2005年的对外直接投资额5280万美元增加到2018年的81840万美元，是2005年的15倍。2018年对外承包工程和劳务合作已达到320626万美元。在不断丰富的贸易中，税收政策有着至关重要的作用。例如，该地区一家"走出去"企业承包了哈萨克斯坦的某项建筑工程，只有该企业在哈萨克斯坦连续经营12个月以上，才构成了中哈税收协定的常设机构，哈萨克斯坦作为收入来源国就有权对我国"走出去"企业征税，因此其税收政策直接影响我国西北地区产业发展。

（四）中国西北地区的产业政策

我国西北地区政府高度重视本地区的产业发展，区政府、区发改委等各部门出台了一系列政策、规划、措施、意见、实施办法等，引导产业定位，促进产业健康发展，为产业的发展提供了良好的政策支撑①。表5-2列举了一些西北地区发布的产业政策，为当地产业发展提供了良好环境。

表5-2　西北地区部分产业政策

产业	产业政策
新能源	《加快培育和发展战略性新兴产业总体规划》、《"十三五"发展规划》（2016—2020）、《"十四五"发展规划》（2021—2025）等
高新技术	《企业研发费用加计扣除应用管理系统开发》、国家税务总局《关于印发高新技术企业认定管理办法的通知》等

---

① 参见《关于发展纺织服装产业带动就业的意见》（新政发〔2014〕50号文件）。

产业	产业政策
纺织业	《国务院办公厅关于支持新疆纺织服装产业发展促进就业的指导意见》（国办发〔2015〕2号）、《关于发展纺织服装产业带动就业的意见》（新政发〔2014〕50号）

资料来源：笔者根据西北地区三个省区的部分政策汇总得到。

二、产业对外依存度

（一）出口对外依存度

西北地区是我国沿边开放战略、向西开放的前沿和枢纽站，是我国联通中亚、西亚、南亚和东西欧的重要通道，且与周边八个国家接壤，与乌兹别克斯坦和土库曼斯坦相距不远。因此，我国西北周边十国贸易来往繁多。从表5-3可以看出西北周边国家的产业结构相似，哈萨克斯坦与俄罗斯的农业增加值占比较低。

表5-3　我国西北周边部分国家产业结构占比

国别	农业增加值占国内生产总值比重（%）		工业增加值占国内生产总值比重（%）		服务业增加值占国内生产总值比重（%）	
	2000年	2018年	2000年	2018年	2000年	2018年
中国	14.7	7.2	45.5	40.7	39.8	52.2
印度	21.9	14.5	28.4	27	41.3	49
哈萨克斯坦	8.1	4.2	37.8	34.1	48.4	54.5
蒙古国	27.4	10.9	22.2	38.2	44.1	40
巴基斯坦	24.1	22.6	21.7	18.2	47.2	53.5
俄罗斯	5.8	3.1	33.9	32.1	49.7	54.1

注：这里的农业增加值、工业增加值和服务业增加值由第一产业增加值、第二产业增加值、第三产业增加值分别代替。

资料来源：《世界统计年鉴》。

据统计，2019年我国西北地区主要出口商品的出口额及增速如表5-4所示。随着我国人口红利逐渐消失，东南亚一些发展中国家凭借土地和人力资源的成本优势，对我国传统优势产品的出口造成一定的挤压。在2019年的对外贸易中，一般贸易和边境小额贸易比较多，主要以农牧产品为主。而且，大多属于资源型产业和劳动密集型产业。但是，真正提高产业竞争力，还必须依靠专业化、技术创造和生产要素的升级。

表 5-4　2019 年我国西北地区货物进出口总额及增速

指标	绝对数（亿美元）	比上年增长（%）
货物进出口总额	237.09	18.5
（一）货物出口额	180.44	9.9
其中：一般贸易	52.19	19.4
加工贸易	0.59	66.2
边境小额贸易	125.90	7.8
其中：机电产品	48.84	16.9
高新技术产品	5.08	-6.9
（二）货物进口额	56.65	57.9
其中：一般贸易	29.55	8.0
加工贸易	0.88	2.0
边境小额贸易	16.37	335.3
其中：机电产品	5.71	-1.3
高新技术产品	1.19	16.4

资料来源：《中国统计年鉴 2020》。

（二）资本对外依存度

1980 年以来，虽然我国每年的 FDI 数额有所波动，但是总体上是呈现上升趋势。2012~2021 年，在全国整体利用外资形势走低的情况下，西部地区的招商引资依然有序进行，经济也实现了持续快速的增长。从投资主体来看，主要来源于亚洲国家和地区，其中中国西北周边国家中哈萨克斯坦和俄罗斯为主要投资主体。

三、产业国际竞争力

研发的支出是衡量创新能力的重要指标。自主创新是西北地区在知识经济时代所面临的现实选择，要保持经济高质量发展，自主创新是必然的选择。通过与部分国家经费的对比，我们可以看出，西部地区研发经费支出开始大幅增长，超出了哈萨克斯坦的经费支出。国外学者研究发现，当自主创新投入比例达到 GDP 的 3% 时，能够逐步提升自主创新能力 1%。

创新同样也可以用专利申请数量来衡量，专利申请数量是指专利机构受理技术发明申请专利的数量，是发明专利申请量、实用新型专利申请量和外观设计专利申请量之和，反映技术发展活动是否活跃，以及发明人是否有谋求专利保护的积极性。专利申请数量越多，表示一个社会的创新能力越高，社会就越有活力。

如表5-5所示，我国西部地区与周边各国专利申请数逐年增加。

表5-5　2010~2018专利申请数　　　　　　　单位：个

年份 国家或地区	2010	2011	2012	2013	2014	2015	2016	2017	2018
中国	293066	415829	535313	704936	801135	968252	1204981	1245709	1393815
印度	8853	8841	9553	10669	12040	12579	13199	14961	16289
哈萨克斯坦	1691	1415		1824	1742	1271	993	1055	789
尔吉斯斯坦	134	124	110	111	132	122	84	137	
巴基斯坦	114	92	96	151	146	209	204	193	306
俄罗斯	28722	26495	28701	28765	24072	29269	26795	22777	24926
塔吉克斯坦	7	4	3	2					
中国新疆	3560	4736	7044	8224	10210	12250	14105	14260	14647

资料来源：亚洲开发银行数据库。

第二节　中国周边国家产业安全合作机制比较

一、中国周边国家产业安全合作的背景分析

（一）全球化浪潮

15世纪新航路的开辟，使各大洲从相对孤立的状态逐渐连成一个整体，为世界市场的形成创造了前提条件。全球化伴随着对地理空间的探索逐渐展开，以工业革命为代表的第一次全球化浪潮，极大地推动了生产力的发展，生产关系在此基础上也得到相应调整，垄断资本主义应运而生，殖民扩张进一步深化，在一定程度上促进了各生产要素和产成品在世界范围内的流动，国际贸易和资本的大规模流动成为这个时期的特征，各地区之间经济联系日益密切，世界市场不断得到拓展。第一次世界大战到第二次世界大战期间，全球化受战争和战后各国经济恢复的影响，浪潮逐渐退去。经过两次世界大战，各国逐渐认识到战争带来的灾难，开始调整发展战略。"二战"之后第二次全球化浪潮出现，和平与发展成为主旋律，各种国际组织相继成立，致力于国际经济秩序的建立与维护。另外，跨国公司出现并活跃在历史舞台，生产要素在全球范围内流动起来，全球化迈上新

台阶。在新的历史条件下，以发达国家为首的主要经济体逐渐放松对本国经济的管制，随后发展中国家也开始进行自由化和市场化改革，提高对外开放程度，20世纪80年代后期，开始了第三次全球化浪潮。在各国竞争日渐激烈的背后，不容忽视的一个特征是经济合作现象广泛出现，有着共同利益诉求的双边和多边合作组织相继建立，联系进一步深化。

随着世界市场联系程度的日渐深化，各国在谋求自身利益的同时，不得不考虑实行对外开放所带来的经济安全问题。20世纪80年代，国家经济安全引起全球范围内各主要经济体的广泛关注，各种维护本国经济安全的政策措施相继出台，并逐渐上升到国家战略的高度。产业安全作为经济安全的核心组成部分，重要性日益凸显。进入21世纪，全球化浪潮使全球产业竞争上升到新的高度，间接改变着国际分工格局，各国内部产业生态环境发生着革命性变化。如何在复杂的国际政治经济环境下获取全球化收益的同时维护主权国家的产业安全，进行双边或多边合作成为实现双赢或多赢的有效选择。

（二）区域经济一体化

区域经济一体化是世界经济多极化发展的体现。多极化中的"极"指的是具有关键影响力的政治经济力量。20世纪50年代初，以美苏两国为中心的两极格局在复杂的政治经济环境下形成，随着1991年苏联解体，存在近半个世纪的两极格局宣告结束，自此，世界政治经济格局开始朝多极化方向发展。当前全球格局呈现出"一超多强"的局面，多极化将是一个长期存在并逐渐深化的过程。在此趋势下，发达国家为了保证自己的国际地位，通过建立或加入区域经济组织，扩大国内生产体系，实现市场规模的扩张，以此来增强国际竞争力，从而在国际事务中掌握更多的话语权。在世界的另一边，新兴经济体和部分发展中国家通过自身发展，对世界经济总量的贡献度逐步提高，成为多极化格局中不可忽视的一极。尽管如此，在一定程度上，这些国家的综合实力与发达经济体相比仍显薄弱，一旦外在力量对本国产业生态形成冲击，甚至是危及国家产业安全时，在应对上往往会显得力不从心，鉴于此，通过区域经济合作实现抱团取暖才能更好地维护自身产业安全，同时实现经济利益双赢或多赢。

（三）科技革命的推进

安全从来都只是一个相对概念，没有绝对的安全，产业安全也不例外。一国产业安全是在特定时期特定环境下保持产业健康发展不受威胁的状态，而科技革命会使生产生活方式发生根本性变革，这就使与原先产业安全相对应的特定环境发生深刻改变，如果不对产业生态进行相应调整优化，那么产业安全状态将被打破。因此，产业安全的内涵并非一成不变，而要随着所处环境的变化而不断发展和完善。在历次技术革命发生后，相关产业的科学技术创新不断显现，并向其他产业辐射，最终连成一个整体。现如今，人工智能、5G、大数据、互联网、区块链等新兴技术快速发展，在全球智能化浪潮下，互联网技术层面的博弈，将成为维护国家产业安全非常关键的一环。产业互联时代，一方面，企业之间的网络边界逐渐消失，企业安全在复杂的网络环境下越来越受到重视，各个国家在致力于国内实体产业结构调整与升级的同时，大力推进数字化进程，构建安全免疫系统。产业安全的未来发展不是单方面切入就可以解决的，关键还需要多方共同发力；另一方面，产业互联网时代新增的安全需求以及更精细的安全分工，需要更多的安全人才支持。由此可见，科学技术的进步在带来效率和便利化程度提高的同时，也对产业安全提出了新的挑战。

二、产业安全合作机制比较分析

我国西北周边国家有许多经济合作组织，包括欧亚经济联盟、中亚区域经济合作学院、亚太经合组织、上海合作组织、亚洲基础设施投资银行、"一带一路"丝路基金、中巴经济走廊等。为了避免重复，以及更好地反映西北周边国家产业安全有关的经济合作情况，因此只比较分析以下三种合作机制[①]：

（一）合作机制概况

1. 亚太经济合作组织

亚太经济合作组织（Asia-Pacific Economic Cooperation，APEC，简称亚太经合组织）是亚太地区最具影响的经济合作官方论坛。截至 2021 年底，亚太经合组织共有 21 个正式成员和三个观察员。亚太经合组织于 1989 年 11 月成立，最初叫亚太经济合作会议首届部长级会议，1993 年 6 月改名为亚太经济合作组织。1991 年 11 月，中国以主权国家身份，中华台北和香港（1997 年 7 月 1 日起改为"中国香港"）以地区经济体名义正式加入该组织。APEC 的宗旨是：保持经济的增长和发展；促进成员间经济的相互依存；加强开放的多边贸易体制；减少区域贸易和投资壁垒，维护本地区人民的共同利益。

经济技术合作一直是发展中成员为增强自身发展能力所大力倡导的领域。亚洲金融危机后，APEC 各成员对经济技术合作的重要性和紧迫性有了更深的认识，普遍将经济技术合作视为亚太经济恢复和振兴的重要条件，希望通过合作加强能力建设，并为中长期经济发展打下良好的基础。在此合作模式下，不存在超越成员体主权的组织机构，成员体自然也无须向有关机构进行主权让渡。APEC一直坚持官方论坛性质，是符合亚太地区经济体社会政治经济体制多样性、文化传统多元性、利益关系复杂性的现实情况的。它的这种比较松散的"软"合作

---

① 其他经济安全合作机制可参阅第十四章有关内容。

特征，很容易把成员体之间的共同点汇聚在一起，并抛开分歧和矛盾，来培养和创造相互信任及缓解或消除紧张关系，从而达到通过平等互利的经济合作，共同发展、共同繁荣，同时推动世界经济增长，以实现通过发展促和平的愿望。

由于成员国之间政治经济上的巨大差异，在推动区域经济一体化和投资贸易自由化方面要想取得"协商一致"是非常困难的，APEC 成立之初就决定了其决策程序的软约束力，是一种非制度化的安排。APEC 不具有硬性条件，只能在自愿经济合作的前提下，以公开对话为基础。各成员国根据各自经济发展水平、市场开放程度与承受能力对具体产业及部门的贸易和投资自由化进程自行作出灵活、有序的安排，并在符合其国内法规的前提下予以实施，这就是所谓的"单边自主行动（IAPs）"计划。

2. 中亚区域经济合作学院

中亚区域经济合作学院（以下简称中亚学院）是一家总部位于中国乌鲁木齐市的政府间国际机构，致力于通过知识合作与共享促进中亚区域的经济合作。目前有 11 个成员国，包括阿富汗、阿塞拜疆、中华人民共和国、哈萨克斯坦、格鲁吉亚、吉尔吉斯斯坦、蒙古国、巴基斯坦、塔吉克斯坦、土库曼斯坦和乌兹别克斯坦。

中亚学院的建立源于 1996 年由亚洲开发银行（以下简称亚行）发起创立的中亚区域经济合作计划，旨在通过区域间的交通、贸易政策、贸易便利化和能源促进经济社会发展。在东道国中国政府的积极推进和各成员国政府及亚行的大力支持下，中亚学院成为一个由中亚区域经济合作成员国共享、共有、共同管理的政府间国际组织。2017 年 6 月 27 日《关于成立中亚区域经济合作学院的协定》（以下简称《学院协定》）经全国人大常委会通过并经国家主席习近平签署，中国政府完成了该协定文本的国内立法程序。中亚学院成立以来，在区域经济一体化、区域宏观经济研究、区域重点产业发展研究等方面实施了多个重点研究项目并获得显著成效。

中亚学院管理机构包括理事会和管理层，管理层由一位院长和两位副院长组成，院长由成员国按照字母先后顺序轮流担任，任期两年；副院长由公开竞选产生。

3. 中巴经济走廊

中巴经济走廊是时任总理李克强于 2013 年 5 月访问巴基斯坦时提出的。初衷是加强中巴之间交通、能源、海洋等领域的交流与合作，加强两国互联互通，促进两国共同发展。李克强总理提出要打造一条北起喀什、南至巴基斯坦瓜达尔港的经济大动脉，推进互联互通。他还表示要加强战略和长远规划，开拓互联互通、海洋等新领域合作。要着手制定中巴经济走廊远景规划，稳步推进中巴经济走廊建设。这条经济走廊的建设旨在进一步加强中巴互联互通，促进两国共同发展。2013 年底，习近平主席提出"一带一路"倡议，中巴经济走廊作为"一带一路"的有益补充，重要性进一步提升。2015 年 3 月发布的《推动共建丝绸之路经济带和 21 世纪海上丝绸之路的愿景与行动》明确提出，"中巴、孟中印缅两个经济走廊与推进'一带一路'建设关联紧密，要进一步推动合作，取得更大进展"。基于巴中之间睦邻友好关系的典范，"中巴经济走廊"涉及港口建设、能源管道、交通基础建设、产业合作等重点领域，在一定程度上具有较强的示范效应。"中巴经济走廊"看起来是双边的，实际上其功能和方式会辐射到相邻区域，会对"一带一路"大区域产生重大影响。

（二）合作机制比较

从以上三种合作机制的对比可以看出，它们既有共性也存在差异。

1. 共同点

无论是亚太经济合作组织，还是中亚区域经济合作学院，或者是中巴经济走廊，其宗旨都是推动各国的经济合作，尤其是产业发展和产业安全方面的合作。具体说就是保持各国的经济增长和发展；促进成员之间经济的相互依存；加强开放的多边贸易体制；减少区域贸易和投资壁垒，促进产业发展，维护本地区人民的共同利益和安全。而且，这些合作机制一般都是由双边或者多边协商，不强行推行某一国的政策，而是通过相互沟通、相互协调来解决问题。

2. 不同点

通过比较可以发现：三种合作机制存在一定的差异，具体表现在以下四个方面：

（1）合作成员和范围不同。亚太经济合作组织目前共有 21 个正式成员和 3 个观察员，涉及亚洲、欧洲、非洲、北美和南美等亚洲和太平洋周边国家如中国、日本、韩国、美国、加拿大、俄罗斯、澳大利亚和智利等，不局限于中国西北周边国家。其成员和范围都比较广泛，当然主要是以亚太地区为主。中亚区域经济合作学院目前有 11 个成员国，包括阿富汗、阿塞拜疆、中华人民共和国、哈萨克斯坦、格鲁吉亚、吉尔吉斯斯坦、蒙古国、巴基斯坦、塔吉克斯坦、土库曼斯坦和乌兹别克斯坦，主要是中国西北周边的亚洲国家。中巴经济走廊目前只有中国和巴基斯坦两个国家，范围最小，成员也只有两个。

（2）侧重点不同。亚太经济合作组织侧重点是促进经济成长、合作、贸易、投资的论坛机构，是亚太地区重要的经济合作论坛，也是亚太地区最高级别的政府间经济合作机制；其官方顾问机构是环太平洋大学联盟。中亚区域经济合作学院则在区域经济一体化、区域宏观经济研究、区域重点产业发展研究等方面实施了多个重点研究项目并获得显著成效。中巴经济走廊涉及港口建设、能源管道、交通基础建设、产业合作等重点领域，在一定程度上具有较强的示范效应。

（3）运行机制不同。亚太经济合作组织经过十多年的发展，逐渐从一个松散的论坛演进为一个较为紧密的区域经济合作组织，是最具影响力的经济合作机构。中亚区域经济合作学院是一个由中亚区域经济合作成员国共享、共有、共同管理的政府间国际组织，由其成员国轮流担任院长负责管理事务。中巴经济走廊目前成立了中巴联合委员会，通过沟通机制保障中巴经济走廊建设相关工作的顺利开展。

（4）发挥的作用和影响力不同。亚太经济合作组织已运行了较长时间，在国际事务中发挥了重要的作用，其影响力远远大于中亚区域经济合作学院和中巴经济走廊。中亚区域经济合作学院的成员主要是西北周边国家，经济比较落后，制度和法律也不够健全，所以目前发挥的作用还是比较有限。而且，这些国家大多数是原苏联加盟共和国成员，受俄罗斯的影响较大，在合作过程中一定程度上受俄罗斯的影响，因此出现政治上依靠俄罗斯，经济上依靠中国的现象，多数国家有借助中国揩油的想法。中巴经济走廊刚建立不久，机制还不够健全，作用有限。目前，中巴经济走廊建设面临的最大挑战是项目执行和落实乏力，其深层原因是巴基斯坦政府受国内政治斗争和体制牵制，执行能力较低[①]。

三、中国周边国家产业安全合作成效分析

（一）农业合作

农业合作是指各国充分发挥经济比较优势，在区域间通过农产品贸易、农业投资、农业科技交流合作等不同方式，促进农业资源、产品的国际化合理流动，提高农业资源利用率。改革开放 40 多年来，在国家实施的西部大开发战略、"丝绸之路经济带"倡议等一系列优惠政策的影响下，西北地区不仅加快了经济发展，同样也促进了与周边国家贸易合作。

1. 农产品贸易

农产品贸易自古是丝绸之路交易的重要领域，是我国西北与周边国家合作的主要内容之一。近年来，西北地区农业领域进出口贸易以农产品为主。在中国西北地区，2020 年新疆维吾尔自治区（境内目的地/货源地）进出口总额为2707723.5 万美元，比 2019 年有所减少。但是，农产品、番茄酱出口平稳增长；鲜、干水果及坚果出口增长幅度较大，贸易额增长达 50%以上。在西北进口贸易中，棉花大幅增长，农产品、粮食、羊毛、食用植物油等平稳增长，鲜、干水果及坚果，牛皮革及马皮革进口有下降趋势。

---

① 刘宗义. 中巴经济走廊进展与挑战 [J]. 国际贸易问题，2016（3）：122-136.

2. 农业技术交流

我国西北地区拥有现代化的繁育和推广技术。例如，西北地区的天业集团拥有成熟的地膜覆盖技术和膜下滴灌技术，在塔吉克斯坦建设的万亩滴灌田是两国种植业合作的一个成功范例。这种技术特别适用于干旱少水的地区。自从塔吉克斯坦引进这些技术后，棉花单位面积产量显著提高。中亚国家在棉花的种质资源、病虫害防治、品种培育、机械播种和收获等领域有着自身优势，尤其是作为苏联时期最主要产棉区和棉花科研基地的乌兹别克斯坦，其在棉花种植面积、产量、化学化、机械化、集约化程度上都位居独联体国家第一。西北地区和俄罗斯邻近的区域气候、土地状况极为相似，为开展农业合作提供了良好的条件。

3. 农业产能合作

2019 年 7 月 31 日，中泰新建新丝路农业投资有限公司在塔吉克斯坦农业纺织产业园丹加拉纺织建设项目（三、四期），取得了自治区发改委境外投资项目备案通知书（新发改外资备字〔2019〕8 号）。项目总投资 15298 万美元，主要建设内容：在塔吉克斯坦哈特隆州丹加拉市建设农业纺织产业园，建设 2 万吨棉布生产及配套印染生产线、年产 100 万件服装生产线及设施等。该项目的实施，对于提升西北地区与塔吉克斯坦产能合作，促进"丝绸之路"经济带核心区建设和对外开放具有积极意义。

（二）交通运输业合作

进入新世纪以来，中国西北地区加速建设与周边各国的跨国交通网和对外开放口岸，一些合作项目纷纷启动，涉外道路客货运输线路已达 100 多条，成为中国对外开通国际道路客货运输线路最多、里程最长、车次最多的省区。随着当地进出口贸易的高速发展，中国西北周边各国的交通网及口岸建设不断加快，各国对交通运输能力要求也越来越高，推动区域交通合作是双方的共同愿望。西北与周边国家之间的区域交通运输合作主要表现在以下两个方面：

（1）随着区域交通合作的不断深入，西北地区的新疆和甘肃已成为一个重要的商品物资转运基地，开展国际运输线路建设合作势在必行。为真正发挥公路边境口岸在中国与欧亚国家区域经济合作中的桥梁作用，中国西北周边国家积极签署客货运输协议，开通道路客货直达运输线路。目前，在长达 5600 公里的边境线上，新疆对外开放的公路运输口岸有 15 个，已与周边 8 个国家中的 5 个国家开通了国际道路客货运输线路，线路总数达到 101 条，包括 51 条客运线路和 50 条货运线路。其中与蒙古国开通 8 条，与吉尔吉斯斯坦开通 21 条，与塔吉克斯坦开通 2 条，与巴基斯坦开通 6 条，与哈萨克斯坦开通 64 条。资料显示，中央将共同投资建设 802 公里口岸公路工程，其中主要包括与俄罗斯接壤的哈巴河—喀纳斯口公路、与蒙古国接壤的青河—塔克什肯口岸公路和三塘湖—老爷庙公路、与哈萨克斯坦接壤的博乐岔口—阿拉山口口岸公路和哈巴河—阿黑吐别克口岸公路、与吉尔吉斯斯坦相邻的乌恰—吐尔尕特口岸公路等。

（2）中国西北地区与周边国家已经拟订和正在实施一批具有重大影响力的交通建设项目，其中"新亚欧大陆桥"建设项目，东起我国江苏连云港，西行越过陕西、甘肃、新疆等中西部地区，穿过哈萨克斯坦等中亚国家，经俄罗斯等欧洲口岸，西至荷兰鹿特丹，全程长约11000公里，是连接亚欧两大洲的国际大通道。为改善从西北南部到吉国南部的公路运输状况，中吉双方就奥什—古察—萨雷塔什—伊尔克什坦口岸的公路改造项目也已达成协议。中国与俄罗斯已经在喀纳斯达坂修筑直接公路通道问题上达成了共识，并启动了修筑公路的前期工作，该公路通道在开通的2~3年内年过货量预计可达到100万吨，这不仅能有效地提高双方货物运输能力，而且有利于降低贸易成本，实现区域贸易的多元化。

（三）第三产业合作

1. 边境旅游开发与合作

中国西北周边国家在开展跨国区域旅游合作上具有良好的基础条件，目前双方开展区域旅游合作与开发的力度正在不断加大，合作水平正在逐渐提高。

中国西北地区与周边国家在推动旅游资源整合、发展边境旅游方面做出了许多努力。例如，由国家旅游局和当地政府联合主办的首届西北国际旅游节在乌鲁木齐盛大开幕，此次旅游节向国际游客充分展示了我国西北特有的地域风情，加深了与周边国家的文化交流与合作，大量优质旅游产品在国际游客中深受欢迎，有力地拉动了西北旅游经济的发展。此后每届国际旅游节都具有独特的主题，如第二届为"伊犁草原风情游"，第八届为"戈壁明珠军垦新城"。不同的主题从不同的角度，更加全面地展现给国际游客，在扩大旅游影响力的同时，也促进了西北地区各地旅游意识的转变，旅游环境得到进一步优化。

旅游业的发展也带动了内地旅游业的发展，经由乌鲁木齐等地前往国内其他省市著名景点旅游的人数逐渐增加，也有专程到国内进行购物等消费的周边国家游客，客源有从周边国家往外扩展的趋势。在吸引国际游客旅游和提供优质服务的同时，当地多家旅行社也在积极进行旅游产品的创新，探索周边国家旅游新模式，开辟更具特色的精品旅游路线，例如哈萨克斯坦8日游，哈萨克斯坦、吉尔吉斯斯坦10日游等跨境旅游和边境旅游线路。当地的西域旅行社、国际旅行社等推出多种旅游线路后，受到国内外游客普遍欢迎，并得到广泛好评。

中国和俄罗斯两国元首共同正式批准的《中华人民共和国东北地区与俄罗斯联邦远东及东西伯利亚地区合作规划纲要（2009—2018）》具有战略意义，促进了当地的旅游业发展。此外，赴吉尔吉斯斯坦旅游专线办事处已在乌鲁木齐成立，为推动中国与哈、吉、塔、乌四国的跨境旅游奠定了基础。最近几年来，许多周边国家客商对从西北地区到中国内地旅游购物有着极强的兴趣，每天约有3000名周边客商入关购物，旅游购物已逐步向规模化、专业化的方向发展。尤其是以哈萨克斯坦、俄罗斯、吉尔吉斯斯坦、蒙古、巴基斯坦、乌兹别克斯坦、土库曼斯坦等周边国家为主的旅游购物市场得到了快速发展，其旅游人数占西北国际旅游人数的一半以上，而独联体每年购物旅游到西北的人数达到6万人左右，形成了西北地区特有的以霍尔果斯、红其拉甫、乌鲁木齐等口岸为重点地区的边境旅游购物型市场，极大地推动了西北地区国际旅游和边境贸易的发展。

2. 文化科技与医疗产业合作

随着丝绸之路经济带沿线国家和地区在各领域交流合作的不断加深，中国提出打造"五大中心"之文化科教中心已成为传承丝路精神的重要载体。目前，乌鲁木齐等地有国家级文化产业示范基地6家、自治区文化产业示范基地92家，通过国家动漫企业认定的企业12家，建成各类文化产业园区13家。当地通过加快舞台艺术、文化展览、非物质文化遗产展示、文化产业等项目"走出去"，为与周边国家的合作奠定民心相通的基础。目前，当地已初步搭建中国—亚欧博览会、丝绸之路城市论坛、中巴经济走廊合作论坛等多个交流合作平台，与各国的文化交流更加密切。这些平台成为展示西北地区的重要窗口和推动中国与周边国家合作的重要渠道。"一带一路"丝绸之路文化创业产业博览会、国际民族舞蹈节、丝绸之路国际电影节、国际艺术双年展等展会的规模不断加大，影响也日渐增强。西北地区还大力发掘、培育有地域特色的外向型文化产品和骨干文化企业，加强与国外知名文化机构和文化企业的合作交流。

在科教方面，目前，我国已在周边国家建成孔子学院10所。例如，哈萨克斯坦的哈萨克阿克托别朱巴诺夫国立大学孔子学院、卡拉干达国立技术学院孔子学院；吉尔吉斯斯坦的吉尔吉斯国立民族大学孔子学院、比什凯克人文大学孔子学院、奥什国立大学孔子学院、贾拉拉巴德国立大学孔子学院；塔吉克斯坦的塔吉克国立民族大学孔子学院等。全区已有4所高校申报的5个国别区域研究中心获教育部批准备案。2017年，新疆大学被纳入国家首批42所"双一流"建设高校名单。如今西北地区各大高校，已成为中亚国家重要的留学之选。

随着丝绸之路经济带建设的推进，中国西北地区深耕丝绸之路经济带核心区医疗服务中心，与沿线国家及地区在医疗服务领域的交流合作进一步加强。首先，新一代跨境远程医疗服务平台建成，通过"互联网+医疗"增进了境内外医疗机构间的交流合作，提升了医疗服务水平和服务效率。另外，跨境远程医疗服务平台已连接境外哈萨克斯坦、塔吉克斯坦、吉尔吉斯斯坦等国家的医院。其次，中医医院与哈萨克斯坦百泰兴集团签订组建中哈国际中医诊疗中心的协议书，在阿拉木图成立"中哈国际中医诊疗中心"，医疗合作在更多层次深入开展。另外，2018 年 5 月，上海合作组织医院合作联盟成立。自治区人民医院、新医大一附院、自治区维吾尔医医院等自治区 12 家医院共同签署协议，正式加入联盟，共同致力于加强国际医疗合作，提高发展能力，为沿线国家居民健康事业贡献力量。

四、中国周边国家产业安全合作机制存在的问题

（一）基础设施较落后，严重制约了合作的深化与发展

近几年来，我国西北地区与周边国家在基础设施建设上不断加大投资力度，努力改善基础设施环境，建设并开通了多个口岸，仓储运输等基础设施也逐渐完善，但是，从目前情况来看，还无法满足当前经济社会发展需要，仍然是我国和西北周边国家之间进行更深层次合作的一个瓶颈。俄罗斯作为极具潜力的大市场，与新疆具有 54 公里的边境线，受地形等多种因素影响，却一直没有开放口岸，双方只能通过第三国哈萨克斯坦进行转口贸易，这极大地限制了双方进出口贸易的发展，既增加了贸易成本，也增加了转运时效。西北地区边境城市基础设施建设相对滞后，发展水平较低，一些口岸不能完成真正意义上的进出口任务。与此同时，虽然中国周边国家之间有多条航空通道，但机场容量较小、飞机运力不足，班次少。在运输方面，除航空运输以及部分陆路口岸如阿拉山口、霍尔果斯、巴克图、吉木乃、都拉特之外，其他口岸由于地处山坳、达坂等地带，山势险峻，海拔高，路况差，等级低，对通关造成了不同程度的限制。而且，中国和周边多国在运输基础设施如公路标志标线等和运输车辆技术标准方面存在较大差异，中亚各国的铁路仍然采用 1520 毫米宽的铁轨，而中国采用的是 1435 毫米宽的标准轨，标准不统一使跨境运输的时效和成本双双增加。另外，除哈萨克斯坦和俄罗斯外，周边国家的计算机设备普遍较差，需要进行大规模升级换代。

（二）合作不规范，对各类合作活动的协调管理力度不够

当前，中国西北周边国家间的产业经济合作水平仍有很大上升空间，合作不规范，管理水平较低。中国周边部分国家存在执法不力、交易方式不规范、交易渠道不畅通等问题，使正常的国际贸易活动受到影响，在一定程度上削减了进行双边贸易的积极性，增加了贸易风险，这显然对双方都不利。虽然在真正展开双边或多边合作之前都会商讨并签订贸易争端条款，成立争端仲裁机构进行相关事宜的处理，但在实际运行中，一旦发生贸易摩擦，往往不能通过事先设立的仲裁机构对事件进行合理解决，致使贸易成本上升。同时，中国西北周边国家市场的规范性仍然存在许多问题，例如，不公平竞争、以次充好、竞相压价、不讲信誉等现象还比较常见，许多企业对签订的合同执行力度不够，信誉差，严重阻碍双方进一步业务交流与合作。另外，虽然我国同西北周边各国在出入境方面进行了

适当的放宽，但在手续办理方面还可以进一步简化，缩短办理所需时间，对手续办理过程中相关工作人员的行为进行规范，整治乱象，提高服务水平，优化口岸环境，激发往来客商的积极性。

（三）信息流通不畅，经济合作与发展资金不足

中国西北周边国家之间经济信息不能有效传播、资金投入不足等对经济合作的能力和范围产生了很大影响。目前，一方面，由于中国西北与周边国家经济合作方面存在的信息不对称问题，使有合作意愿的企业苦于寻找不到满意的合作伙伴；另一方面，掌握有关信息的政府部门和中介咨询机构找不到可以服务的对象，导致很多信息难以有效利用起来，大量合作机会在这种复杂的情形下流失。近年来，随着收入提高带来的生活水平的提升，中国周边国家许多优质高档消费群体不再满足于低档产品消费，越来越重视产品质量，同时追求精美的包装。由于在产品宣传方面的欠缺，包括宣传力度和宣传方式等，使该地区的企业在周边国家日益激烈的市场竞争中有些力不从心。同时，中国西北周边国家整体经济发展处于相对落后的水平，在资金分配和使用方面，部分国家和地区缺乏开展产业合作和进行相关基础设施建设所需的大量起步资金，极大地制约了经济合作的深度和广度，导致许多极具前景和意义的科研项目因经费问题不得不中断，令人惋惜。除此之外，在双方科研人员数量方面，存在严重流失的现象，在很大程度上影响了双方进行合作的基础。

（四）经济合作机制不健全，区域性协调组织没有充分发挥作用

目前，合作机制和体制不完善仍然是中国深化与周边国家区域经济合作的一大障碍。由于种种原因，现有区域协调组织的作用未能得到有效发挥，经济体之间的合作仍处于松散状态。周边国家的部分法律法规不完善，涉及国际经济合作与发展的文件约束力不够，法律法规建设滞后于现阶段经济社会发展需要。几个周边国家的政府机构和经济体制管理存在诸多易变因素，很难维持稳定的官方联系，不利于签订长期有效合作协议。区域过境程序、手续和文件（如海关、移民和检疫）不符合国际惯例，增加了交易成本。同时，对于西北周边国家的市场状况，我国缺少专业的调查机构对其进行详细研究，对很多情况并未充分掌握，存在信息不对称现象。因此，按照一般性设计的合作政策，往往针对性不足，难免存在一些问题，使后期成本增加。周边部分国家的对外政策也缺乏连贯性，以至于出现在不同时间段不一致的现象，对双边或多边合作造成非常不好的影响，使预期的合作进程不能按时顺利进行。因此，合作各方的权益不能得到有效保障，大大挫伤合作者的积极性和信心，甚至使进一步开展合作的机会因此丧失。虽然在上海合作组织、中亚区域经济合作计划等多个区域经济协调合作组织的推动下，区域经济合作展现出了良好发展势头，但是许多周边国家由于受内部因素的

影响，例如，制度不完善、不同的社会条件和政治目标等，在一定程度上制约了合作组织作用的有效发挥，对展开更深层次的交流与合作造成负面影响。因此，合作各方都需要在区域合作组织框架内，完善合作机制，并通过各方共同努力保证其正常运行。

第三节　中国周边国家产业安全合作机制未来展望

中国西部地区有着得天独厚的优势，应该在现有基础上，逐步解决合作机制存在的问题，并将产业安全机制进行有效整合。我们认为，可以从以下三方面努力：

一、全产业链推进，优化产品结构

西部地区地大物博，资源丰富。我们可利用其得天独厚的资源优势，再加上内地传统产业的技术优势和产业转移的机会，吸引一些制造业优势企业进入西部地区，壮大其制造业的发展规模。

（1）发展纺织产业。乌鲁木齐和喀什等地的纺织产业有一定的基础，因此可以采取的合作形式有很多，其中可以实行全产业链推进即全套引进上海、宁波、深圳的纺织产业落户到西北的喀什、乌鲁木齐等地，包括该产业链的上游、中游和下游产业链一并引入。然后，在发展成熟后再逐步向中亚国家、俄罗斯和蒙古等国家推进，并进行洽商和合作。一方面可以做好纺织产业的梯度推移这篇文章；另一方面有利于壮大当地的纺织产业，促进地方经济发展。

（2）培育壮大特色优势产业，构建具有当地地方特色的现代产业体系。在大力推进"一白一黑"战略的同时，再扩展到"白黑红蓝"交相辉映。除了以棉花（白色）为主的纺织业发展之外，还要利用西北矿产资源丰富的优势，发展有色金属制造业和钢铁产业（黑色），使其成为西北地区的优势产业。同时，大力发展以西红柿（红色）为特色的农业产业，实现规模化经营。近年来，以光伏、风电为代表的"蓝色产业"迅速崛起，当地丰富的光照和风资源被有效激活。

为此，必须以"一带一路"发展为契机，做好优势和特色产业这篇文章，然后再进一步完善与中国周边国家的合作框架，逐步将产业链向外推进。

二、以数字化推动"资本+技术"共同发展，实现产业转型升级

《未来简史》提到，知识型经济的中心在于资本和技术。西北地区经济发展滞后，不仅有体制机制方面的原因，也与该地区属于西部的区位劣势有关，这里远在中国的最西北，经济基础薄弱，资金和技术短缺。因此，在推进"一带一路"倡议和维护中国周边国家经济安全的时候总感觉有点力不从心。在此背景下，要转变传统的思维模式，充分利用"一带一路"发展契机和数字经济发展的机遇，以数字化推进"资本+技术"共同发展，实现双赢或者共赢，以此推进西北地区产业转型升级。未来 10 年，当地应该通过构建优势和特色产业体系，推动石油石化、现代煤化工、冶金建材、轻工食品、机械制造、民族医药等传统产业的发展，提高产品技术、工艺装备、能效环保等多方面水平，延伸产业链和提升价值链，促进传统产业向中高端迈进。要善于利用国内外资本，实现共同合作向深层次发展，加快本地区产业转型升级步伐，促进其经济更好更快地发展。

三、推进区域经济一体化发展，尝试共同体和自贸区的发展新途径

目前，国家在喀什和霍尔果斯设立了两大经济特区，这对于当地的经济发展和推进"一带一路"倡议具有重要的现实意义。要以此为契机，推进区域经济一体化发展，待条件成熟，再尝试构建与中亚国家以及俄罗斯、蒙古、巴基斯坦等国家的共同体和自贸区。自贸区是西北发挥"一带一路"核心区作用的载体和平台，在西北地区设立自贸区，有利于实现中国向西开放的战略，在此背景下，自贸区的发展壮大将会成为中国对接中亚和中巴经济走廊的窗口和平台，相关产业、政策也将围绕这一平台展开。要充分利用当地独特的地理优势即"五口通八国，一路连欧亚"的独特地缘优势，扩大与中国周边国家的战略合作，并尝试新的经济合作机制，这对于发展中国及其周边国家的经济，维护国家经济安全具有重要的现实意义。

第六章　中国周边国家产业安全的主要影响因素分析

我国西北地区周边有八个毗邻国家，它们在历史、经济、体制、产业结构以及自然等方面各有不同，这些因素共同影响产业安全。下面针对影响周边国家产业安全的主要因素进行理论分析。

第一节　历史因素

中亚地处欧亚大陆腹地，由于受限于地理、人口诸因素，本身并不能成为地缘政治的中心。它是各大文明的交汇之地，同时也是各大文明的边缘地带，只是最近的一二百年方为地缘政治角逐的对象。随着苏联解体和中亚地区建立起五个独立的共和国，新一轮的地缘政治经济博弈开始。苏联解体后，中亚被认为是地缘政治的真空。最近十年美国的"计划"和"愿景"，就是以重建阿富汗为名，挖空上海合作组织，排挤俄罗斯与中国，力图将中亚往南拉入美国的势力范围。所谓的"新丝绸之路"，只是借此掩盖其真实的政治目的而已。

俄罗斯越来越认识到，中亚地区对于俄罗斯安全与发展具有的重要地位。"俄乌冲突"后，普京、梅德韦杰夫郑重宣布，包括中亚在内的独联体地区是俄罗斯"特殊利益"地区。其所谓的"特殊利益"就是传统的"势力范围"。在一些俄罗斯政治家和地缘政治学家眼中，中亚无论如何是不容他人染指的后院。与美国不同的是，俄罗斯在中亚地区有着广泛的政治、军事、经济和文化影响力，并有不同内容和层次的平台：独联体、独联体集体安全条约组织和欧亚经济联盟。2010 年开始，俄罗斯效仿欧盟，开始打造俄、白、哈关税同盟。2014 年 5 月 29 日，俄罗斯、白俄罗斯、哈萨克斯坦三国领导人在阿斯塔纳签署《欧亚经济联盟条约》，宣布欧亚经济联盟于 2015 年 1 月 1 日正式启动，在此基础上建立超国家的联盟，旨在政治、经济上整合独联体。

自 1991 年苏联解体以来，中亚五国经济发展经历了较大的变化。中亚五国由苏联时期国家主导的强制性制度变迁所体现出的独特历程给世界上其他处于转型过程的国家带来深刻的思考与丰富的启示。独立后，中亚五国确立了从高度集权的政治体制向宪政民主政治体制转变，从高度集中的计划经济体制向自由市场经济体制转变，从单一僵化的传统社会向市民社会转变，由此启动了中亚各国的国家转型历程。

由于历史的原因，中亚国家多数都存在边界争端和跨界民族问题。目前虽然这些问题未激化，但它的存在本身就是地区安全的隐患。

第二节　体制机制因素

中亚五国经济转轨近十年，各国经济与独立前相比都出现了不同程度的下降。其原因是多方面的，如原有经济联系中断、经济结构不合理、生产设备落后、企业生产骨干流失等，但主要还是其体制机制的原因。

中亚国家转轨方式大体上可分为两类：一类是乌、土实行的渐进式变革；另一类是哈、吉实行的"休克疗法"。从十年实践来看，五国经济状况已显示出差别。

（1）国内生产总值。哈萨克斯坦为 69%，乌兹别克斯坦为 91.1%，吉尔吉斯斯坦为 65.9%，塔吉克斯坦为 51.5%，土库曼斯坦无统计数字。

（2）工业产值。哈萨克斯坦为 49%，乌兹别克斯坦为 111%，吉尔吉斯斯坦为 58%，塔吉克斯坦为 36%，土库曼斯坦无统计数字。

（3）农业总产值。哈萨克斯坦为 55%，乌兹别克斯坦为 92%，吉尔吉斯斯坦为 92%，塔吉克斯坦为 59%，土库曼斯坦为 71%（1996 年数字）。

（4）固定资产投资。哈萨克斯坦为 13%，乌兹别克斯坦为 75%，吉尔吉斯斯坦为 31%，塔吉克斯坦为 33%，土库曼斯坦为 174%。

由此可见，各国的经济发展水平存在较大差异。哈萨克斯坦在多数经济部门生产下降的情况下，石油开采和有色金属生产却保持了独立前的水平，形成一枝独秀，最近几年其经济发展水平是中亚国家最好的。乌兹别克斯坦经过十年的努力，商品自给率明显提高。该国在减少棉田种植的情况下，粮食基本做到自给，石油制品也做到自给有余，还有部分可以出口；汽车等工业产品也基本上可以满足国内需要，还能对中亚国家出口。此外，该国工农业产品在中亚地区所占的比重也有所上升。

　　尽管这些国家领导人多次说过，不会照抄别国的做法，但实际上它们的经济体制和发展在很大程度上受到外国及国际组织的影响。外国主要是指俄罗斯，国际组织是指国际货币基金组织等。虽然哈、吉等国领导人并没有明确说过要实行休克疗法，但独立后最初几年的经济活动实践却是按照俄罗斯的休克疗法进行的。因此，它们经济改革的后果与俄罗斯极其相似，这就是：社会生产全面大幅度下降，通货膨胀恶性发展，财政赤字扩大，三角债严重，本币汇率下跌不止，外汇减少，人民生活水平恶化。国际货币基金组织为哈萨克斯坦开出的也是硬性紧缩通货的货币主义药方，尽管此方法使该国通货膨胀问题有所缓和，但一开始还是使该国生产急剧下降，后来才逐步好转。

　　从建立市场经济机制出发，各国都力图明晰产权关系，通过私有化达到财产的私人占有，并为经济自由活动创造条件。因此，产权改革成为各国迈向市场经济模式的第一步。中亚国家经济结构不合理的问题在多数国家依然存在。中亚国家和其他发展中国家一样，在资本、劳动和自然资源等生产要素中，资本最为短缺。此外，作为市场经济的重要机制之一的防止垄断问题，在这些国家中还没有得到很好的解决。尽管这些国家也反对垄断，提倡竞争，但真正实施起来还需要一个过程。

第三节　产业结构因素

　　在中亚国家之中，哈萨克斯坦独立后制定各种方案，发展以机械工业为主的加工业，出现采掘业"一业独大"现象，原材料出口占出口总额的 60%以上。原料型出口结构使哈经济缺乏稳定性和可持续性。针对这一现实，2003 年 5 月哈萨克斯坦公布了《哈萨克斯坦共和国 2003~2015 年工业创新发展战略》，作为国际经济改革新阶段的纲领性文件。其战略重点在于科学和生产相结合，发展有竞争力的和出口导向的商品加工业，摆脱原材料导向性经济，使经济领域多元化，实现稳定发展，为达到向技术服务型经济转变的长期目标创造条件。其战略分三个阶段实施：第一阶段（2003~2005 年）创造基础条件，使金融、创新机构有效运营，发展基础领域科学生产体系；第二阶段（2006~2010 年）将科研成果转化为生产项目，推进工业现代化和经济多元化；第三阶段（2011~2015 年）进行现代化生产项目深度开发，在机械制造、石油化工、信息技术等领域建立附加值产业链，从根本上实现经济领域和出口结构的多元化。经过近 20 年的发展，哈萨克斯坦产业结构演进的特点是：第一产业在 GDP 中的比重不断下降，第二产业占 GDP 比重波动不大，第三产业比重缓慢上升，第二产业与第三产业发展呈现对称式发展，三次产业结构呈现三、二、一序列，2009 年哈萨克斯坦三、二、一产业占比分别为 64.3%、29.4% 和 6.3%；2020 年这一比例变为 55.7%、33.2% 和 5.3%。由此可以看出，哈萨克斯坦第三产业和第一产业略有下降，第二产业略有上升，说明哈萨克斯坦开始对第二产业即制造业引起足够重视。

由于缺少资源，吉尔吉斯斯坦的经济发展主要是依靠农业和过境贸易。2019 年吉尔吉斯斯坦发布《国民经济 10 年发展战略规划》，提出本国经济发展重点：加强农业、食品和加工业，支持私营企业和提高中小企业活力，推动能源建设。吉尔吉斯斯坦产业结构演进的特点是：独立之初，吉尔吉斯斯坦三次产业在 GDP 占比较均衡。独立后，吉尔吉斯斯坦三次产业结构发生波动，第一产业在波动下滑中趋于平稳，第二产业则在波动中不断下滑，第一产业比重高于第二产业，第三产比重逐渐提高。目前吉尔吉斯斯坦三大产业结构呈现三、一、二序列，占比分别为 47.5%、33.57% 和 18.93%。从三次产业结构变动趋势来看，独立后吉国经济发展水平极不稳定。

塔吉克斯坦国土面积狭小，耕地面积有限，有色金属资源和水电资源丰富但难以开采和开发。农业以棉花种植为主，粮食安全不能保证。经济结构单一，粮食和日用消费品不能自给，对外依赖性很强。独立后，塔吉克斯坦饱受战乱冲击，是中亚五国中最贫穷的国家，其人均 GDP 和平均工资水平在中亚五国中最低。受国际金融危机影响，塔吉克斯坦经济增速放缓。2017 年实现 GDP71.46 亿美元，比上年增长了 2.79%。塔吉克斯坦三次产业结构演进波动明显，第一产业和第二产业占 GDP 比重呈下滑趋势，第三产业由于第一产业和第二产业下滑而畸高。综合塔吉克斯坦产业发展和结构演进情况来看，塔吉克斯坦依然是一个落后的农业国，经济尚未进入平稳发展期，保持宏观经济的稳定仍然是塔国经济发展首先要解决的问题。

乌兹别克斯坦是中亚人口最多的国家，根据世界银行统计，2020 年其人口为 3423.2 万人，占中亚总人口的比例超过 50%。乌兹别克斯坦自然资源丰富，国民经济支柱产业有"四金"之称，即黄金、"白金"（棉花）、"黑金"（石油）、"蓝金"（天然气）。乌兹别克斯坦的棉花年产量占苏联棉花产量的 2/3，居世界第五位，因此被誉为"白金之国"。乌兹别克斯坦经济结构单一，轻工业不发达，60% 的日用品依靠他国进口。乌兹别克斯坦原本是中亚经济基础最好的国家，但经济改革滞后，加之专制、腐败等原因，经济落后于哈萨克斯坦。独立后乌兹别克斯坦三次产业波动比较平缓，产业结构呈现三、二、一格局。但是，这并不说明该国第三产业很强，只是说明其第二产业相对比较弱而已。

土库曼斯坦蕴含丰富的天然气和石油资源，天然气储量居中亚第一。独立前该国经济结构单一，石油和天然气是支柱产业，机械制造业、轻工业、食品加工业极为落后，工业消费品和日用品不能自给。农业以植棉业为主，粮食不能自给。近年在"能源富国战略"的指导下，土库曼斯坦经济增长速度比较快，人均收入水平迅速提高。土库曼斯坦三次产业结构呈现二、三、一序列。

第四节　自然地理因素

中亚国家西部为里海沿岸低地，中部是哈萨克丘陵以及卡拉库姆沙漠和克孜勒库姆沙漠，而东部与我国接壤的是天山山脉。地理环境复杂多样，中亚国家中自然条件最好的是哈萨克斯坦，拥有广袤的草场和低矮的丘陵，适合发展种植业和畜牧业。其他中亚国家自然环境较差。乌兹别克斯坦西部的咸海，盐碱化十分严重，土地不能耕种。中部则被克孜勒库姆沙漠覆盖，农作物几乎无法生长。吉尔吉斯斯坦和塔吉克斯坦几乎全境处于高原山地，只有山间河谷地带可以种植农作物。因此，中亚的一些国家农业发展的自然环境较差。

总体来看，中亚国家受地理环境因素影响较大，加上资金缺乏，交通基础设施比较落后，都制约了这些国家的经济发展。最近十年尤其是中国推行"一带一路"倡议以来，加大了与周边国家的经济合作，在交通基础设施方面进行了大量投资。中国对哈萨克斯坦有 7 个公路口岸和两个铁路口岸，两个铁路口岸连接乌鲁木齐和哈萨克斯坦第一大城市阿拉木图，其中，霍尔果斯口岸于 2016 年投入使用，距离阿拉木图只有 96 公里，建有中国与外国首个跨境边境合作中心。对塔吉克斯坦开放的口岸只有一个，即喀拉苏公路口岸，口岸距离喀什市 219 公里，距首都杜尚别约 850 公里，每年中塔口岸贸易额约为 2.5 亿美元。对于吉尔吉斯斯坦，也有两个边境公路口岸，即吐尔尕特口岸和伊尔克什坦口岸。其中伊尔克什坦口岸是我国最西端的开放口岸，距离吉尔吉斯斯坦第二大城市奥什市只有 220 公里，口岸年贸易额 1.5 亿美元。中国与中亚口岸合作与相互融通，极大地方便了农产品运输，降低运费，节约农产品的运输时间，保障农产品的新鲜度，促进了双边农产品贸易的发展。

第五节 其他风险因素

其他风险主要包括周期性风险、成长性风险、产业关联度风险、市场集中度风险、行业壁垒风险、宏观政策风险等。行业的寿命期是由开创期、成长期、成熟期和衰退期构成的。处于开创期行业的企业，有获取高额利润的可能性，但风险比较大；处于成长期行业的企业，利润增长较快，风险也比较小；处于成熟期行业的企业，利润进一步大幅增长比较困难，但风险仍比较小；处于衰退期行业的企业，要维持相应的利润比较难，且行业风险不断增大。技术革新对行业风险的影响主要表现在技术革新的速率、技术革新的广度和深度。当某行业的技术革新速率较快、技术革新广度较大、深度较深，该行业风险就会较大。行业风险还受到政府政策变动等因素的影响，尤其是政府的产业政策、财税政策、关税政策等的影响。此外，行业风险还受到其他因素的影响。行业风险具有比较明显的行业特征，一般只对相关行业的企业产生影响。

经济的周期性波动是以现代工商业为主体的经济总体发展过程中不可避免的现象，是经济系统存在和发展的表现形式。经济周期风险是宏观经济运行周期性规律的反映，对于国民经济的各个行业都会造成影响。由于各个行业的特点不同，各个行业与经济周期的关联性不同，经济周期风险对各个行业的影响程度也有所不同。

产业组织结构的影响主要包括行业市场集中度、行业壁垒程度等。集中度风险反映的是一个行业内部企业与市场的相互关系，也就是行业内企业间竞争与垄断的关系。根据竞争程度不同，通常分为完全竞争、垄断竞争、寡头垄断和完全垄断四种类型。一个行业的进入壁垒越高，则该行业的自我保护就越强，行业内部的竞争也就越弱。

从制度环境来看，较好的营商环境有利于为外商直接投资企业提供较为稳定的制度保障，为跨国企业提供稳定的市场环境，有利于降低东道国市场不完善引发的投资风险。东道国为吸引外资而实施的一系列优惠政策，如税收减免、投资补贴、海关签证及工作许可签证便利化等，有利于降低企业成本，稳定企业投资预期，吸引跨国企业投资。因此，完善的东道国营商环境对中国西北周边国家企业对外直接投资规模水平具有重要的影响，同时影响各个国家的产业合作规模及层次。

从科技文化环境来看，双边文化交流融合水平对开展产业合作具有重要的影响，双边文化交流合作作为一种软实力和润滑剂，对双边政治合作、经贸往来以及人才交流具有潜移默化的影响。文化交融水平越高，越有利于缩短双边文化距离，减少由于文化差异引致的不确定性风险，促进企业投资贸易活动的开展。中国西北与周边国家文化交流愈加紧密，文化交流融合水平越高，越有利于开展经贸合作和产业合作。技术进步水平实际上反映了一个国家的技术创新力，一个国家的科技创新实力越强，越有利于与发达国家级开展科技方面的合作，进而促进高端技术人才交流和现代技术的传播，促进中国与周边国家开展产业合作。

第七章 中国周边国家产业安全评价分析

中国周边国家产业安全评估涉及众多宏观经济数据和中观产业数据，尤其是中国西北周边国家第三产业的中观数据普遍缺失严重，难以开展细致的产业安全评估。考虑数据可得性和完备性，本章主要对中国西北周边国家的第一产业和第二产业安全进行评估，第三产业主要是金融业，将在后面的第十章进行分析。

第一节 制造业安全评价指标体系构建

国内外多位学者从不同角度构建了经济安全或产业安全的评价体系，国外学者更多是关注了国家整体经济安全，代表性研究有 B. K. 先恰戈夫（2003）的研究，他提出通过构建对外依存程度阈值、居民生活水平阈值、财政状况阈值来综合评估经济安全。国内学者雷家骕（2001）和顾海兵（2012，2018）分别针对国家经济安全提出了评价指标体系，但更多国内学者集中于中观层面的产业安全研究。表7-1归纳了代表性论文所采用的产业安全评价指标体系，可以看出产业安全的评价主要围绕五个方面即产业国内环境、产业国际竞争力、产业控制力、产业对外依存度和产业创新力进行，随着可持续发展和科技兴国的深入人心，产业生态环境和科技水平等指标也开始体现在评价指标体系中。

表7-1 制造业安全评价指标体系归纳

学者/研究机构	评价指标
经济安全论坛（2001）	国际经济关系、科技水平、国内需求、显性安全
景玉琴（2006）	产业国内环境、产业竞争力、产业控制力

续表

学者/研究机构	评价指标
何维达（2002, 2003, 2008, 2016）	产业国内环境、产业国际竞争力、产业控制力、产业对外依存度
李孟刚（2010, 2016）	产业国内环境、产业国际竞争力、产业控制力、产业对外依存度
朱建民、魏大鹏（2013）	产业生态环境、产业国际竞争力、产业控制力、产业对外依存度、产业竞争力生成能力

资料来源：笔者根据国内外相关研究汇总得到。

基于已有的代表性研究，考虑到数据的系统性、相关性、可控性、可测性、可得性以及制造业特性，构建了制造业安全评价指标体系（见表7-2）。从产业发展环境、产业国际竞争力、产业控制力、产业对外依存度、产业创新力五个一级指标出发，综合评价制造业安全水平。

表7-2 制造业安全评价指标体系

一级指标 （评价方面）	二级指标 （测算指标）	指标类型	指标说明
产业发展 环境（A1）	GDP 年增长率（B11）	区间	产业所处国内经济环境与国际经济环境
	失业率（B12）	区间	
	汇率年波动率（B13）	区间	
	政治稳定程度（B14）	正向	产业所在国国内政局稳定及法律制度、产业政策执行情况
	法制建设完善程度（B15）	正向	
	政策执行与监管力度（B16）	正向	
	清廉指数（B17）	正向	产业所处的内部环境及可持续发展情况
	千美元能源消耗（B18）	负向	
产业国际 竞争力（A2）	资金成本（B21）	负向	生产要素成本和投入情况
	劳动力成本（B22）	负向	
	固定资本投入（B23）	正向	
	产业国内需求（B24）	正向	产品市场需求
	产业国际需求（B25）	正向	
	产业集中度（B26）	正向	生产效率与竞争实力
	劳动生产率（B27）	正向	
	贸易竞争力指数（B28）	正向	
	显示性比较优势指数（B29）	正向	

续表

一级指标 （评价方面）	二级指标 （测算指标）	指标类型	指标说明
产业控制力（A3）	外国资本控制（B31）	区间	外国资本与技术对产业控制力
	外国技术控制（B32）	负向	
产业对外依存度（A4）	出口对外依存度（B41）	区间	产品生产、销售、消费的对外依存程度
	进口对外依存度（B42）	区间	
产业创新竞争力（A5）	科研投入强度（B51）	正向	科研投入及研发潜力
	高等教育水平（B52）	正向	
	支付知识产权费用（B53）	正向	
	高科技出口占比（B54）	正向	
	中高技术产品出口占比（B55）	正向	创新产出
	每十万人发表科技论文数（B56）	正向	

资料来源：笔者根据有关专家咨询意见汇总得到。

　　产业发展环境涵盖 8 个二级指标，分别从经济、政治、法制、科技研发、可持续发展等方面共同刻画产业所处的大环境。产业国际竞争力涵盖 9 个二级指标，从产业生产成本和生产要素投入、产业需求、产业竞争实力三大方面刻画其竞争力。产业控制力涵盖 2 个二级指标，描述了本国技术和资本对产业的控制能力。产业依存度涵盖两个二级指标，刻画了产业对海外市场的依赖程度，以及生产、消费过程对进口原材、中间品及产成品的依赖程度。产业创新力涵盖了 6 个二级指标，刻画了产业发展的潜力及附加值，从研发投入、科研潜力、研发产出三大方面刻画其竞争力。

第二节　制造业安全样本选择、数据来源及统计口径

一、样本选择

　　与中国西北接壤的国家共有八个，分别是俄罗斯、哈萨克斯坦、吉尔吉斯斯坦、塔吉克斯坦、巴基斯坦、蒙古、印度和阿富汗。其中，塔吉克斯坦和阿富汗制造业数据缺失严重难以展开评估，因此，最终在进行制造业安全评估及比较研究时删去这两个国家，保留中、俄、哈、吉、巴、蒙、印共七个国家进行制造业

安全测算和比较分析。由于中亚国家统计数据滞后，本研究只选取 2008 年、2010 年、2012 年、2014 年、2016 年和 2018 年共六组截面数据进行制造业安全评估。我们选取的样本时期包括"一带一路"倡议的提出前期和实施初期，可以为未来研究"一带一路"倡议下中国周边国家制造业安全、产业安全研究提供参考。

二、数据来源

研究数据来源于世界银行发展指标（World Development Indicators）数据库、世界银行公开（World Bank Open Date）数据库、国际货币基金组织（International Financial Statistics）数据库、国际劳工组织数据库、欧亚经济委员会数据库、制造业各细分产业的进出口数据来源于联合国 UNcomtrade 数据库。

制造业口径采用中国国家统计局工业统计司出版的《中国工业统计年鉴》所列示的制造业分类，共有 29 个制造业细分产业。本研究采用盛斌（2002）在《中国对外贸易政策的政治经济分析》一书中整理的中国制造业细分产业与国际贸易分类标准（SITC 3.0）编码对应关系，并从联合国 UNcomtrade 数据库收集得到全部 29 个制造业细分产业的进出口数据。

三、数据处理

在综合测算制造业安全度之前，首先需要将各指标原始数据映射为相应的安全得分。指标数据值映射为安全得分的过程，完成了数据正向化、无量纲化实质上是数据标准化处理过程。本研究涉及的指标类型有区间指标、正向指标、负向指标，下面将详细阐述不同情形下各类型指标数据映射为安全得分的过程。

确定上、下警限的指标，原始指标数据值到指标安全得分的映射如下：

区间指标

$$
F(x)=\begin{cases}
0.6\times\dfrac{x-x_{\min}}{x_{\text{下警}}-x_{\min}}, & x_{\min}\leqslant x<x_{\text{下警}} \\[3mm]
0.6+0.4\times\dfrac{x-x_{\text{下警}}}{1/2\left(x_{\text{上警}}+x_{\text{下警}}\right)-x_{\text{下警}}}, & x_{\text{下警}}\leqslant x<1/2\left(x_{\text{上警}}+x_{\text{下警}}\right) \\[3mm]
0.6+0.4\times\dfrac{x_{\text{上警}}-x}{x_{\text{上警}}-1/2\left(x_{\text{上警}}+x_{\text{下警}}\right)}, & 1/2\left(x_{\text{上警}}+x_{\text{下警}}\right)\leqslant x<x_{\text{上警}} \\[3mm]
0.6\times\dfrac{x_{\max}-x}{x_{\max}-x_{\text{上警}}}, & x_{\text{上警}}\leqslant x<x_{\max}
\end{cases}
$$

其中，x 表示指标原始数据值；F(x)表示映射后的安全得分，F(x)∈[0，1]；

x_{max} 和 x_{min} 分别表示世界各国范围内指标的最大值和最小值；$x_{上警}$ 和 $x_{下警}$ 分别为指标上警限和下警限。指标值为上警限或下警限时安全得分取 0.6 分，指标值为 $1/2(x_{上警}+x_{下警})$ 时安全得分为 1 分。特别地，出口对外依存度 B41、进口对外依存度 B42 当指标值为上警限或下警限时安全得分取 0.8 分，在计算上式时公式中的 0.6 替换为 0.8，0.4 替换为 0.2。

本研究中可以确定下、上警限的区间指标共有六个，GDP 年增长率 B11 的下警限设定为 4%，上警限设定为 10%；失业率 B12 的下警限设定为 2%，上警限设定为 7%；汇率年波动率 B13 的下警限设定为-3%，上警限设定为 3%；资本控制 B31 的下警限设定为制造业强国德国或日本该年数据的较小值，上警限设定为制造业发展良好的高收入国家该年数据均值或中高收入国家该年数据均值中的较大值；出口对外依存度 B41 的下、上警限设定，考虑到中、俄、巴、印均为人口超过 1 亿的人口大国，制造业在国内已拥有广阔的市场，相对而言出口依存度会比较低，所以选择了同样人口超过一亿同时又是制造业强国的美国和日本五个截面的数据均值分别作为下警限和上警限；哈、吉、蒙为人口小国，国内市场较小，如果制造业安全良好、竞争力强大，那么相对而言出口依存度会高一些，因此选择有相似情况的韩国和德国五个截面的数据均值分别作为下警限和上警限。进口对外依存度 B42 下警限和上警限的设定与出口对外依存度 B41 类似，区别是 21 世纪以来经济全球化趋势下进口依存度普遍存在上升趋势，因此下警限和上警限设定为美国和日本（韩国和德国）当年数据值，而不是五个截面数据均值。

本研究中可以确定下、上警限的正向指标共有两个，分别是贸易竞争力指数 B27 和显示性比较优势指数 B28。贸易竞争力指数 B27 的取值范围为 $[-1, 1]$，1 为最佳水平代表有最佳贸易竞争力，0 为平均水平。x 下警限设定为 0，x_{max} 设定为 1，x_{min} 设定为-1。显示性比较优势指数 B28 取值范围为 $[0, +\infty]$，1 为中性比较优势，大于 2.5 为有极强比较优势，因此设定 $x_{下警}$ 设定为 1，x_{max} 设定为 2.5，x_{min} 设定为 0。本研究不存在可以确定下、上警限的负向指标，因此其原始数据值到安全得分的映射公式不再给出。

正向指标

$$F(x) = \begin{cases} 0.6 + 0.4 \times \dfrac{x - x_{下警}}{x_{max} - x_{下警}}, & x \geqslant x_{下警} \\[3mm] 0.6 \times \dfrac{x - x_{min}}{x_{下警} - x_{min}}, & x < x_{下警} \end{cases}$$

需要说明的是，难以确定上、下警限的指标，原始指标数据值到安全得分的映射如下：

（1）正向指标。

$$F(x) = \frac{x - x_{min}}{x_{max} - x_{min}}$$

（2）负向指标。

$$F(x) = 1 - \frac{x - x_{min}}{x_{max} - x_{min}}$$

本研究中难以确定上、下警限的正向指标共有八个，分别是政治稳定程度 B14、法制建设完善程度 B15、政策执行与监管力度 B16、科研投入强度 B17、固定资本投入 B23、产业国内需求 B24、产业国际需求 B25、劳动生产率 B26。难以确定上、下警限的负向指标共有四个，分别是千美元能源消耗 B18、资金成本 B21、劳动力成本 B22、外国技术控制 B32。这两类指标的原始指标数据值到安全得分的映射公式类似于采用极差法进行数据标准化，其中 x_{max} 和 x_{min} 分别为世界各国范围内指标的最大值和最小值。本研究不存在难以确定下、上警限的区间指标，因此其原始数据值到安全得分的映射公式不再给出。

第三节　制造业安全指标权重设置及安全度测算方法

单一赋权方法可能会导致最终赋权结果存在偏差，主观赋权方法和客观赋权法，以及客观赋权方法之间的赋权结果差异普遍存在（俞立平等，2009）。因此本研究将选择将主观赋权和客观赋权方法组合使用，进行综合赋权。为保留加权评价结果实际意义，即保证加权评价结果就是评价对象的制造业安全得分，本研究选择层次分析法（AHP）为主观赋权方法，熵权法（EWM）为客观赋权方法。

一、层次分析法赋权（AHP）

我们评估制造业安全时，主要有以下三个步骤：

（1）针对总目标制造安全构建层次结构模型。以制造业安全为目标层，6 个一级指标作为准则层，27 个二级指标作为方案层。

（2）对同一层级的指标，以上一级指标为准则进行两两比较，建立相对重要程度判断矩阵。共邀请经济安全、产业安全研究领域共 25 位专家进行判断矩阵构建。

（3）判断矩阵一致性检验，计算各指标权重。本研究利用 YAAHP 12.1 软件的群决策功能进行一致性检验，选择专家排序向量加权算术平均来计算指标权重。4 个一级指标判断矩阵的一致性比率 CR 分别为 0.0000（产业发展环境判断矩阵）、0.0677（产业国际竞争力判断矩阵）、0.0000（产业控制力判断矩阵）、0.0000（产业对外依存度判断矩阵）、0.0000（产业创新竞争力判断矩阵），均小于 0.1，通过一致性检验。最终各指标权重计算结果如表 7-3 所示，其中一级指标括号内数值为各一级指标相对总指标权重，二级指标括号内数值为各二级指标相对上一级指标的权重，权重列的数值则为各二级指标相对总指标的权重。

表 7-3　AHP 方法计算的制造业安全评价指标权重

一级指标 （评价方面）	二级指标 （测算指标）	指标 类型	权重 （相对总指标）
产业发展环境（A1） （0.1075）	GDP 年增长率（B11）（0.1039）	区间	0.0093
	失业率（B12）（0.0568）	区间	0.0028
	汇率年波动率（B13）（0.0411）	区间	0.0100
	政治稳定程度（B14）（0.2026）	正向	0.0137
	法制建设完善程度（B15）（0.1458）	正向	0.0170
	政策执行与监管力度（B16）（0.1268）	正向	0.0162
	清廉指数（B17）（0.1647）	正向	0.0210
	千美元能源消耗（B18）（0.1583）	负向	0.0175
产业国际 竞争力（A2） （0.4180）	资金成本（B21）（0.1366）	负向	0.0299
	劳动力成本（B22）（0.0820）	负向	0.0359
	固定资本投入（B23）（0.0683）	正向	0.0398
	产业国内需求（B24）（0.0513）	正向	0.0226
	产业国际需求（B25）（0.0585）	正向	0.0256
	产业集中度（B26）（0.4098）	正向	0.1795
	劳动生产率（B27）（0.1025）	正向	0.0449
	贸易竞争力指数（B28）（0.0455）	正向	0.0199
	显示性比较优势指数（B29）（0.0455）	正向	0.0199
产业控制力（A3） （0.1095）	外国资本控制（B31）（0.6667）	区间	0.0730
	外国技术控制（B32）（0.3333）	负向	0.0365
产业对外依存度（A4） （0.2190）	出口对外依存度（B41）（0.3333）	区间	0.1460
	进口对外依存度（B42）（0.6667）	区间	0.0730

续表

一级指标 （评价方面）	二级指标 （测算指标）	指标 类型	权重 （相对总指标）
产业创新竞争力（A5） （0.1460）	科研投入强度（B51）（0.1361）	正向	0.0199
	高等教育水平（B52）（0.4082）	正向	0.0496
	支付知识产权费用（B53）（0.1020）	正向	0.0149
	高科技出口占比（B54）（0.0816）	正向	0.0119
	中高技术产品出口占比（B55）（0.0680）	正向	0.0199
	每十万人发表科技论文数（B56）（0.2041）	正向	0.0298

资料来源：笔者根据世界银行数据库和 CEIC 数据库（全球数据库+世界趋势库）计算获得。以下余同。

二、熵权法赋权（EWM）

熵权法完全依靠数据驱动，不依赖专家的主观判断，是一种经典的客观赋权方法。设共有 m 个待评价对象，n 个评价指标，构成 $F = [f_{ij}]_{m \times n}$ 待评价矩阵，本研究中有 7 个待评价国家，20 个二级评价指标，待评价矩阵中的元素即为完成安全得分映射后的各国家在各二级指标上的安全得分。计算步骤有以下四个：

（1）计算第 i 个评价对象在第 j 个指标上的取值 f_{ij} 在第 j 个指标所有取值总和中的比重 P_{ij}。

$$P_{ij} = \frac{f_{ij}}{\sum_{i=1}^{m} f_{ij}} \tag{7-1}$$

（2）计算第 j 个指标的熵值 e_j，$e_j \in [0, 1]$。

$$e_j = -\frac{1}{\ln m} \sum_{i=1}^{m} P_{ij} \ln P_{ij} \tag{7-2}$$

（3）计算第 j 个指标的差异系数 g_j，当 g_j 值越大，则指标 j 在综合评价中的重要性就越强，权重越高。

$$g_j = 1 - e_j \tag{7-3}$$

（4）计算熵权值 w_j，表 7-4 展示的是采用熵权法的平均赋权结果。采用熵权法对 2008 年、2010 年、2012 年、2014 年、2016 年和 2018 年六个截面数据分别计算各年的指标权重，然后取各指标各年权重算数平均数作为熵权法赋权的权重，如表 7-4 所示。

$$w_j = \frac{g_j}{\sum_{j=1}^{n} g_j} = \frac{1 - e_j}{\sum_{j=1}^{n} (1 - e_j)} \tag{7-4}$$

表7-4　熵权法计算的制造业安全评价指标权重

一级指标 （评价方面）	二级指标 （测算指标）	指标 类型	权重 （相对总指标）
产业发展环境（A1） （0.1466）	GDP 年增长率（B11）（0.1317）	区间	0.01928
	失业率（B12）（0.0873）	区间	0.0128
	汇率年波动率（B13）（0.0017）	区间	0.0002
	政治稳定程度（B14）（0.2856）	正向	0.0419
	法制建设完善程度（B15）（0.1478）	正向	0.0216
	政策执行与监管力度（B16）（0.1061）	正向	0.0156
	清廉指数（B17）（0.1311）	正向	0.0192
	千美元能源消耗（B18）（0.1087）	负向	0.0159
产业国际竞争力（A2） （0.4467）	资金成本（B21）（0.0427）	负向	0.0191
	劳动力成本（B22）（0.0503）	负向	0.0225
	固定资本投入（B23）（0.0627）	正向	0.0280
	产业国内需求（B24）（0.1753）	正向	0.0783
	产业国际需求（B25）（0.3599）	正向	0.1607
	产业集中度（B26）（0.0861）	正向	0.0385
	劳动生产率（B27）（0.1400）	正向	0.0626
	贸易竞争力指数（B28）（0.0455）	正向	0.0203
	显示性比较优势指数（B29）（0.0375）	正向	0.0167
产业控制力（A3） （0.0645）	外国资本控制（B31）（0.5402）	区间	0.0349
	外国技术控制（B32）（0.4598）	负向	0.0297
产业对外依存度（A4） （0.0426）	出口对外依存度（B41）（0.4096）	区间	0.0174
	进口对外依存度（B42）（0.5904）	区间	0.0251
产业创新竞争力（A5） （0.2996）	科研投入强度（B51）（0.2254）	正向	0.0676
	高等教育水平（B52）（0.0937）	正向	0.0281
	支付知识产权费用（B53）（0.1366）	正向	0.0410
	高科技出口占比（B54）（0.1676）	正向	0.0502
	中高技术产品出口占比（B55）（0.1206）	正向	0.0362
	每十万人发表科技论文数（B56）（0.2561）	正向	0.0768

三、组合赋权

为了能充分利用主观赋权法中专家专业的经验判断，又能保留客观赋权法包含的指标数据特点，本研究将采用组合赋权。首先，引入离差平方和函数 d^k，表示第 k（k=1，2，…，l）种赋权方法与组合赋权方法评价结果之间的离差平方和，其中 w_j 表示组合赋权时 j 指标的权重，v_j^k 则表示采用第 k 种赋权方法时 j 指标的权重。

$$d^k = \sum_{i=1}^m \sum_{j=1}^n \left[(w_j - v_j^k) f_{ij} \right]^2 \tag{7-5}$$

最合理的组合赋权应满足组合赋权评价结果与不同赋权方法评价结果之间的离差平方和最小，即满足如下非线性规划：

$$\min \sum_{k=1}^l d^k = \min \sum_{k=1}^l \sum_{i=1}^m \sum_{j=1}^n \left[(w_j - v_j^k) f_{ij} \right]^2$$

$$\text{s. t.} \begin{cases} \sum_{j=1}^n w_j = 1 \\ w_j \geqslant 0, \ j = 1, 2, \cdots, n \end{cases} \tag{7-6}$$

求解该非线性规划得到各指标的组合赋权权重，如表 7-5 所示。

表 7-5　组合赋权计算的制造业安全评价指标权重

一级指标 （评价方面）	二级指标 （测算指标）	指标 类型	权重 （相对总指标）
产业发展环境（A1） （0.1371）	GDP 年增长率（B11）（0.1038）	区间	0.0142
	失业率（B12）（0.0569）	区间	0.0078
	汇率年波动率（B13）（0.0410）	区间	0.0056
	政治稳定程度（B14）（0.2029）	正向	0.0278
	法制建设完善程度（B15）（0.1457）	正向	0.0200
	政策执行与监管力度（B16）（0.1268）	正向	0.0174
	清廉指数（B17）（0.1648）	正向	0.0200
	千美元能源消耗（B18）（0.1583）	负向	0.0217
产业国际竞争力（A2） （0.4322）	资金成本（B21）（0.0569）	负向	0.0245
	劳动力成本（B22）（0.0675）	负向	0.0292
	固定资本投入（B23）（0.0785）	正向	0.0339
	产业国内需求（B24）（0.1165）	正向	0.0504
	产业国际需求（B25）（0.2156）	正向	0.0932
	产业集中度（B26）（0.02521）	正向	0.1099
	劳动生产率（B27）（0.1243）	正向	0.0537
	贸易竞争力指数（B28）（0.0423）	正向	0.0201
	显示性比较优势指数（B29）（0.0373）	正向	0.0182

续表

一级指标 （评价方面）	二级指标 （测算指标）	指标 类型	权重 （相对总指标）
产业控制力（A3） （0.0870）	外国资本控制（B31）（0.3802）	区间	0.0539
	外国技术控制（B32）（0.6198）	负向	0.0331
产业对外依存度（A4） （0.1308）	出口对外依存度（B41）（0.6248）	区间	0.0817
	进口对外依存度（B42）（0.3752）	区间	0.0491
产业创新竞争力（A5） （0.2128）	科研投入强度（B51）（0.2054）	正向	0.0437
	高等教育水平（B52）（0.0320）	正向	0.0338
	支付知识产权费用（B53）（0.0720）	正向	0.0280
	高科技出口占比（B54）（0.1038）	正向	0.0311
	中高技术产品出口占比（B55）（0.1117）	正向	0.0230
	每十万人发表科技论文数（B56）（0.1063）	正向	0.0533

资料来源：笔者根据组合赋权计算结果得到。

第四节　制造业安全评价结果分析

表7-6展示了以组合权重为指标权重，计算的中国新疆周边国家制造业安全评价结果。我们将安全评价状态的结果划分为五种类型，即安全、基本安全、轻度不安全、不安全、极度不安全，所对应的安全得分范围为：$[0.8，1]$，$[0.6，0.8)$，$[0.4，0.6)$，$[0.2，0.4)$，$[0，0.2)$，得分越低，该国家的制造业越不安全。

表7-6　中国与周边国家制造业安全综合评价结果

年份 国家	2008	2010	2012	2014	2016	2018
中国	0.6487	0.6724	0.7063	0.6549	0.6821	0.7011
	基本安全	基本安全	基本安全	基本安全	基本安全	基本安全
俄罗斯	0.4821	0.4968	0.5090	0.4908	0.5398	0.5625
	轻度不安全	轻度不安全	轻度不安全	轻度不安全	轻度不安全	轻度不安全
巴基斯坦	0.3152	0.2925	0.3055	0.3263	0.3156	0.3213
	不安全	不安全	不安全	不安全	不安全	不安全

续表

年份 国家	2008	2010	2012	2014	2016	2018
印度	0.4158	0.4356	0.4250	0.4313	0.4472	0.4636
	轻度不安全	轻度不安全	轻度不安全	轻度不安全	轻度不安全	轻度不安全
哈萨克斯坦	0.4448	0.4762	0.4543	0.4743	0.4746	0.4810
	轻度不安全	轻度不安全	轻度不安全	轻度不安全	轻度不安全	轻度不安全
吉尔吉斯斯坦	0.3111	0.2606	0.2914	0.2622	0.3167	0.3221
	不安全	不安全	不安全	不安全	不安全	不安全
蒙古国	0.3098	0.2684	0.3514	0.3264	0.3378	0.3452
	不安全	不安全	不安全	不安全	不安全	不安全

由表 7-6 可知，仅有中国制造业处于"基本安全"状态，随后是俄罗斯制造业在样本期内呈现"轻度不安全"状态。其余五国均呈现制造业"不安全"状态，但其中制造业安全得分有较大差异，排序为印度>哈萨克斯坦>巴基斯坦>吉尔吉斯斯坦>蒙古。总体而言，中国新疆周边国家制造业安全程度较低，但是从五个截面纵向比较来看七国的制造业安全综合得分都呈现明显提高的趋势，表明中国新疆周边国家制造业安全程度日益改善。在"一带一路"倡议和其他双边及多边合作机制促成下，中国与周边各国逐渐成为良好的制造业合作伙伴。

表 7-7 展示了各国在一级指标产业发展环境上的安全得分，可知从产业所处国内经济环境与国际经济环境、国内政局稳定及法律制度、产业政策执行情况、国内科技研发及可持续发展环境来看，七国存在较大的改善空间。巴基斯坦和蒙古的制造业发展环境较为恶劣，与其余五国差距明显。

表 7-7　一级指标产业发展环境安全得分

年份 国家	2008	2010	2012	2014	2016	2018
中国	0.6353	0.6725	0.6526	0.6654	0.7149	0.8011
	基本安全	基本安全	基本安全	基本安全	基本安全	安全
俄罗斯	0.3961	0.3866	0.4519	0.4289	0.4349	0.4632
	不安全	不安全	轻度不安全	轻度不安全	轻度不安全	轻度不安全
巴基斯坦	0.3736	0.3293	0.3835	0.4466	0.4874	0.4891
	不安全	不安全	不安全	轻度不安全	轻度不安全	轻度不安全

续表

年份 国家	2008	2010	2012	2014	2016	2018
印度	0.6241	0.6393	0.6470	0.7018	0.7195	0.7210
	基本安全	基本安全	基本安全	基本安全	基本安全	基本安全
哈萨克斯坦	0.5019	0.6338	0.5233	0.6059	0.6085	0.6132
	轻度不安全	基本安全	轻度不安全	基本安全	基本安全	基本安全
吉尔吉斯 斯坦	0.3245	0.3207	0.2394	0.3612	0.4209	0.4236
	不安全	不安全	不安全	不安全	轻度不安全	轻度不安全
蒙古国	0.3488	0.3784	0.3936	0.4172	0.3865	0.3953
	不安全	不安全	不安全	轻度不安全	不安全	不安全

表7-8展示了各国在一级指标产业国际竞争力上的安全得分，从生产要素成本、国内外市场需求及竞争能力三大方面考量发现中国在七国中拥有最强的竞争能力，这也符合当前中国国际制造业大国的实际情况。俄罗斯和印度制造业国际竞争力略好于其余四国。因为一级指标产业国际竞争力在四个一级指标中权重占比最大，所以是衡量制造业安全最重要的一级指标。

表7-8　一级指标产业国际竞争力安全得分

年份 国家	2008	2010	2012	2014	2016	2018
中国	0.6630	0.6935	0.7144	0.7213	0.7138	0.7316
	基本安全	基本安全	基本安全	基本安全	基本安全	基本安全
俄罗斯	0.3845	0.3759	0.3603	0.3447	0.3862	0.3921
	不安全	不安全	不安全	不安全	不安全	不安全
巴基斯坦	0.2407	0.2100	0.2190	0.2152	0.2131	0.2236
	不安全	不安全	不安全	不安全	不安全	不安全
印度	0.3212	0.3345	0.3201	0.3077	0.3058	0.3328
	不安全	不安全	不安全	不安全	不安全	不安全
哈萨克斯坦	0.3464	0.3529	0.3507	0.3349	0.3586	0.3650
	不安全	不安全	不安全	不安全	不安全	不安全
吉尔吉斯 斯坦	0.1960	0.2321	0.1919	0.2180	0.2284	0.2315
	极度不安全	不安全	极度不安全	不安全	不安全	不安全

续表

年份 国家	2008	2010	2012	2014	2016	2018
蒙古国	0.1697	0.1749	0.2106	0.1903	0.1685	0.2013
	极度不安全	极度不安全	不安全	极度不安全	极度不安全	不安全

表7-9展示了各国在一级指标产业控制力上的安全得分,中国的制造业控制力得分为安全状态,在保持对外开放的同时,本国资本和技术实现良好控制局面。俄罗斯、吉尔吉斯斯坦、哈萨克斯坦制造业控制力得分为"基本安全"状态,但其中部分原因是三国经济并不是高度对外开放,因此外国资本与技术流入和控制程度较轻,拉高了该指标的安全得分。印度制造业控制力得分为"轻度不安全"状态,主要原因是对外开放程度较高,外国技术和资本净流入严重。巴基斯坦和蒙古则为不安全状态,巴基斯坦主要由于外国技术控制严重,2008~2018年外国技术控制均值为85.65%。蒙古产业控制力得分为"不安全"状态,主要来自两方面的原因:一是外国技术控制较高,2014年和2018年外国技术控制达到47.55%和48.65%;二是存在外国资本大规模逃离,2018年蒙古的FDI净流入为负值,存在外国资本大规模撤离情况。蒙古经济依赖矿产资源开发,政府大规模举债用于矿产投资,债务水平畸高。由于最近几年铁矿石等国际价格暴跌,严重影响蒙古债务偿还能力和主权信用评级,导致外国资本纷纷逃离蒙古。资本控制为区间指标,当外国资本控制为负值时,虽然看起来本国资本牢牢把控产业,但是同时也表明该国经济状况出现严重问题,外资选择抽离自保。

表7-9 一级指标产业控制力安全得分

年份 国家	2008	2010	2012	2014	2016	2018
中国	0.6481	0.6480	0.7430	0.7988	0.7645	0.7853
	基本安全	基本安全	基本安全	基本安全	基本安全	基本安全
俄罗斯	0.6046	0.6792	0.6456	0.6636	0.7085	0.7231
	基本安全	基本安全	基本安全	基本安全	基本安全	基本安全
巴基斯坦	0.4840	0.4626	0.3720	0.4319	0.4866	0.4921
	轻度不安全	轻度不安全	不安全	轻度不安全	轻度不安全	轻度不安全
印度	0.4457	0.5872	0.5359	0.6182	0.6605	0.6821
	轻度不安全	轻度不安全	轻度不安全	基本安全	基本安全	基本安全

续表

国家＼年份	2008	2010	2012	2014	2016	2018
哈萨克斯坦	0.5031	0.5834	0.5659	0.5985	0.5753	0.5826
	轻度不安全	轻度不安全	轻度不安全	轻度不安全	轻度不安全	轻度不安全
吉尔吉斯斯坦	0.4059	0.4663	0.4536	0.4267	0.4700	0.4835
	轻度不安全	轻度不安全	轻度不安全	轻度不安全	轻度不安全	轻度不安全
蒙古国	0.4703	0.3544	0.3208	0.3242	0.3746	0.3808
	轻度不安全	不安全	不安全	不安全	不安全	不安全

表 7-10 展示了各国在一级指标产业对外依存度上的安全得分。中国在 2014 年和 2018 年在产业对外依存度上处于"轻度不安全"状态，源于进口依存度安全得分下滑。俄罗斯、巴基斯坦、印度和哈萨克斯坦制造业对外依存度安全程度较好。吉尔吉斯斯坦和蒙古一级指标产业对外依存度呈极度不安全状态。

表 7-10　一级指标产业对外依存度安全得分

国家＼年份	2008	2010	2012	2014	2016	2018
中国	0.7615	0.7828	0.7192	0.7542	0.7841	0.7658
	基本安全	基本安全	基本安全	基本安全	基本安全	基本安全
俄罗斯	0.7273	0.7202	0.7345	0.7118	0.6875	0.7015
	基本安全	基本安全	基本安全	基本安全	基本安全	基本安全
巴基斯坦	0.5473	0.5454	0.6325	0.6971	0.6460	0.6621
	轻度不安全	轻度不安全	基本安全	基本安全	基本安全	基本安全
印度	0.5892	0.5706	0.6888	0.6561	0.7199	0.7325
	轻度不安全	轻度不安全	基本安全	基本安全	基本安全	基本安全
哈萨克斯坦	0.5175	0.5456	0.5961	0.5889	0.6350	0.6452
	轻度不安全	轻度不安全	轻度不安全	轻度不安全	基本安全	基本安全
吉尔吉斯斯坦	0.3659	0.2305	0.3735	0.2009	0.3556	0.3635
	不安全	不安全	不安全	不安全	不安全	不安全
蒙古国	0.3752	0.3684	0.3945	0.3901	0.4260	0.4326
	不安全	不安全	不安全	不安全	轻度不安全	轻度不安全

表 7-11 展示了各国在产业创新力上的安全得分。其中，中国与俄罗斯创新

能力得分比其他五国都要高。除中俄两国外其他五国产业创新力得分较低,从对科研的投入与产出的角度来看,由于经济实力相对较弱,对科研投入较少,进而造成了科研产出较少的局面。其中巴基斯坦情况最为突出,产业缺乏创新力,产业创新力得分处于极度不安全状态。

表7-11　一级指标产业创新竞争力安全得分

年份 国家	2008	2010	2012	2014	2016	2018
中国	0.5593	0.6359	0.6607	0.7211	0.7664	0.7823
	轻度不安全	基本安全	基本安全	基本安全	基本安全	基本安全
俄罗斯	0.5256	0.5606	0.5715	0.6444	0.7511	0.7623
	轻度不安全	轻度不安全	轻度不安全	基本安全	基本安全	基本安全
巴基斯坦	0.0943	0.0883	0.0800	0.0806	0.0785	0.1005
	极度不安全	极度不安全	极度不安全	极度不安全	极度不安全	极度不安全
印度	0.2319	0.2418	0.2876	0.2934	0.3039	0.3123
	不安全	不安全	不安全	不安全	不安全	不安全
哈萨克斯坦	0.3140	0.3133	0.3236	0.3468	0.3609	0.3712
	不安全	不安全	不安全	不安全	不安全	不安全
吉尔吉斯斯坦	0.1569	0.1323	0.1646	0.1360	0.2607	0.2682
	极度不安全	极度不安全	极度不安全	极度不安全	不安全	不安全
蒙古国	0.2388	0.2312	0.2613	0.2580	0.2907	0.3011
	不安全	不安全	不安全	不安全	不安全	不安全

第五节　农业安全指标体系构建及权重设置

通过对前人研究内容的梳理,并结合数据的可得性,以及基于现有关于农业安全评价指标的构建体系,我们最终从农业生产状况、自然资源状况、社会发展水平和农业进出口贸易四个方面构建农业安全指标体系。我们一共选取了12个指标构建农业安全评价指标体系(见表7-12),评估中国周边六国农业安全。我们利用熵值法和层次分析法两种方法计算出权重,然后根据组合赋权法计算出各指标综合的权重值。在指标中权重占比最高的首先是人均生产总值,数值为

0.1415，其次是永久性作物用地占比，数值为 0.1364，然后是农业就业人员占比，数值为 0.1053，权重排在最后三位的指标分别是一产占比、二产占比、农业原材料进口占比，数值分别为 0.0586、0.0548、0.0399。对一级指标而言，权重由高到低依次为农业生产状况、社会发展水平、自然资源状况、农业进出口贸易。

表 7-12　农业安全指标构建及权重

一级指标	二级指标	熵值法	专家打分	组合权重
农业生产状况 （0.3678）	农作物生产指数	0.0519	0.0816	0.0667
	永久性作物用地占比	0.1622	0.1105	0.1364
	农业就业人员占比	0.0437	0.1670	0.1053
	谷物产量	0.0384	0.0804	0.0594
自然资源状况 （0.1897）	化肥消费量	0.1601	0.0343	0.0972
	耕地占比	0.1020	0.0831	0.0926
社会发展水平 （0.3603）	人均生产总值	0.1010	0.1820	0.1415
	城镇化率	0.0423	0.1687	0.1055
	一产占比	0.0725	0.0446	0.0586
	二产占比	0.1041	0.0055	0.0548
农业进出口贸易 （0.1242）	农业原材料出口占比	0.0842	0.0845	0.0843
	农业原材料进口占比	0.0377	0.0420	0.0399

资料来源：根据专家咨询意见汇总获得。

第六节　农业安全评价结果分析

表 7-13 展示了各国农业安全得分。其中，中国、印度处于轻度不安全状态，俄罗斯、巴基斯坦、蒙古和哈萨克斯坦处于"不安全"状态，吉尔吉斯斯坦在 2008~2014 年处于"极度不安全"状态，之后转为"不安全"状态。总体来看，中国周边国家农业安全得分存在较大差异，排序为中国>印度>俄罗斯>哈萨克斯坦>巴基斯坦>蒙古>吉尔吉斯斯坦。在"一带一路"合作倡议和双边及多边合作机制作用下，中国西北周边各国之间会逐渐成为良好的农业合作伙伴。

表 7-13　中国西北周边国家农业安全综合评价结果

国家＼年份	2008	2010	2012	2014	2016	2018
中国	0.5409	0.5636	0.5935	0.5917	0.5830	0.5960
	轻度不安全	轻度不安全	轻度不安全	轻度不安全	轻度不安全	轻度不安全
俄罗斯	0.3374	0.3146	0.3418	0.3661	0.3790	0.3821
	不安全	不安全	不安全	不安全	不安全	不安全
巴基斯坦	0.3370	0.3300	0.3238	0.3254	0.3209	0.3323
	不安全	不安全	不安全	不安全	不安全	不安全
印度	0.4480	0.4700	0.4774	0.4770	0.4828	0.4935
	轻度安全	轻度不安全	轻度不安全	轻度不安全	轻度不安全	轻度不安全
哈萨克斯坦	0.3182	0.3172	0.3240	0.3368	0.3370	0.3452
	不安全	不安全	不安全	不安全	不安全	不安全
吉尔吉斯斯坦	0.1532	0.1993	0.1857	0.1954	0.2327	0.2368
	极度不安全	极度不安全	极度不安全	极度不安全	不安全	不安全
蒙古国	0.2701	0.2959	0.3300	0.3174	0.3262	0.3325
	不安全	不安全	不安全	不安全	不安全	不安全

表 7-14 展示了各国在一级指标农业生产状况的安全得分，可知印度的农业生产状况得分最高，处于"基本安全"状态；其次是中国，处于"轻度不安全"状态；巴基斯坦在 2008~2010 年处于"不安全"状态，2010 年以后则转为"轻度不安全"状态；哈萨克斯坦在 2008~2012 年处于"不安全"状态，此后转为"轻度不安全"状态；其余三国则在所有年份中处于"不安全"状态。

表 7-14　中国西北周边国家一级指标农业生产状况评价结果

国家＼年份	2008	2010	2012	2014	2016	2018
中国	0.5310	0.5329	0.5594	0.5550	0.5603	0.5812
	轻度不安全	轻度不安全	轻度不安全	轻度不安全	轻度不安全	轻度不安全
俄罗斯	0.3602	0.3470	0.3608	0.3735	0.3760	0.3823
	不安全	不安全	不安全	不安全	不安全	不安全
巴基斯坦	0.3504	0.3801	0.4023	0.4574	0.4893	0.4912
	不安全	不安全	轻度不安全	轻度不安全	轻度不安全	轻度不安全

续表

年份 国家	2008	2010	2012	2014	2016	2018
印度	0.6278	0.6566	0.6824	0.6913	0.6906	0.6921
	基本安全	基本安全	基本安全	基本安全	基本安全	基本安全
哈萨克斯坦	0.3301	0.3019	0.3130	0.4395	0.4160	0.4320
	不安全	不安全	不安全	轻度不安全	轻度不安全	轻度不安全
吉尔吉斯斯坦	0.2414	0.2480	0.2279	0.2304	0.2702	0.2812
	不安全	不安全	不安全	不安全	不安全	不安全
蒙古国	0.2233	0.2463	0.3345	0.3041	0.2806	0.2936
	不安全	不安全	不安全	不安全	不安全	不安全

　　表7-15展示了各国在一级指标自然资源状况的安全得分,可知中国的农业生产状况得分最高,处于"基本安全"状态;其次是俄罗斯和印度,处于"轻度不安全"状态;而其余的四个国家在所有年份中均处于"极度不安全"状态,大小排序依次为巴基斯坦、哈萨克斯坦、吉尔吉斯斯坦、蒙古国。

表7-15　中国西北周边国家一级指标自然资源状况评价结果

年份 国家	2008	2010	2012	2014	2016	2018
中国	0.6256	0.6458	0.6300	0.6300	0.6322	0.6523
	基本安全	基本安全	基本安全	基本安全	基本安全	基本安全
俄罗斯	0.5389	0.5674	0.5983	0.6128	0.5680	0.5821
	轻度不安全	轻度不安全	轻度不安全	基本安全	轻度不安全	轻度不安全
巴基斯坦	0.0787	0.0774	0.0774	0.0794	0.0819	0.0913
	极度不安全	极度不安全	极度不安全	极度不安全	极度不安全	极度不安全
印度	0.4567	0.4732	0.4645	0.4827	0.4984	0.5015
	轻度不安全	轻度不安全	轻度不安全	轻度不安全	轻度不安全	轻度不安全
哈萨克斯坦	0.0943	0.0957	0.1001	0.0999	0.1002	0.1120
	极度不安全	极度不安全	极度不安全	极度不安全	极度不安全	极度不安全
吉尔吉斯斯坦	0.0745	0.0777	0.0792	0.0863	0.0861	0.0875
	极度不安全	极度不安全	极度不安全	极度不安全	极度不安全	极度不安全

续表

年份 国家	2008	2010	2012	2014	2016	2018
蒙古国	0.0281	0.0156	0.0232	0.0297	0.0352	0.0381
	极度不安全	极度不安全	极度不安全	极度不安全	极度不安全	极度不安全

表 7-16 展示了各国在一级指标社会发展水平的安全得分,可知中国的社会发展水平安全得分最高,处于"基本安全"状态;其次是俄罗斯,处于"基本安全"和"轻度不安全"和"基本安全"状态之间,然后是巴基斯坦,在 2008~2018 年处于"轻度不安全"状态;而印度、吉尔吉斯斯坦、蒙古三国处于"极度不安全"状态。

表 7-16　中国西北周边国家一级指标社会发展水平评价结果

年份 国家	2008	2010	2012	2014	2016	2018
中国	0.6069	0.6049	0.6572	0.6712	0.6660	0.7012
	基本安全	基本安全	基本安全	基本安全	基本安全	基本安全
俄罗斯	0.5811	0.6033	0.6070	0.6222	0.5967	0.5961
	轻度不安全	基本安全	基本安全	基本安全	轻度不安全	轻度不安全
巴基斯坦	0.4350	0.4690	0.5006	0.5089	0.4994	0.4982
	轻度不安全	轻度不安全	轻度不安全	轻度不安全	轻度不安全	轻度不安全
印度	0.1642	0.1762	0.1752	0.1614	0.1614	0.2325
	极度不安全	极度不安全	极度不安全	极度不安全	极度不安全	极度不安全
哈萨克斯坦	0.4843	0.4928	0.4925	0.4926	0.5249	0.5321
	轻度不安全	轻度不安全	轻度不安全	轻度不安全	轻度不安全	轻度不安全
吉尔吉斯斯坦	0.0873	0.1724	0.1373	0.1425	0.1794	0.1822
	极度不安全	极度不安全	极度不安全	极度不安全	极度不安全	极度不安全
蒙古国	0.0801	0.0703	0.0993	0.0806	0.0565	0.06732
	极度不安全	极度不安全	极度不安全	极度不安全	极度不安全	极度不安全

表 7-17 展示了各国在一级指标农业进出口贸易的安全得分,可知中国的农业进出口贸易的安全得分最高,处于"基本安全"状态;其次是俄罗斯,处于"基本安全"和"轻度不安全"状态之间,然后是巴基斯坦,在 2008 年处于"不安全"状态,2008 年之后处于轻度"不安全"状态;而印度和哈萨克斯坦处

于"不安全"状态,吉尔吉斯斯坦和蒙古国两国处于"极度不安全"状态和"不安全"状态之间。

表 7-17   中国西北周边国家一级指标农业进出口贸易评价结果

年份 国家	2008	2010	2012	2014	2016	2018
中国	0.6968	0.7319	0.7555	0.7077	0.7179	0.7233
	基本安全	基本安全	基本安全	基本安全	基本安全	基本安全
俄罗斯	0.7161	0.7019	0.5407	0.5426	0.5446	0.5512
	基本安全	基本安全	轻度不安全	轻度不安全	轻度不安全	轻度不安全
巴基斯坦	0.3896	0.4230	0.4238	0.4129	0.4338	0.4409
	不安全	轻度不安全	轻度不安全	轻度不安全	轻度不安全	轻度不安全
印度	0.3156	0.3424	0.3524	0.3630	0.4080	0.4123
	不安全	不安全	不安全	不安全	轻度不安全	轻度不安全
哈萨克斯坦	0.3465	0.3554	0.3600	0.3411	0.3548	0.3621
	不安全	不安全	不安全	不安全	不安全	不安全
吉尔吉斯斯坦	0.1520	0.2515	0.3012	0.3456	0.4214	0.4278
	极度不安全	不安全	不安全	不安全	轻度不安全	轻度不安全
蒙古国	0.0958	0.1995	0.2023	0.1802	0.2184	0.2236
	极度不安全	极度不安全	不安全	极度不安全	不安全	不安全

第七节   制造业安全与农业安全预测

一、预测模型

在有关灰色系统理论中,大多都指出对既有已知信息又有不确定性信息的变量进行预测。尽管在变化过程中变量的表现是随机的,但这些变量的变化仍然是有序且有界的,因此这个序列还具备一些隐藏的规律。灰色预测的方法就是利用这种潜在的规律来建立灰色模型,进而对这个在确定范围内变化的并与时间息息相关的灰色系统进行预测。

根据灰色系统理论与方法,我们选择了灰色模型,因为该模型是有关灰色系统理论中的最重要的内容,而 GM (1,1) 又是最常见的灰色预测模型,因此无论是在对系统进行预测还是控制方面，建立正确而精准的 GM（1，1）模型是非常重要的。GM（1，1）模型即灰色模型是依据原始数据建立的微分方程所描述的动态模型，揭示事物的发展过程，并预测其未来的发展规律。它在工程控制、经济管理、未来学研究、社会系统、生态系统及复杂的农业系统都得以广泛应用，且取得了明显的效益，预测结果精度较高，可靠性较大。GM（1，1）预测模型的主要步骤包括：

（一）建立一次累加生成数列

设原始数列为：

$$x^{(0)} = \{x^{(0)}(1)，x^{(0)}(2)，x^{(0)}(3)，\cdots，x^{(0)}(n)\}，i = 1，2，\cdots，n$$

按下述方法做一次累加，得到生成数列（n 为样本空间）：

$$x^{(1)}(i) = \sum_{m=1}^{i} x^{(0)}(m)，i = 1，2，\cdots，n$$

（二）利用最小二乘法求发展系数和灰作用量

设 a 为发展系数，u 为灰作用量。

$$B = \begin{bmatrix} -\dfrac{1}{2}[x^{(1)}(1) + x^{(1)}(2)] & 1 \\ -\dfrac{1}{2}[x^{(1)}(2) + x^{(1)}(3)] & 1 \\ \vdots & \vdots \\ -\dfrac{1}{2}[x^{(1)}(n-1) + x^{(1)}(n)] & 1 \end{bmatrix}，$$

$$y_n = [x^{(0)}(2)，x^{(0)}(3)，\cdots，x^{(0)}(n)]^T$$

参数辨识 a、u：$\hat{a} = \begin{bmatrix} a \\ u \end{bmatrix} = (B^T B)^{-1} B^T y_n$

（三）求出 GM（1，1）的模型

$$\hat{x}^{(1)}(i+1) = \left(x^{(0)}(1) - \dfrac{u}{a}\right) e^{-ai} + \dfrac{u}{a}，$$

$$\begin{cases} \hat{x}^{(0)}(1) = \hat{x}^{(1)}(1) \\ \hat{x}^{(0)}(i) = \hat{x}^{(1)}(i) - \hat{x}^{(1)}(i-1)，i = 2，3，\cdots，n \end{cases}$$

（四）对模型精度的检验

根据预测值与原始数据，计算相对误差值，相对误差 $0.95 \leqslant p$ 为一级，$0.80 \leqslant p < 0.95$ 为二级，$0.70 \leqslant p < 0.80$ 为三级，$p < 0.70$ 为四级，四级精度不合格。

我们以 2007~2017 年各产业数据为基础，利用 GM（1，1）灰色预测模型，对 2020~2024 年三大产业的产业增加值进行预测。运用 Matlab 软件对 2019~

2024 年三产增加值进行预测，得出它的后验差检验值为小概率误差 p，分别为 1、0.94、1。

二、制造业安全预测结果

表 7-18 展示了各国在制造业安全得分的预测结果。中国在 2020~2024 年产业安全总得分处于"基本安全"状态。俄罗斯在 2020~2022 年处于"轻度不安全"状态，此后处于"基本安全"状态；巴基斯坦在 2020~2023 年处于"不安全"状态，2023 年以后转变为"轻度不安全"状态；印度和哈萨克斯坦制造业安全处于"轻度不安全"状态；吉尔吉斯斯坦在 2020~2021 年处于"不安全"状态，2022 年后开始转变为"轻度不安全"状态；蒙古国在 2020~2024 年产业安全总得分一直呈"轻度不安全"状态。

表 7-18　制造业安全得分预测结果

年份 国家	2020	2021	2022	2023	2024
中国	0.6668	0.6646	0.6624	0.6603	0.6581
	基本安全	基本安全	基本安全	基本安全	基本安全
俄罗斯	0.5621	0.5746	0.5875	0.6006	0.6140
	轻度不安全	轻度不安全	轻度不安全	基本安全	基本安全
巴基斯坦	0.3626	0.3731	0.384	0.3951	0.4066
	不安全	不安全	不安全	不安全	轻度不安全
印度	0.4582	0.4626	0.4671	0.4716	0.4761
	轻度不安全	轻度不安全	轻度不安全	轻度不安全	轻度不安全
哈萨克斯坦	0.4784	0.4799	0.4815	0.4831	0.4847
	轻度不安全	轻度不安全	轻度不安全	轻度不安全	轻度小安全
吉尔吉斯斯坦	0.3716	0.3906	0.4107	0.4318	0.4539
	不安全	不安全	轻度不安全	轻度不安全	轻度不安全
蒙古国	0.4352	0.4599	0.486	0.5136	0.5428
	轻度不安全	轻度不安全	轻度不安全	轻度不安全	轻度不安全

表 7-19 展示了各国在制造业发展环境得分的预测结果。中国在 2020~2024 年产业发展环境总得分处于"基本安全"状态，2021 年开始转为"安全"状态。俄罗斯在 2020~2024 年处于"不安全"状态；巴基斯坦在 2020~2024 年处于"轻度不安全"状态；印度处于"基本安全"状态；哈萨克斯坦制造业发展环境

处于"轻度不安全"状态；吉尔吉斯斯坦在 2020~2022 年处于"不安全"状态，2023 年预测统一为 2020~2024 年开始转变为"轻度不安全"状态；蒙古一级指标产业发展环境总得分呈"轻度不安全"状态。

表 7-19　一级指标产业发展环境得分预测结果

年份 国家	2020	2021	2022	2023	2024
中国	0.7938	0.8028	0.8072	0.8146	0.8225
	基本安全	安全	安全	安全	安全
俄罗斯	0.3713	0.3657	0.3601	0.3547	0.3493
	不安全	不安全	不安全	不安全	不安全
巴基斯坦	0.4828	0.4942	0.5072	0.5220	0.5388
	轻度不安全	轻度不安全	轻度不安全	轻度不安全	轻度不安全
印度	0.6859	0.6898	0.6938	0.6980	0.7024
	基本安全	基本安全	基本安全	基本安全	基本安全
哈萨克斯坦	0.5967	0.5974	0.5981	0.5988	0.5995
	轻度不安全	轻度不安全	轻度不安全	轻度不安全	轻度不安全
吉尔吉斯斯坦	0.3698	0.3801	0.3917	0.4051	0.4205
	不安全	不安全	不安全	轻度不安全	轻度不安全
蒙古国	0.4200	0.4250	0.4300	0.4350	0.4401
	轻度不安全	轻度不安全	轻度不安全	轻度不安全	轻度不安全

表 7-20 说明各国在一级指标产业国际竞争力上的安全得分。研究发现：中国在七国中拥有最强的竞争能力，中国在 2020~2024 年处于"基本安全"状态；俄罗斯、印度、哈萨克斯坦和吉尔吉斯斯坦在 2020~2024 年处于"不安全"状态；巴基斯坦在预测年份均处于"不安全"状态；蒙古国制造业国际竞争力最弱，在 2020~2024 年一直处于"极度不安全"状态。研究表明：提高中国（西北）周边国家制造业安全的关键是提高周边各国的制造业竞争能力。

表 7-20　一级指标产业国际竞争力安全得分预测结果

年份 国家	2020	2021	2022	2023	2024
中国	0.7487	0.7558	0.7630	0.7702	0.7776
	基本安全	基本安全	基本安全	基本安全	基本安全

续表

年份\国家	2020	2021	2022	2023	2024
俄罗斯	0.3756	0.3772	0.3788	0.3804	0.3821
	不安全	不安全	不安全	不安全	不安全
巴基斯坦	0.2173	0.2179	0.2184	0.2190	0.2196
	不安全	不安全	不安全	不安全	不安全
印度	0.2667	0.2585	0.2505	0.2428	0.2353
	不安全	不安全	不安全	不安全	不安全
哈萨克斯坦	0.3500	0.3501	0.3503	0.3504	0.3505
	不安全	不安全	不安全	不安全	不安全
吉尔吉斯斯坦	0.2264	0.2281	0.2297	0.2314	0.2330
	不安全	不安全	不安全	不安全	不安全
蒙古国	0.1667	0.1634	0.1602	0.1570	0.1539
	极度不安全	极度不安全	极度不安全	极度不安全	极度不安全

表7-21展示了各国在一级指标产业控制力上的安全得分，中国的制造业控制力得分为基本安全状态，未来中国坚持"引进来"和"走出去"，持续扩大对外开放力度，在保持对外开放的同时，本国资本和技术实现良好控制局面。俄罗斯和印度的制造业控制力得分也为"基本安全"状态；巴基斯坦、吉尔吉斯斯坦和蒙古国则处于"轻度不安全"状态；哈萨克斯坦由2020年的"基本安全"，后三年度变为"轻度不安全"状态。

表7-21　一级指标产业控制力安全得分预测结果

年份\国家	2020	2021	2022	2023	2024
中国	0.7234	0.7349	0.7465	0.7584	0.7704
	基本安全	基本安全	基本安全	基本安全	基本安全
俄罗斯	0.7364	0.7484	0.7605	0.7728	0.7853
	基本安全	基本安全	基本安全	基本安全	基本安全
巴基斯坦	0.5227	0.5398	0.5574	0.5756	0.5944
	轻度不安全	轻度不安全	轻度不安全	轻度不安全	轻度不安全

续表

国家＼年份	2020	2021	2022	2023	2024
印度	0.6401	0.6871	0.6371	0.6902	0.6468
	基本安全	基本安全	基本安全	基本安全	基本安全
哈萨克斯坦	0.5168	0.4950	0.4742	0.4542	0.4350
	基本安全	轻度不安全	轻度不安全	轻度不安全	轻度不安全
吉尔吉斯斯坦	0.4453	0.4437	0.4422	0.4406	0.4390
	轻度不安全	轻度不安全	轻度不安全	轻度不安全	轻度不安全
蒙古国	0.4281	0.4347	0.4414	0.4482	0.4552
	轻度不安全	轻度不安全	轻度不安全	轻度不安全	轻度不安全

表 7-22 展示了各国在一级指标产业对外依存度上的安全得分预测结果。中国在 2020~2024 年，产业对外依存度处于"基本安全"状态，相较于之前年份来说有较大提高。俄罗斯的对外依存度略低于中国，但整体良好处于"基本安全"状态；巴基斯坦、印度和哈萨克斯坦制造业对外依存度安全程度较差，处于"轻度不安全"状态。吉尔吉斯斯坦和蒙古一级指标产业对外依存度呈"不安全"状态，可能源于其制造业进口依存度畸高，严重依赖外国原材料、中间品和产成品。

表 7-22 一级指标产业对外依存度安全得分预测结果

国家＼年份	2020	2021	2022	2023	2024
中国	0.7823	0.7864	0.7906	0.7947	0.7989
	基本安全	基本安全	基本安全	基本安全	基本安全
俄罗斯	0.6506	0.6398	0.6292	0.6187	0.6084
	基本安全	基本安全	基本安全	基本安全	基本安全
巴基斯坦	0.4404	0.4470	0.4536	0.4602	0.4867
	轻度不安全	轻度不安全	轻度不安全	轻度不安全	轻度不安全
印度	0.6101	0.5938	0.5779	0.5624	0.5673
	基本安全	轻度不安全	轻度不安全	轻度不安全	轻度不安全
哈萨克斯坦	0.4947	0.4908	0.4787	0.4783	0.4791
	轻度不安全	轻度不安全	轻度不安全	轻度不安全	轻度不安全

续表

年份 国家	2020	2021	2022	2023	2024
吉尔吉斯斯坦	0.3415	0.3417	0.3419	0.3422	0.3425
	不安全	不安全	不安全	不安全	不安全
蒙古国	0.3674	0.3654	0.3633	0.3613	0.3632
	不安全	不安全	不安全	不安全	不安全

表7-23展示了各国在一级指标产业创新竞争力的安全得分。2020年中国产业创新竞争力处于"基本安全"状态，2021～2024年产业创新竞争力处于"安全状态"；俄罗斯、印度、哈萨克斯坦和吉尔吉斯斯坦的产业创新竞争力处于"轻度不安全"状态；巴基斯坦的产业创新竞争力呈"极度不安全"状态；蒙古国的产业创新竞争力在大部分年份中呈"不安全"状态。

表7-23 一级指标产业创新竞争力安全得分预测结果

年份 国家	2020	2021	2022	2023	2024
中国	0.7934	0.8060	0.8131	0.8208	0.8289
	基本安全	安全	安全	安全	安全
俄罗斯	0.5272	0.5219	0.5167	0.5116	0.5065
	轻度不安全	轻度不安全	轻度不安全	轻度不安全	轻度不安全
巴基斯坦	0.0672	0.0648	0.0626	0.0604	0.0582
	极度不安全	极度不安全	极度不安全	极度不安全	极度不安全
印度	0.4048	0.4326	0.4623	0.4941	0.5281
	轻度不安全	轻度不安全	轻度不安全	轻度不安全	轻度不安全
哈萨克斯坦	0.4405	0.4628	0.4863	0.5109	0.5369
	轻度不安全	轻度不安全	轻度不安全	轻度不安全	轻度不安全
吉尔吉斯斯坦	0.5796	0.5722	0.5914	0.5149	0.5444
	轻度不安全	轻度不安全	轻度不安全	轻度不安全	轻度不安全
蒙古国	0.3759	0.4021	0.4301	0.4601	0.4922
	不安全	轻度不安全	轻度不安全	不安全	不安全

三、农业安全预测结果

依据上述方法预测得到中国西北及周边国家农业安全态势。表7-24展示了

2020~2024 年各国农业安全得分预测结果。其中，中国处于"基本安全"状态，印度和俄罗斯则处于"轻度不安全"状态，巴基斯坦、蒙古国、哈萨克斯坦和吉尔吉斯斯坦处于"不安全"状态。

表 7-24　中国西北周边国家农业安全综合评价预测结果

年份 国家	2020	2021	2022	2023	2024
中国	0.6143	0.6202	0.6262	0.6322	0.6383
	基本安全	基本安全	基本安全	基本安全	基本安全
俄罗斯	0.4902	0.5213	0.5543	0.5895	0.6269
	轻度不安全	轻度不安全	轻度不安全	轻度不安全	基本安全
巴基斯坦	0.3112	0.3087	0.3063	0.3039	0.3046
	不安全	不安全	不安全	不安全	不安全
印度	0.4981	0.5021	0.5061	0.5102	0.5143
	轻度不安全	轻度不安全	轻度不安全	轻度不安全	轻度不安全
哈萨克斯坦	0.3706	0.3788	0.3872	0.3958	0.4045
	不安全	不安全	不安全	不安全	轻度不安全
吉尔吉斯斯坦	0.2772	0.2934	0.3105	0.3287	0.3479
	不安全	不安全	不安全	不安全	不安全
蒙古国	0.3626	0.3715	0.3806	0.3900	0.3996
	不安全	不安全	不安全	不安全	不安全

在此说明一下，由于各个国家的农业数据比较难以获得，因此，对于农业安全一些具体指标的安全状况没有进行预测。

第八章 中国周边国家金融安全现状及合作机制比较分析

第一节 中国周边国家金融安全现状

基于前面的分析，并结合中国西北周边国家经济金融及环境形势变化情况，下面我们主要分析中国西北周边国家金融安全现状。

一、俄罗斯金融安全状况

2014年"乌克兰危机"之后，俄罗斯遭受美国及其盟国长达数年的金融制裁，俄罗斯金融安全出现较大波动，主要在基本安全与轻度不安全状态徘徊。国债余额占 GDP 比重、外汇储备支持的进口能力处于基本安全状态，但是俄罗斯作为石油等能源出口大国，出口外汇受国际油价牵制，近几年国际油价持续低迷，汇率波动也几乎被出口获得的外汇美元绑架，俄罗斯始终难以摆脱国内经济发展的诸多困境。自金融危机爆发以来，卢布汇率持续贬值，出现了流动性困难，居民产生恐慌心理，纷纷计提银行存款，冲击了银行的资本充足率，不良贷款率持续增加，俄罗斯政府出台反金融危机政策，不断推进汇率改革，导致汇率波动增大，使金融安全状态出现较大波动。在经历了 2015 年和 2016 年两年的衰退后，2017 年俄罗斯经济出现恢复增长。俄罗斯 2018 年 GDP 增长率为 2.5%；2019 年俄罗斯 GDP 为 109.362 万亿卢布，增长率约为 1.3%。[①] 由于这几年数据比较难获得，加上为了保持前后的一致性，这里收集的数据和资料截止到 2019 年。

---

① 张誉馨，贾中正. 俄罗斯宏观经济形势与政策评析 [J]. 俄罗斯学刊，2020 (5)：42-70.

（一）货币安全

在俄罗斯经济安全危机阶段，其物价剧烈波动且处于高通胀状态，在此情况下卢布极易遭受外部环境的冲击以及其他国家金融危机的传染，石油价格波动对卢布汇率波动起重要的作用，石油价格持续低迷及欧美国家轮番制裁致使俄罗斯外汇储备加速调整。为了应对美国经济制裁，俄罗斯以石油出口为武器，推动本国对外贸易结算的"去美元化"进程，努力绕开美元霸权体系，增加了货币安全的不确定性。2019 年 6 月至 2020 年 6 月，俄持有的美国国债数量减少了近一半，俄罗斯外汇储备中美元占比从 2018 年 43.7%降至 2019 年的 23.6%①。

（二）主权债务安全

2008 年全球金融危机期间，俄罗斯政府宣布延期偿还所有债务，俄罗斯有债务违约的不良记录，债务偿还信用水平较低，财政赤字缺口扩大及人口老龄化加剧财政负担，偿债率和债务率处于不安全状态，债务的主要问题是未来以经济增长为基石的偿债能力的减弱。如果欧美经济制裁持续发酵，那么第三方融资渠道会受阻，极易发生主权债务危机。

（三）银行业安全

俄罗斯的商业银行采取的是综合银行体制，实行混业经营，经营范围很宽，既可以从事存、贷、汇、结算等传统业务，也可以从事证券承销、代理、投资等风险业务。俄罗斯商业银行各项监测指标均"不尽如人意"，除经济波动的不确定性外，金融系统的脆弱和金融体制的不健全是加剧金融危机爆发的主因，究其根源是金融监管不力及缺乏前瞻性。

二、哈萨克斯坦金融安全状况

哈萨克斯坦金融情况不太好。银行业在金融业中占绝对主导地位，银行不良贷款较多，近 9 年不良贷款率高达 19.03%，远超过 4%的安全界限，并且银行资本充足率不在安全范围内，2018 年哈萨克斯坦央行因银行多次违反法规和相关监管规定分别吊销哈萨克银行、进出口银行和阿斯塔纳银行牌照。广义货币流通量较少，占 GDP 比值的平均数为 36.73%，没有达到 85%的安全下限值，处于不安全状态。

三、吉尔吉斯斯坦金融安全状况

吉尔吉斯斯坦有商业银行 20 多家，非银行金融机构近 1000 家。银联体成员行——结算储蓄公司是国有商业银行。保险业较为落后，没有国有保险公司。吉

---

① 俄罗斯央行（The Bank of Russia），https://www.cbr.ru/eng/.

尔吉斯斯坦股票交易市场规模较小。

吉尔吉斯斯坦因部族矛盾的根深蒂固而长期内部动荡，作为"一带一路"的重要节点国家，中国在极力避免卷入部族矛盾的同时需要考虑投资与项目安全问题。吉尔吉斯斯坦金融处于轻度不安全与不安全状态之间，2009~2010 年处于不安全状态，主要是因为 2008 年金融危机对该国的影响有一定的滞后性。受金融危机的影响，吉尔吉斯斯坦国债余额所占比例较多，银行不良贷款增加，并且汇率波动较大，均超出了安全范围，导致金融处于不安全状态，随后随着政府的反危机政策推行，金融安全状态有所好转。但是，近年来哈萨克斯坦对吉尔吉斯斯坦金融业的控制增加了该国金融发展的安全隐患。截至 2019 年底，吉尔吉斯斯坦国外汇储备 13.28 亿美元，因 2018 年央行抛售 1950 万美元对外汇市场进行干预，以稳定本币索姆汇率，外汇储备减少超过 8000 万美元，此后逐月下滑。

四、乌兹别克斯坦金融安全状况

乌兹别克斯坦因长期实行严格的外汇管制，在现实操作中存在三种汇率，即官方汇率、交易所汇率和黑市汇率。银行业共由 30 家不同所有制形式的商业银行构成，其央行的主要功能是制定货币信贷政策、外汇调节和管理、对商业银行的监督管理等。商业银行主要功能是信用中介、支付中介。2016 年乌兹别克斯坦共有 32 家保险公司。"塔什干"共和国证券交易所是乌兹别克斯坦唯一的证券交易所，于 1994 年成立，会员单位约 200 家，上市公司 370 家。

乌兹别克斯坦外债总额上升。截至 2020 年 1 月 1 日，乌兹别克斯坦外债总额达到 244 亿美元，较 2019 年初增加 71 亿美元；外债总额占 GDP 比重约 48.5%。可见，其金融风险较大。但是，为了吸引国外投资，乌兹别克斯坦外债规模继续保持上升的趋势。

五、巴基斯坦金融安全状况

巴基斯坦金融由轻度不安全状态转变为不安全状态，国家对金融监管不力，存在较多的不良贷款，平均不良贷款率为 11.86%，超过 4% 的安全界限，资本充足率较低，流通中的货币较少，M2 与 GDP 的平均比值为 41.71%，没有达到 85% 的安全下限值，汇率波动幅度较大，造成金融不安全。2019 年 4 月 28 日，中巴两国正式签署"中国—巴基斯坦自由贸易协定"（CPFTA）（以下简称《协定》）。该《协定》是中国—巴基斯坦自贸协定第二阶段谈判成果文件，在原自贸协定基础上，进一步大幅提高两国间货物贸易自由化水平。这有助于巴基斯坦产品进入中国市场，为减少贸易逆差提供机会，并力助扭转当前低迷的经济形势。

除上述国家之外，塔吉克斯坦银行业、保险行业和证券市场尚处于起步阶段，土库曼斯坦金融市场开放度低，外汇管制较为严格，金融安全状况更多的受地缘政治和宏观经济发展的影响。

第二节　中国周边国家金融安全合作机制比较

一、金融安全合作机制概况

我国西北周边国家有许多金融安全合作组织，为了避免重复和突出重点，这里主要介绍亚洲基础设施投资银行（AIIB）、丝路基金、金砖银行和欧亚开发银行等①。

（一）亚洲基础设施投资银行

亚洲基础设施投资银行（AIIB）是首个由中国发起设立的多边金融机构，2021年底成员已超过104个，是一个政府间性质的亚洲区域多边开发机构，重点支持基础设施建设，其宗旨是为了促进亚洲区域互联互通和经济一体化，并且加强中国及其他亚洲国家和地区的合作。

（二）丝路基金

丝路基金由中国于2014年11月正式设立。丝路基金以亚洲国家为重点方向，以经济走廊为依托，以交通基础设施为突破，以建设融资平台为抓手，加强"一带一路"务实合作，重点支持"一带一路"沿线国家和地区的基础设施、资源开发、产业合作和金融合作。丝路基金的总规模为400亿美元，首期注册资本100亿美元。其中，中国外汇储备通过其投资平台出资65亿美元，中国投资有限责任公司、中国进出口银行、国家开发银行也分别出资15亿美元、15亿美元和5亿美元。

（三）金砖银行

金砖银行是"金砖国家合作开发银行"的简称，它是指由"金砖五国"（BRTCS）——巴西、俄罗斯、印度、中国和南非共同出资设立，旨在为成员国和其他发展中国家的基础设施建设和可持续发展项目提供资金支持的独立国际金融机构。它的设立有利于促进五国间金融机构合作，例如，各国国家开发银行在《金砖国家银行合作机制金融合作框架协议》外，还签署《金砖国家银行合作机制创新合作协议》，以促进五国之间进一步加强创新，深化金融合作。除银行业

---

① 其他经济安全合作机制可参阅第十四章有关内容。

务外，出口信贷保险机构签署技术合作谅解备忘录等协议，为金砖国家之间不断扩大贸易活动提供更好的支持和更多的便利。

（四）欧亚开发银行

欧亚开发银行（又称欧亚发展银行）是俄罗斯和哈萨克斯坦于 2006 年 1 月成立的国际金融机构，旨在促进成员国市场经济的发展、扩大经济和经贸关系。俄罗斯在欧亚银行的注册资本金为 10 亿美元，哈萨克斯坦注册资本金为 5 亿美元。2008 年 12 月，该银行同意接纳塔吉克斯坦、白俄罗斯和亚美尼亚为其成员国。银行总部将设在哈萨克斯坦阿拉木图，银行行长由俄罗斯公民担任，副行长由哈萨克斯坦人担任。

二、合作机制比较分析

通过以上对比分析可以看出，它们既有共性也存在差异。

（一）共同点

以上四个金融合作组织，其宗旨都是推动各国的经济、贸易与金融合作，强调成员之间的合作共赢。而且，这些金融机构尤其是亚投行、丝路基金和金砖银行等都将重点集中于"一带一路"沿线国家以及其他面临基础设施瓶颈的发展中国家进行投资，以促进和帮助这些国家发展交通、运输、通信、电力等基础设施，并将中国和这些国家有机连接起来，实现互联互通，推动地区经济一体化。同时，这些投资也促进了中国与"一带一路"国家在金融机构和安排上的制度协作。另外，在机制和运营上都和现有国际金融开发机构类似，贷款也将更多流向中国之外的发展中国家。

（二）不同点

通过比较可以发现：以上四种金融合作机制业存在一定的差异，具体表现在以下三个方面：

（1）合作成员不同。亚洲基础设施投资银行 2021 年共有 104 个国家加入，既有发达国家，也有发展中国家，涵盖的国家比较广泛。丝路基金是由中国外汇储备、中国投资有限责任公司、中国进出口银行、国家开发银行共同出资，依照《中华人民共和国公司法》，按照市场化、国际化、专业化原则设立的中长期开发投资基金，完全是中国设立的基金，没有其他国家参与。金砖银行是由金砖五个国家即中国、俄罗斯、印度、巴西和南非联合投资设立的银行，目的是金融危机以来，金砖国家为避免在下一轮金融危机中受到货币不稳定的影响，计划构筑一个共同的金融安全网。欧亚开发银行是俄罗斯和哈萨克斯坦于 2006 年 1 月成立的国际金融机构，旨在促进成员国市场经济的发展、扩大经济和经贸关系，2008 年 12 月，该银行已接纳塔吉克斯坦、白俄罗斯和亚美尼亚为其成员国。

（2）侧重点和范围不同。亚洲基础设施投资银行投资重点主要是基础设施，尤其是亚洲发展中国家的基础设施投资；范围相对比较窄，不包括产业和金融领域的投资与合作。丝路基金主要面向"一带一路"沿线国家，重点是在"一带一路"发展进程中寻找投资机会并提供相应的投融资服务。金砖银行是一个全球性的开发银行，是金砖国家集团的一个国际发展援助机构，类似于"世界银行"。它是"联合国"这一国际组织的专门性机构，目前只是在规模上相差悬殊。与世界银行不同，金砖开发银行旨在基础设施投资领域为全球发展问题作出特殊贡献。欧亚开发银行主要是俄罗斯主导，其活动范围在俄罗斯、哈萨克斯坦和中亚及周边地区国家，旨在加深对这些国家政治和经济情况的了解，并对它们提供高质量的资金支持。欧亚开发银行涉及的业务范围主要集中在电力、水和能源、运输、高科技及创新科技等领域。

（3）发挥的作用和机制不同。亚洲基础设施投资银行在扶持发展中国家基础设施方面所发挥的作用是上述金融合作组织最大的，这与其设立的目的和宗旨有一定的联系，其机制是董事会领导下的行长负责制。丝路基金是一种准银行机构，相当于主权财富基金，所以其作用与其他三个金融合作组织相比，应该要弱化一些。金砖银行的作用相当于应急储备基金，主要是为了解决金砖国家短期金融危机，主要是一种救助机制，不是盈利机制。欧亚开发银行由俄罗斯主导，它的活动范围在俄罗斯、哈萨克斯坦和中亚及周边地区国家，旨在加深对这些国家政治和经济情况的了解，并对它们提供高质量的资金支持。欧亚开发银行涉及的业务范围主要集中在电力、水和能源、运输、高科技及创新科技等领域。从这点可以看出，该银行与其他三个金融机构都不一样，作用机制和投资范围略有不同。目前看，这些金融合作组织并不存在明显的、不可调和的矛盾，从而为有效融合奠定了基础。

三、中国周边国家金融安全合作机制成效分析

（一）银行安全合作

截至 2019 年，中亚五国西部地区分别开立了 60 多个人民币同业往来账户和多个非居民机构人民币结算账户，该区经常项目跨境人民币实现收付结算额超过 200 亿元，同比增长 30% 以上；资本项目跨境结算额为 184 亿元，同比大幅增长。目前为止，西北地区与中亚五国开展了货物贸易、服务贸易、收益与经常转移以及融资等跨境人民币结算业务，办理金额达 2.63 亿元，较好地服务于中国与俄罗斯和中亚国家的贸易发展需求①，为加强金融安全合作打下了基础。中国

---

① 孙壮志. 俄罗斯黄皮书：俄罗斯发展报告（2018）［M］. 北京：社会科学文献出版社，2018.

银保监会、中国证监会与中亚国家央行围绕金融具体行业签订监管合作谅解备忘录。中国银保监会与哈萨克斯坦、吉尔吉斯斯坦、塔吉克斯坦央行签订《双边监管合作谅解备忘录》,与吉尔吉斯斯坦央行签订《跨境危机管理合作协议》;中国证监会与哈萨克斯坦央行签订《证券期货监管合作谅解备忘录》。一系列监管谅解备忘录的签订,开启了中国与中亚区域内金融监管协调的良好开端,对开展区域金融监管协调提供了政策上的支持,有利于维护跨国金融活动的良好秩序,提高银行等金融机构的经济安全水平。

(二)货币安全合作

货币互换方面,中国与俄罗斯、中亚等国的货币互换规模不断扩大,有力支持了双边贸易投资发展。2011年我国与俄罗斯、哈萨克斯坦、乌兹别克斯坦分别达成1500亿元、70亿元、7亿元人民币本币互换协议;2015年与塔吉克斯坦签署30亿元双边本币互换协议。2016~2022年,我国与欧亚经济联盟国家开展本币互换,为这些国家提供流动性,对区域内金融的维稳发挥了重要作用。但是,在经济全球化进程中,洗钱及涉恐融资成为全球性威胁,新兴市场和发展中国家往往成为洗钱资金的中转站和流出地。中国与中亚各国在开展区域反洗钱、反恐怖金融协调合作方面具有迫切的现实需求。近年来,中国、俄罗斯和中亚五国跨境洗钱活动均出现增长势头,一些跨境洗钱活动还与贪污、腐败、电信诈骗、网络诈骗等经济犯罪相联系,成为危害国家金融安全和社会稳定的重大隐患。因此,广泛深入地参与反洗钱国际合作势在必行。

从2004年开始,中国与中亚各国就开展反洗钱、反恐怖层面的金融合作。同年10月,中国与俄罗斯、哈萨克斯坦、塔吉克斯坦、吉尔吉斯斯坦、白俄罗斯共同创立了欧亚反洗钱及反恐融资工作组(EAG),这是中国参与反洗钱国际合作迈出的重要一步。中国与EAG成员国开展反洗钱、反恐怖融资信息交流与共享,健全风险监测指标,共同协调打击跨国洗钱犯罪活动和恐怖融资活动。2016年6月中国与俄罗斯、乌兹别克斯坦等国签署《关于预防洗钱和恐怖融资谅解备忘录》,包含反洗钱监管合作、信息交流、现场检查等多方面,对落实反洗钱和反恐融资国际标准以及加强在反洗钱监管交流、金融情报交换等领域的安全合作具有重要意义。

(三)股票市场安全合作

中国西北地区与周边国家资产证券化起步较晚,在投资一体化上还存在着相当多的障碍,中国主要与俄罗斯和哈萨克斯坦进行证券合作。中国提出在新疆建立面向中亚"五个中心"的设想,目的就是要发展证券市场、促进金融市场的一体化、吸引更多外资。哈萨克斯坦的金融机构种类和数量较为单一,尤其是证券类和保险类金融机构较少,阻碍了金融安全合作的顺利进行。目前,中国在金融市场一体化方面不断创新，证券业的金融品种不断增多，赢利能力也相应提高。2014 年哈萨克斯坦证交所允许两国本币直接交易，2017 年上交所入股阿斯塔纳国际交易所，正式建立战略合作关系。2018 年中国与其签署了《证券期货监管合作谅解备忘录》，这对加强双方在证券期货领域的监管交流合作、促进两国股票市场健康安全发展发挥了积极作用。

四、中国周边国家金融安全机制存在的问题与挑战

（一）经济基础薄弱

中亚国家都具有资源型经济的特征，工业化和经济现代化进程相对滞后、国内产业结构发展不均衡、政府财政收入来源单一。自 2014 年以来，导致支持石油价格高位的三个有利因素即弱势美元、中国需求和能源开发技术瓶颈在逐渐消失；国际大宗商品价格也出现大幅下跌。2019 年全球经济增长放缓，俄罗斯、中亚地区各国经济受到冲击，经济增速明显放缓。哈萨克斯坦的平均经济增长率为 3%~3.5%，吉尔吉斯斯坦为 3.2%~3.8%，乌兹别克斯坦为 4.5%~5%，塔吉克斯坦为 5%~5.5%，土库曼斯坦为 5%~6%。整个地区，2019 年的经济增长率为 4%~4.3%[1]。

（二）区域内各主体发展不平衡

区域内金融合作的深化不仅取决于包括国家间的政治经济关系和对资金的需求强度，还取决于各国的经济发展水平和市场发育程度。中亚地区各国资源禀赋不同，经济发展水平存在较大差异。哈萨克斯坦 GDP 超过中亚其余四国之和[2]，人均 GDP 水平也远在其余四国之上。区域内国家间经济发展的不均衡，导致各国在金融合作的诉求方面存在差异。根据国际合作政策协调的博弈分析理论，各国利益诉求差异会导致政策溢出效应，使国家间政策难以协调，导致产出低效，进一步影响到金融安全合作的基础。

（三）金融风险问题频发

中亚国家金融风险问题不断暴露，为深化区域金融合作蒙上阴影。例如，哈萨克斯坦银行业改革进程受到阻碍；吉尔吉斯斯坦政府外债问题较为突出；塔吉克斯坦银行系统对经济发展的支持力度比较薄弱；乌兹别克斯坦汇率制度改革引发货币大幅贬值；土库曼斯坦维持固定汇率制度压力增大。各国在边境基础金融监管部门合作程度不高。中国在与俄罗斯和中亚五国的金融安全合作过程中参与最多的地区就是边境地区，由于边境地区贸易往来较为频繁，边境地区的金融合

---

① 世界银行。

② 中亚其余四国为：吉尔吉斯斯坦、塔吉克斯坦、乌兹别克斯坦和土库曼斯坦。

作机会较多。主要表现在以下三个方面：

1. 货币和汇率安全问题

俄罗斯经济发展缓慢，尤其是乌克兰危机后俄罗斯经济更跌入低谷，其产业结构不合理过度依赖能源出口和军事武器的销售。近年来卢布对人民币持续贬值，汇率的波动给双方带来金融风险，俄罗斯从中国进口商品价格上升快，支付能力大幅下降，对边境贸易企业产生较大经营压力，双方出口的卢布收款率较低，冲击中俄边境贸易，影响双边经贸合作。由于受到西方国家的制裁，俄罗斯加大了与中国的人民币离岸业务的推广，现在俄罗斯一跃成为第三大离岸人民币支付市场，仅次于中国香港地区和英国。

哈萨克斯坦的金融体系比较脆弱，其金融自由化和自由浮动汇率制度加剧了坚戈汇率变化的不确定性，近期由于美元对发展中国家货币持续走强，美国对俄罗斯制裁对坚戈汇率产生影响，坚戈对美元走弱。哈萨克金融监管体制不健全，对市场的干预保持在最低水平。这会给参与哈萨克斯坦经济金融相关活动的中国进出口商、投资者、金融机构等带来交易风险、折算风险和经营风险，势必影响到中国与哈萨克斯坦经济主体的经济利益，加大中国经济主体防范坚戈汇率风险的难度和复杂性。

2. "洗钱"和恐怖融资问题

"洗钱"和恐怖融资问题仍不断发生。随着中俄、中哈双边贸易的不断深入，两国相邻地区货物、资金跨境流动成为常态。在实际合作过程中现钞交易简单快捷，相关部门很难对出入境的现钞进行有效监管，为洗钱活动提供了可乘之机。分析洗钱活动产生的原因有两个：一是人民币跨境结算方式的限制导致中俄两国大部分使用美元和卢布，手续繁杂且周期长，一旦卢布大幅贬值，中国企业将会面临较大程度的损失；二是两国本币现钞调运费用仍旧高昂，为双方银行增加了负担，不仅要缴纳关税，还要收取繁杂的一系列费用。于是，一些企业和个人为了使用人民币进行结算就涌现出了地下汇兑、地下钱庄等违法机构。在卢布、坚戈等汇率波动较大的压力和地下钱庄高额利息的吸引下，一些商人选择通过地下钱庄跨境转移资金，为地下钱庄跨境非法募集资金创造了条件。恐怖组织、恐怖分子通过滥用慈善机构或合法企业进行非法募集、占有、使用资金。俄罗斯对卢布的出口限制不高，导致了大量的卢布流入中国，通过中国金融市场进行"洗钱"，将合法卢布流入俄罗斯，严重影响了中俄两国的金融市场，并且也严重地侵害了中俄两国人民的利益。由此看来，中国新疆与周边国家深入开展金融合作，采取行之有效的措施抑制洗钱和恐怖融资问题，是非常有必要的。

3. 安全挑战

中亚地区位于联系欧亚大陆的中心地带，地缘政治格局重要、民族和宗教关系复杂。美、俄大国政治博弈、地区宗教极端主义和恐怖主义滋生、个别国家政局动荡以及国家间的固有矛盾激化都是引发区域政治安全风险的潜在隐患，构成进一步深化区域金融合作的挑战因素。近几年，哈萨克斯坦与吉尔吉斯斯坦两国短期交恶，哈萨克斯坦加强两国边境管控，吉尔吉斯斯坦则宣布终止接受哈萨克斯坦援助款 1 亿美元的协议。2019 年中亚进入选举周期，发展进程在很大程度上取决于选举因素。中亚五国都面临总统选举，这给未来的经济发展和金融安全带来一定的不确定性。另外，中亚极端主义和恐怖主义依托网络空间活动持续发酵，威胁中亚各国及周边国家安全等，这些都是必须面对的严峻考验。

第三节　中国周边国家金融安全合作的进展及展望

一、金融安全合作存在发展空间

中国西北周边国家的经济贸易规模决定了双边与多边金融安全合作的水平。2003 年中国被允许在俄罗斯开设中国银行，2009 年人民币跨境结算业务指导正式使用，这使中俄金融合作与他国跨国金融安全合作拉开了序幕。2010 年中俄贸易向一般贸易、加工贸易为主的方式转变。2019 年中俄双边贸易额为 1107.9 亿美元，仅为中美贸易的 20.5%，是中日贸易的 35.2%；中国与印度的双边贸易额为 928.1 亿美元，呈负增长状态。巴基斯坦、阿富汗也呈负增长状态。中国与哈萨克斯坦的双边贸易额为 143.4 亿美元，仅是中俄贸易的 12.9%；巴基斯坦、中亚五国、蒙古以及阿富汗八国贸易合计额仅占中印贸易的 70.5%；中国与西北周边国家的贸易额普遍不高，除俄罗斯、土库曼斯坦和蒙古之外，均以出口为主（见表 8-1）。

表 8-1　2019 年中国西北周边国家贸易伙伴贸易概况　　　　单位：亿美元

国家 \ 贸易概况	进出口	出口	进口	进出口同比增长（%）
总值	11254.7	7262.7	3992	3.3
美国	5413.9	4186.8	1227.1	−14.5
日本	3150.3	1432.7	1717.6	−3.9
俄罗斯	1107.9	497.4	610.5	3.4

续表

贸易概况 国家	进出口	出口	进口	进出口同比 增长（%）
印度	928.1	748.3	179.9	-2.8
巴基斯坦	179.7	161.7	18.0	-5.9
哈萨克斯坦	143.4	78.2	65.2	23.1
吉尔吉斯斯坦	63.5	62.8	0.7	13.1
塔吉克斯坦	16.7	15.9	0.8	11.2
土库曼斯坦	91.2	4.3	86.9	8.1
乌兹别克斯坦	72.1	50.3	21.8	15.1
蒙古国	81.6	18.3	63.3	2.1
阿富汗	6.3	6.0	0.3	-9

资料来源：中华人民共和国海关总署。

从 2012~2021 年中国与西北周边国家贸易规模了解到，由于中俄、中哈金融合作程度较其他国家范围广，贸易额度明显较大，且在金融合作中伴随着国家内部证券变更、外交政策的变化和涉恐活动的波及等风险因素，贸易额波动幅度较大；虽然中印贸易额度相对较大，但受近年地缘政治风险增加的影响，2018年后贸易活动有所减少，尤其是新冠疫情期间，其规模减少幅度更大。

中国西北周边国家贸易规模逐年增长，与之相关的授信、出口信贷保险、起套期保值作用的外汇远期交易、供应链融资等金融服务正在逐步拓展发展空间。

二、中俄金融安全合作进展及展望

中俄两国在金融安全合作领域取得了重大发展，中俄在双方的金融合作中主要是政治方面的合作和金融安全合作，如反恐怖金融、反洗钱等。中俄各级政府在金融安全合作的实践中建立了一系列运行及协调机制，对推动中俄金融安全合作的深化、发展起到至关重要的作用。

（一）中俄金融合作

中俄金融合作快速发展，合作范围不断扩大，中俄金融合作从相邻地区金融合作起步，本币结算从无到有，结算资金规模和地域范围不断扩大，从商业银行间传统业务合作逐渐延伸至中央银行之间货币合作、保险及金融市场等领域合作，于 2019 年上升至国家全面战略合作层面。2002~2019 年中俄两国金融合作取得了突破性进展（见表 8-2）。

表8-2 2002~2019年中俄金融合作进展

时间	金融合作内容
2002 年 8 月	中俄首次签订双边本币结算协定
2004 年 10 月	中国、俄罗斯、哈萨克、塔吉克、吉尔吉斯、白俄罗斯创立欧亚反洗钱及反恐融资工作组（EAG）
2005 年 11 月 3 日	原中国银监会与俄罗斯联邦中央银行签署了谅解备忘录（MOU）
2006 年 3 月	中俄签署《中华人民共和国和俄罗斯联邦关于促进国际法的声明》
2008 年 8 月 8 日	中国证券业监督管理委员会与俄罗斯联邦金融市场监督总局签署《证券期货监管合作谅解备忘录》
2010 年 11 月	俄罗斯卢布与人民币在两国银行间外汇市场挂牌交易
2011 年 6 月	中俄签订新双边本币结算协定
2013 年 4 月 15 日	原中国银监会与俄罗斯联邦中央银行签署跨境危机管理合作协议
2014 年 10 月 13 日	中俄签订为期 3 年的 1500 亿元人民币兑 8150 亿卢布的双边本币互换协议
2015 年 11 月	俄罗斯央行决定将人民币纳入其外汇储备
2016 年 6 月 25 日	中国证券监督管理委员会与俄罗斯联邦中央银行在北京签署证券期货监管合作谅解备忘录
2017 年 11 月	EAG 通过中俄牵头的关于保险洗钱研究报告，并与国际金融监测培训中心（ITM-CFM）签署合作谅解备忘录
2018 年 6 月	中俄签署关于电子商务合作的谅解备忘录
2019 年 6 月	第 23 届圣彼得堡国际经济论坛（SPIEF）中俄签署《同业借款协议》《现钞跨境调运合作协议》《贸易融资合作协议》等
2019 年 6 月	中俄领导人共同签署《中华人民共和国和俄罗斯联邦关于发展新时代全面战略协作伙伴关系的联合声明》的务实合作中强调在中俄总理定期会晤委员会金融合作分委会框架内开展两国政府部门和金融监管部门的合作
2019 年 8 月	"中俄金融联盟"发布《第八次中俄财长对话联合声明》（简称《联合声明》）。联盟成员间签署《哈尔滨银行与储蓄银行现钞跨境调运合作协议》《中方成员单位与莫斯科信贷银行银团借款合作意向书》《中俄金融联盟成员（中方同业）流动性应急互助框架协议》等协议

资料来源：根据有关资料整理所得。

（二）跨境贸易本币结算

为了促进边境贸易的进一步发展，中俄两国央行积极推行跨境贸易本币结算业务。2002 年中俄签订关于边境地区贸易的银行结算协定。之后，中俄双方将本币结算试点逐步扩大至所有边境口岸及互相接壤的六个联邦主体和中国黑龙江、吉林、内蒙古和新疆四个省区。2011 年两国央行又签订新双边本币结算协定，从边境贸易扩大到一般贸易，两国经济活动主体可自行决定用自由兑换货币、人民币和卢布进行商品和服务的结算与支付。

中俄银行主要以点对点的账户行进行本币结算，通过中俄银行互设的代理行办理本币结算汇款业务。2010 年人民币与卢布的直接挂牌交易让交易规模迅速扩张，人民币与卢布交易市场逐步建立，本币汇兑不必通过美元套算，节约成本，提高清算效率，降低清算成本。2018 年"中俄金融联盟"会员单位中方银行向俄罗斯银行累计跨境调运人民币 1.2 亿元；中俄跨境电商在线支付平台接入 18 种俄罗斯主流跨境支付方式，结算时间由 10 天缩短至 24 小时，累计结算金额超过 40 亿元人民币①。

（三）商业银行间业务合作

（1）中俄两国银行互设机构及代理行。中俄为了进一步进行跨国业务合作，银行互设账户行及代理行，有效缩短资金在途时间，是促进贸易发展和推动本币结算的重要途径。2018 年我国商业银行与近百家俄罗斯银行建立了代理行关系，境外代理行 496 家，俄罗斯代理行 140 家，与 22 家俄罗斯银行互建了 97 个本外币账户，其中人民币账户 45 户、卢布账户 24 户，对俄罗斯清算、结算网络已覆盖俄罗斯全境，为中俄金融合作的发展发挥了重要作用②。黑龙江与俄罗斯银行互设代理行方面走在全国前列。2018 年哈尔滨银行对俄银行同业授信额约 92.9 亿元，累计为对俄经贸企业提供融资超过 300 亿元，"中俄金融联盟"会员单位签署银团贷款合作协议总金额 100 亿元人民币。

（2）人民币与卢布挂牌交易。2010 年人民币在莫斯科外汇交易所挂牌上市，俄罗斯成为人民币首个在境外挂牌上市的国家，当天交割并进行清算，提高人民币结算量的积极度。2010 年中国人民银行开办人民币对俄罗斯卢布即期交易，交易方式为询价和竞价，实行做市商制度。2019 年 1~4 月，中俄跨境人民币收付合计 18.5 亿元③。

（3）现钞兑换与跨境调运。卢布与人民币现钞兑换开始试行并进展顺利，逐步将民间卢布现钞兑换市场纳入银行体系，消费者可直接用卢布消费，有利于中俄经贸合作的健康发展，对人民币在俄罗斯取得对等地位也起到积极的带动作用。中俄为应对现钞兑换的日常需要和风险管控，双方合作推行资金跨境调运，通过总量控制的办法最大限度降低汇率风险，推进双方本币兑换进程。黑龙江省在卢布与人民币跨境调运方面进行了最早的尝试。2018 年黑龙江对俄完成首笔

---

① 中俄金融联盟成员单位增加到 70 家［EB/OL］. 东方财富网，https：//baijiahao. baidu. com/s？id = 1622173357758986039.

② 哈尔滨银行资产规模增至人民币 5719 亿元［EB/OL］. 央广网，http：//hlj. cnr. cn/dmlj/20180830/t20180830_524346300. shtml，2018-08-30.

③ 对俄金融合作迈入新时代［EB/OL］. https：//www. sohu. com/a/321517608_100253932.

人民币现钞陆路跨境调运 1500 万元①。2019 年我国已成功开通对俄现钞双币种、双向、陆空联合调运渠道，调运范围贯穿俄罗斯东、西部地区。

（4）跨境电商支付结算。近年来，中俄跨境电商合作蓬勃发展，搭建对俄跨境电商支付结算平台是中俄银行间合作的重要内容。2015 年，中国银行搭建"绥易通"跨境电商平台，整合金融、海关、税务、物流和仓储等多方优势资源，支持以人民币或外币标价、结算，接受银行卡付款。这样一来，企业就解决了对俄电商企业收汇难、结汇难、网上支付成本高、支付安全缺乏保障等问题。2017 中俄电子商务贸易额占俄罗斯跨境电子商务市场销售额的 80%，俄罗斯网民在线上购买中国商品订单同比增长 5 倍②。2018 年 6 月中俄签署了《中华人民共和国商务部和俄罗斯联邦经济发展部关于合作的谅解备忘录》，并建立电子商务合作机制，共同推进"丝路电商"合作。

（四）融资合作

中国国家开发银行是实施开发性金融的主要机构，中俄投资基金和丝路基金是中国在对外经济合作中开发性金融的新举措。在未来"一带一路"与欧亚经济联盟对接过程中，中俄投资基金和丝路基金作为新的开发性金融举措对推动中俄经贸与金融合作的深化和发展发挥重要作用。

中国利用出口买方信贷鼓励成套设备及机电产品等对俄出口，以提供保险、融资、利息补贴等方式鼓励中国商业银行向俄罗斯的金融机构或进口商提供优惠贷款，支持俄方购买中国出口商品，具有利率低、金额大、期限长的特点。对于中方企业，俄商获得了中方信贷支持，增加中国企业中标的可能性，提高了企业的竞争力；对于中方银行，贷款业务的风险相对较低。出口买方信贷为中国企业及金融机构开拓俄罗斯市场提供了有力的支持和保障。

（五）证券及保险领域合作

自 2000 年中俄金融合作领域逐渐由传统银行间业务交往向证券、保险等领域合作深入扩展。2016 年 6 月中俄签署《关于保险领域合作的 2016~2018 年共同行动计划》，成为两国保险领域合作的纲领性文件。2019 年中国三家保险公司在俄设立一家代表处和两个工作组，共有两家俄罗斯保险公司在华设立两家代表处。

2008 年 8 月中国证监会与俄罗斯金融市场监督总局签署《证券期货监管合

<hr />

① 黑龙江省中俄首笔人民币现钞陆路跨境调运成功启动［EB/OL］. 哈尔滨中心支行, http：//haerbin. pbc. gov. cn/haerbin/112692/3550863/index. shtml, 2018-06-04.

② 2017 年中俄双边贸易额达到 840 亿美元 农业合作成最大新增长点［EB/OL］. 人民日报, http：//www. sohu. com/a/218520582_99952383.

作备忘录》，自此两国证券领域合作朝着更广泛的合作方向发展。中国证券登记结算有限公司与俄罗斯中央证券托管系统签署合作备忘录，展开交易领域区块链应用和金融科技的合作。双方从技术和监管两大方面加强对于投资者的保护，促进了两国证券、期货、保险等金融产品领域发展，使两国的合作范围扩大，进一步促进中俄两国的证券监管交流和合作。2017 年 3 月俄罗斯铝业联合公司在上交所发行首期 10 亿元债券，2017 年 12 月莫斯科证券交易所首次发行了 60 亿人民币（约 9 亿美元）的五年期人民币债券。截至 2018 年底，俄罗斯央行持有的中国国债达到 650 亿美元（约合 4593 亿元人民币），在俄罗斯央行持有的外国证券中位列第一①。

由此看来，中国与俄罗斯的经济发展与金融安全合作机制的空间还很大。只要双方加强沟通和协调，坚持合作共赢，一定会有更加美好的明天。因此，一方面要继续巩固现有的跨境贸易本币结算、商业银行合作、证券与融资合作等；另一方面要积极探索新的金融业务合作，例如，主权财富合作。同时，要加强金融安全的监管与维护，不断提升金融安全水平。

三、中哈金融合作进展及展望

哈萨克斯坦形势总体稳定，政局稳中求变，经济复苏明显，金融业基本稳定。哈萨克斯坦重点外交对象包括俄罗斯、中国和中亚国家。中国是哈萨克斯坦第三大出口国、第二大进口国和第七大投资国。截至 2019 年底，中方对哈萨克斯坦各类投资累计 296.6 亿美元，而哈在华投资总额约 1.5 亿美元②。哈萨克斯坦作为上海合作组织的成员国之一，通过相关合作机制开展银行间合作取得一定成果。中哈金融合作中由于双方经济发展和国情不同，存在着不确定、不平衡等风险因素。

（一）银行间合作

在商业银行合作层面上，双方互设分行和代表处，本币结算、本币互换、项目融资等合作。中国工商银行和中国银行在哈萨克斯坦设立了全资银行，哈萨克人民储蓄银行和储蓄银行股份公司在北京设立了全资银行和代表处。2011 年中国人民银行与哈萨克斯坦国家银行签订了货币互换协议。中国西部地区有中国银行、工商银行、交通银行、农业银行等 15 家银行与哈萨克斯坦开展人民币结算业务。2008 年和 2012 年，哈萨克斯坦图兰·阿列姆银行（BTA）分别与中国银

---

① 徐乾昂. 俄罗斯将降低国家财富基金中美元占比，加码人民币［N/OL］. 观察者网，http：// www. 163. com/money/article/ETUPVA6T00258056. html，2019-11-14.

② 驻哈萨克斯坦共和国大使馆经济商务处.

行和中国工商银行签订业务发展合作和开立账户协议，并开始清算系统合作。2012 年 12 月哈萨克人民银行正式加入中国银联并直接参与中国银联业务。2017 年中信银行收购"阿尔金"银行股份，使用中国银联卡可以在哈萨克人民储蓄银行所有取款机上提取坚戈现金，在生活场所刷卡消费。中哈建立的货币互换协议、业务发展合作和开立账户协议等极大地方便了两国人民的银行间交易。随着双方业务的大量增加，银行机构的内部监管机制日趋重要。

（二）贸易结算业务合作

2010 年中国已成为哈萨克斯坦第一大贸易伙伴和第二大进口国。2019 年，中哈边境小额贸易为 85.1 亿美元，同比增长 25.8%。其中，中方边贸对哈出口 69.2 亿美元，同比增长 6.8%；哈萨克斯坦边贸进口 15.9 亿美元，同比增长 452.7%[①]。中哈贸易关系密切，贸易合作的加深要求提升双方本币结算需求。主要提供的金融服务是结算、担保和融资，其中，最为突出的是贸易结算，中哈边境贸易本币结算总额达 4434 亿美元。中国的霍尔果斯口岸推出人民币对坚戈的现汇业务，还包括电汇、保函托收、信用证等形式的业务。中哈之间的贸易关系不断地在完善和贸易规模不断扩大，对中哈之间的金融合作起到了较大的促进作用，也使金融安全风险随之增加。

（三）外汇与证券业务合作

2019 年 7 月，中国建设银行阿斯塔纳分行、中信证券股份有限公司和阿斯塔纳国际交易所签署三方合作备忘录，共建离岸人民币中心，共同推进跨境人民币结算、离岸人民币债券等业务。2020 年 4 月中国建设银行阿斯塔纳分行发行 10 亿元离岸人民币债券"雄鹰债"[②]，正式在阿斯塔纳国际交易所和中国香港交易所挂牌，成为中亚地区首只离岸人民币债券。"雄鹰债"是阿斯塔纳国际交易所"一带一路"的首只人民币产品，将为"一带一路"在哈项目提供新的融资模式。首只人民币债券发行是"一带一路"框架下哈中金融合作的重要成果，促进了阿斯塔纳国际金融中心、哈萨克斯坦以及整个中亚地区离岸人民币市场的发展。

四、中国与中亚其他国家金融合作进展及展望

（一）中国与吉尔吉斯斯坦

中国是吉尔吉斯斯坦的可靠战略合作伙伴，两国央行 2003 年 12 月就签署了《中吉本币结算协议》和《信息分析和技术合作协议》，旨在进一步推进两国在

---

①　驻哈萨克斯坦共和国大使馆经济商务处。

②　中亚地区发行首只离岸人民币债券［EB/OL］．http://news.cnstock.com/news，bwkx－202004－4514125.htm.

银行业领域的合作。2017 年 12 月 1 日，两国总理在参加上海合作组织成员国政府首脑理事会第十六次会议期间进行了会晤，就双边合作热点如农产品贸易、中吉乌铁路建设等问题进行磋商，以促进双边经贸合作。国际投资主要来源于外国贷款、外商直接投资、国际赠款，分别占固定资本投资总额的 24.0%、8.7% 和 2.8%，中国是吉尔吉斯斯坦主要外部投资来源，占总投资的 44.5% 以上，2018 年中国投资额为 13.93 亿美元①。截至 2018 年，中国已累计对吉尔吉斯斯坦投资 30 亿美元（约 210 亿元人民币）。2019 年，吉尔吉斯斯坦内生产总值达 84.55 亿美元，同比增长 4.51%，营商环境排名第 70 位；对外贸易额 19.66 亿美元，表现较为活跃，增幅 13.1%。2019 年 6 月中吉签署《中华人民共和国商务部与吉尔吉斯共和国工业、电力和矿产资源利用委员会和投资促进保护署关于建立投资和工业合作工作组的谅解备忘录》。中吉通过上海合作组织银联体框架，国家开发银行通过贷款、授信等多种形式支持了两国政府共同关注的一系列重点合作项目。中国已连续多年成为吉尔吉斯斯坦最大的债务来源国，年贷款利率为 1.5%～2%，偿还期限在 20～25 年，优惠期为 7～11 年。

（二）中国与塔吉克斯坦

中国是塔吉克斯坦重要投资来源国。2017 年 8 月，双方建立全面战略伙伴关系，签署《中华人民共和国商务部与塔吉克斯坦共和国经济发展与贸易部关于加强基础设施领域合作的协议》24 项协议；同年 9 月，中国进出口银行与塔吉克财政部签署 7900 万美元优惠贷款协议，用于建设基础设施。2017～2019 年塔吉克政治形势总体稳定，经济形势有所改善，但是安全领域堪忧。塔吉克斯坦在独立 25 周年之际发布了《至 2030 年塔吉克斯坦国家发展战略》提高现有资源及国家财富的使用效率、多样化和竞争力。参与"伊斯兰国"恐怖活动的塔吉克斯坦武装分子回流威胁上升，随着"伊斯兰国"全线溃败，其国际雇佣兵开始加速返回自己国家②，塔吉克斯坦面临更大的安全挑战。2018 年《全球恐怖指数》塔吉克斯坦达 3.95，是中亚地区最易受恐怖袭击的国家，从对于金融安全合作的影响来看，塔吉克斯坦在 163 个国家中排名第 56 位。2019 年 6 月中塔签署《中华人民共和国商务部和塔吉克斯坦共和国投资和国有资产管理委员会关于建立投资合作工作组的谅解备忘录》。在"一带一路"倡议下，塔吉克斯坦与中国多个省市开展务实合作。河南与其共建"一带一路"国际区域经济合作新高地，陕西与哈特隆州缔结友好省州关系，建立了对接合作机制；山西太原与索格德州胡

---

① 万得数据库。

② 乌兹别克斯坦武装人员约 1500 人，塔吉克斯坦次之，哈萨克斯坦、吉尔吉斯斯坦各 500 人，土库曼斯坦 400 人，加大了中亚五国发生恐怖袭击事件的概率。

占德市缔结国际友好城市，签署两市建立友好城市关系意向书等。

（三）中国与乌兹别克斯坦

中国是乌兹别克斯坦积极合作的对象。乌兹别克斯坦取消外汇交易限制，实行市场汇率；央行取消对银行卡转账限制，简化自然人出入境外汇现金申报手续，出入境携带不超过 2000 美元的，无须书面申报；促进对外贸易，简化出口手续，推动出口自由化、结构多元化、市场多元化；乌兹别克明确表示中亚是外交重心，与中亚邻国频繁高层互动，乌总统接连访问俄罗斯、中国，加强双边合作关系。2017 年 5 月，米尔季约耶夫访华并出席"一带一路"国际合作高峰论坛，双方签署了《关于进一步深化全面战略伙伴关系的联合声明》及高达 260 亿美元的合作文件；力促中吉乌国际公路运输落地，积极推动中吉乌铁路建设。2019 年乌兹别克斯坦 GDP 为 579.21 亿美元，增长 5.56%，通胀率 15.2%。乌兹别克斯坦在《营商环境》指出，它的营商环境从 2016 年的第 166 位跃升至 2019 年的第 76 位，是营商环境改善最快的国家之一。2019 年，乌兹别克斯坦共吸引外资 121 亿美元（外资固定资产投资 98.1 亿美元，占比 81.1%），其中，外国直接投资 51 亿美元（流向固定资产投资领域 42.1 亿美元，增长 3.6 倍）。外国直接投资大幅增长表明，乌政府招商引资成效显著，也从另一个侧面反映出乌营商环境明显改善。

（四）中国与土库曼斯坦

中国是土库曼斯坦第一大贸易伙伴国，是重要的战略伙伴。2014~2017 年中土两国贸易额达 230 多亿美元，占同期对外贸易总额 24.9%。土库曼斯坦对中国出口主要是天然气、农产品和轻工产品，出口额超过 190 亿美元；中国对土库曼斯坦出口主要是工业产品和技术设备。2017 年土库曼斯坦外交工作主要集中在与中国、俄罗斯等方向。中土正在落实一系列的双边大型合作项目。目前有 20 多家中国企业在土库曼斯坦开展金融合作，涉及贸易、油气、纺织、交通、丝绸制造业、农产品加工等诸多领域。2019 年在世界经济出现了复苏和增长的背景下，土库曼斯坦经济保持了 6.2% 的中高速增长，安全形势趋于稳定，GDP 为 407.61 亿美元。土库曼斯坦通胀水平偏高，食品价格上涨 18%，营商环境改善不大。该国继续推进私有化，改善税收体系，降低福利成本，向国际标准靠拢，建立自由经济区，未发生大的恐袭和其他安全事件。但土阿边境受武装冲突影响而紧张。"伊斯兰国"等国际恐怖组织的恐怖分子借道土库曼斯坦进入中亚、俄罗斯从事恐怖活动的情况引起了利益相关方的关注，土库曼斯坦重视回流的防御问题。土库曼斯坦与中国关系保持稳定，双边交流活跃度增加。

总体来看，中国与中亚其他国家吉尔吉斯斯坦、塔吉克斯斯坦、乌兹别克斯坦和土库曼斯坦的金融安全合作有所发展，但是合作机制有待完善。一方面是这些国家受俄罗斯的影响较大，与其合作根基更加牢固，短期内中国与中亚这些国家的金融合作不太可能超过俄罗斯；另一方面由于中亚国家经济发展滞后，金融监管水平较弱，加大与其金融合作可能会遇到许多问题和风险。因此，中国不要急于求成，应顺势而为，抓准机会逐步推进，这样才能取得良好效果。

第九章 中国周边国家金融安全影响因素分析

中国周边国家金融安全的影响因素非常多，有地缘因素、经济因素、社会因素、文化因素等。通过调研及分析，我们认为有以下五个主要因素。

第一节 地缘因素

地缘风险会产生投资限制效应，由于部分投资者相关避险需求原因而削减生产经营支出，在投资上保持审慎态度，削减相关投资支出。国家间的政治矛盾可能会延伸到贸易和投资等相关领域，使国家间贸易增长乏力甚至负增长，对跨国投资的吸引力会下降，从而在一定程度上对金融安全产生不利影响。

一、地缘对金融安全的双重影响

一方面，稳定的地缘局势有利于金融系统的正常运行，对于金融安全的保障发挥积极作用。金融安全的保障离不开稳定的政治环境，地缘政治稳定可使金融得到正常发展。地缘政治稳定有利于充分发挥市场的资源配置作用，实现金融资源的有效配置，营造一个良好的金融环境，进而促进金融系统的有效运行，有效保障金融安全。

另一方面，地缘动荡局势会增大国家政策的变化可能性，对金融系统产生消极影响，从而不利于金融安全的保障。地缘动荡会削弱市场的资源配置作用，致使金融资源有一部分无法使用而产生浪费，金融资源配置效率减少，危及金融安全。

二、地缘风险的影响方式

在地缘风险爆发时，投资收益的风险性增加使投资者对于投资的期望收益下降，投资者承担风险的意愿会减少，从而重新审视自己的投资行为。投资者通常根据以往经验和掌握的市场信息来对政治风险进行判断，但由于市场信息的不对称和不完全，投资者无法掌握全部的有效信息，投资者可能做出与实际状况差异较大的预期。当投资者普遍预期其未来经济前景为消极时，投资信心大为下降，相关避险需求明显增加，从而会从该国撤资。资本的大量外逃会削弱投资国金融体系的稳健性，从而损害金融安全。地缘政治冲突会提高投资风险，打断正常投资活动的进程，恶化投资环境，阻碍投资资金的流入，造成资本的流出，从而不利于金融安全的保障。

下面以乌克兰危机为例说明地缘因素对金融安全的影响。自乌克兰危机以来，美欧在金融和能源等领域对俄罗斯进行经济制裁。与此相对应，俄罗斯在水果和蔬菜等农产品进口方面也对美欧进行经济制裁并考虑航空和汽车制造等领域的贸易保护。地缘政治动荡促使美欧和俄罗斯进行经济对抗，进而导致地区性贸易保护加剧，不利于金融安全的保障。在乌克兰危机影响下，俄罗斯投资环境恶化，其中俄罗斯外商直接净流入明显减少，卢布贬值严重，2018 年以来俄罗斯卢布贬值近 20%。可见乌克兰危机对俄罗斯的投资环境影响很大。虽然俄政府想将经济制裁化为俄罗斯经济发展动力，但美对俄的经济制裁已对俄罗斯经济产生不利影响。俄罗斯 GDP 由 2013 年的 2.29 万亿美元下降至 2019 年的 1.69 万亿美元，可见地缘动荡对俄罗斯经济打击很大，进而损害金融安全。

第二节　经济发展水平及经济制度因素

一、经济发展水平对于金融安全的影响

经济发展水平是金融安全的基础，经济发展水平的提升有利于改善金融安全的经济基础，经济发展水平的下降则会对金融安全产生负面影响；经济发展水平的波动也会影响金融安全。此外，企业的生产经营行为成为威胁金融安全的微观基础。在一国市场经济发展中，企业在金融市场中扮演着资金筹集和使用的角色。企业的绩效状况决定企业的存续，会对银行、证券公司等金融机构的资产经营质量产生直接影响，从而影响国家金融安全。当经济快速发展时，企业对于资

金的需求迅速增加，金融机构的信贷资金需求量也会大幅增加，但是与此同时相关的金融风险随机增加。当经济增长乏力或者经济衰退时，企业偿债能力会受影响，银行的坏账风险可能增加，银行倾向收缩信贷，企业只能低价卖出相关资产以便偿还债务，资产价格的下降使整个市场经济的货币流通速度降低，居民的物价水平下降，从而使经济陷入困境。而经济困境使企业减少生产，并使失业人数增加，社会购买力减少，企业进一步减少生产甚至破产，从而影响金融安全。

强大的经济发展水平是国家金融安全的有力保障，良好的国家金融安全也反映较强的经济发展水平。经济发展水平差的国家想要寻求金融安全是非常困难的。对于想保持长久的金融安全，经济发展水平的提升尤为关键。只有具备强大的经济发展水平，国家金融安全才能在相对稳定的环境中得以保障。经济发展水平提高了，微观经济体的总体效益就会提升，其经济实力就会增强，其偿债能力随之提高，那么银行的不良资产率总体上会下降。上市公司的发展增加投资者投资信心，证券市场健康发展，从而有利于金融稳定和提升金融安全水平。

通过比较发现，自 1990 年至今中国 GDP 总体是上升的，中国经济发展水平显著提升，对保障金融安全发挥积极作用。1990~2019 年俄罗斯 GDP 总体上升，2013 年达到历史最高点 22971 亿美元，经济发展水平有一定的提升，但其后经济走向衰退，并出现大幅波动，2014~2016 年 GDP 总体下降，2017 年有所回升，但是最近两年有所下降，进而影响金融安全。哈萨克斯坦 GDP 增长明显，1990~2019 年总体上升，2019 年达到历史最高点 2366.3 亿美元，2014~2016 年总体下降，2017 年又有所回升。自 1990 年至今中亚五国 GDP 总体是上升的，2014 年受乌克兰危机影响出现明显波动，金融风险增加。可见，经济发展水平的波动对保障金融安全有直接的影响。

二、经济体制对于金融安全的影响

由于各国经济体制不同，金融结构也有差异，例如，金融机构的所有制性质是国有制还是私有制或者是混合制，直接反映出金融资源的配置决定权是市场还是国家。一般来说，一国的经济体制对其金融结构起决定性作用，主要是资源配置方式问题。有效的经济体制有助于金融资源优化配置，改革经济体制调整金融结构，能够有效保障金融安全。金融安全的保障需要经济体制的动态变革，保障金融安全是一个动态的过程。在动态的过程中需要解决各种偏离金融安全的问题，并且及时改正不利于金融安全的相关经济体制。现有的经济体制也许适应短期金融安全的需要，但如果只有短期的打算而无长期的计划，那么保障金融安全只是暂时的，而非长久的。从长期来看，必须动态调整经济体制，将金融安全思想融入到经济体制中，以维护和提升金融安全水平。

第三节　金融监管因素

中央银行的职能是调节货币供应量，实行货币政策和实现宏观经济的稳定。中央银行通过法定存款准备金、再贴现率和公开市场业务等来调节货币总量，达到保障金融安全的目的。在信用货币本位制度和部分准备金制度的影响下，金融监管制度应运而生，它被创造出来是为了应对信用货币本位制度给金融体系造成的不稳定因素，以此监控商业银行的信用创造功能和分散相关的支付风险。由于金融业在市场经济中的特殊重要地位，具有经营高风险高负债的特性，因此金融监管可以有效保障金融安全，由此纳入政府的规制体系。对于金融安全的监管可分为微观和宏观审慎监管，微观审慎监管是从金融机构角度出发对相关债权人提供保护，而宏观审慎监管是从整个金融体系角度出发，构建金融安全网络将金融机构风险控制在一定范围内。这些措施将金融机构风险得以有效监控，可以在一定程度上保障金融安全。

金融监管与金融安全有密切关系，在金融市场发展中，金融安全不容忽视，必须将保障金融安全贯彻到金融监管中，在促进金融市场有序发展的同时，加强金融监管。金融体系从本质上说是比较脆弱的，直接融资和间接融资存在各种各样的风险，需要加强金融监管来管控风险。在实行金融监管时要注重与经济发展相适应，否则会不利于经济发展，并会对金融安全产生消极影响，例如，过分强调资产的安全性，金融机构的资产会被限制在低风险资产范围中，这不利于金融机构追求高收益和分散资产的风险。在金融安全的基础下，金融监管不应损害金融市场的长期发展。

第四节　金融风险因素

一、国际资本流动风险

国际资本流量理论侧重的是利率水平的变动影响资本流动。1951年詹姆斯·爱德华·米德（James Edward Meade）提出在价格水平和产出不变的前提条件下，当国内利率高于国外利率时，国外资本就会流入国内。相反，当国外利率高于国内利率时，国内资本就会流入国外。罗伯特·A. 蒙代尔（Robert A. Mundell，1960）提出了相关概念，即净资本的流入会发生在利率相对较高的国家，而净资本的流出会发生在利率相对较低的国家。利率对国际收支平衡起到了很大的调节作用。随后，弗莱明（Fleming，1962）指出，国际资本流动对利率的反应敏感度在浮动汇率制度下更大。马丁·费尔德斯坦（Martin Fieldstan，1980）则是用投资率以及储蓄率两者关系构建模型来探讨利率与资本流动，提出投资率与储蓄率的相关系数概念，系数为 0，资本完全流动；系数接近 1，资本就几乎不流动。马丁·费尔德斯坦、杰弗里·福兰克尔（Jeffrey Frenkel，1989）则认为，实际利率在各国之间的差异可以更好解释国际资本流动。由上可见，流量理论认为通过比较国家间的利率差异就可以来评价国际资本流动情况，并强调国际资本流动机制是受利率驱使的。但是，此理论是假定除利率外其他因素都是不变的，因此在应用过程中具有一定的局限性。对于国际资本流动可以用外商直接投资净流入指标来衡量，外商直接投资净流入（INDI）是外商直接投资流入和流出的差额，国外资本净流入国内有利于增加国内资本存量，通过资本形成，促进资金和技术、劳动力、土地等生产要素的有效结合，促进经济发展从而有利于金融安全保障。国际资本流动作为影响国家金融安全的外部因素，其对国家金融安全冲击的直接结果就是金融危机的爆发，因此金融危机理论作为最主要的国际资本流动对国家金融安全影响的理论基础，仍然有较强的指导意义。

从统计分析可以看出，1990~2014 年，中国外商直接投资净流入总体上波动上升，有利于金融安全保障，2013 年达到历史最高点 2909.3 亿美元。2014~2017 年总体呈下降趋势。俄罗斯 1992~2008 年总体上波动上升，有利于金融安全保障，2008 年达到历史最高点 747.8 亿美元。受 2008 年金融危机影响，2009 年下降，但在 2009~2013 年总体上升，2013~2017 年起伏变化较明显。哈萨克斯坦 1992~2008 年总体波动上升，有利于金融安全保障，2009~2017 年，开始波动较大，之后快速上升。吉尔吉斯斯坦 1992~2008 年总体波动上升，有利于金融安全保障，2009~2017 年大起大落，2015 年高达 11.4 亿美元，2017 年净减少近 1.1 亿美元。塔吉克斯坦 1992~2008 年总体上升，有利于金融安全保障。2009~2015 年先大幅降低随后又回升，2015 年之后整体下降。土库曼斯坦 1992~2009 年总体上升，并于 2009 年达到历史高位 45.5 亿美元，有利于金融安全保障，2010~2017 年明显下降，仅 2014 年有所上升，未超过 40 亿美元，对于金融安全稳定带来不利影响。乌兹别克斯坦 1992~2011 年总体上升，有利于金融安全保障。2011~2017 年先大幅下降后快速回升，之后经历了一次深度 V 形变化，大幅波动对于金融安全起明显消极作用。巴基斯坦 1990~2008 年总体上升，经历 2012 年低谷之后逐渐回升。阿富汗 1990~2005 年持续增加，其后变化起伏不定。

二、汇率波动风险

汇率波动对一国金融安全有着双重影响，一方面，汇率波动对金融安全产生积极影响。短期的外汇汇率上升将会使产品国际竞争力增加从而刺激出口，促进国内总需求增加，促进生产增加，从而在短期内促进经济发展，有利于金融安全的保障。另一方面，汇率波动对金融安全产生消极影响。外汇汇率上升会使以外币计价的债务增加，减少外汇储备的价值，使国家财富缩水。外汇汇率上升会使市场投资者持有以本币计值的金融资产意愿下降，进而会使投资者出售金融资产以换取外汇，引起资本流出，对金融安全产生消极影响。外汇汇率上升还会使通货膨胀压力增加，本国资本流出，不利于金融安全的保障。

从外汇市场来看，美元兑人民币汇率在 2013 年 9 月至 2016 年 12 月总体小幅波动上升，2017 年 1 月至 2018 年 3 月总体小幅波动下降，2018 年 4 月至 2019 年总体小幅上升，美元兑人民币汇率总体在 7 元左右变化，变化幅度不大，有利于金融安全的保障。俄罗斯在 2013 年 9 月至 2015 年 1 月总体波动上升，2015 年 2 月至 2015 年 4 月总体下降，2015 年 5~12 月总体波动上升，2016 年 1 月至 2018 年 2 月总体波动下降，2018 年 3 月至 2019 年总体波动上升。哈萨克斯坦在 2013 年 9 月至 2016 年 1 月总体波动上升，2016 年 2 月至 2018 年 1 月期间变化较大，2018 年 2 月至 2019 年总体上升。俄罗斯的美元兑卢布汇率和哈萨克斯坦的美元兑坚戈汇率变化幅度较大，不利于金融安全的保障。吉尔吉斯斯坦的美元兑索姆汇率 2015 年 1~11 月总体波动上升，2015 年 12 月至 2016 年 5 月总体波动下降，但在 2016 年 6 月至 2019 年总体在 68 元坚戈附近变动，变动较小，有利于金融安全的保障。塔吉克斯坦的美元兑索莫尼汇率 2013 年 9 月至 2019 年总体波动上升，本币呈贬值趋势，不利于金融安全的保障。土库曼斯坦的美元兑马纳特汇率 2013 年 9 月至 2014 年 12 月维持在 2.85 不变，2015 年 1 月至 2019 年维持在 3.50 固定不变，有利于金融安全保障。乌兹别克斯坦的美元兑苏姆汇率 2013 年 9 月至 2019 年总体波动上升，本币 2017 年大幅贬值，对金融安全产生消极影响。阿富汗阿尼表现为持续贬值趋势。

20 世纪 90 年代以来世界发生了一系列金融危机，尽管两次危机是不同的，但是我们可以鉴别大多数危机的共同特征，特别是通过同一次危机中各个不同国家所具有的共同表现，以及不同的结果来寻找危机发生的原因，从中探讨制度因素特别是汇率制度在其中的作用。最终的目的不在于寻找一种理想的汇率制度来适应所有的发展中国家和转轨国家，而是在于分析一个国家的具体情况与最可能适于其经济状况的汇率制度的关系，分析如果一国选定的汇率制度与其所处的政策、宏观条件不匹配，其结果是否一定会引发金融危机。

（一）汇率制度安排对货币安全的影响

汇率制度安排影响货币安全，进而影响金融安全。货币安全是一国货币对内对外的价值保持相对稳定，通常表现为较小的利率、汇率的变动比例和保持在相对稳定的货币流通速度的一种状态。货币安全的对立面是货币危机，货币危机是指汇率的短期快速大幅度变动或者外汇市场面临着国际市场投机攻击压力的情况。在此情况下，由于政府采取了积极干预外汇市场或提高利率的办法，可以在一定程度上抵御外部资本冲击，从而将汇率变动控制在一定范围内，保障货币安全，对金融安全产生积极影响。在固定汇率制度条件下，货币危机发生概率较大，由于投资者对一国的固定汇率制度失去信心，因此通过市场大量抛售该国货币使该国外汇储备严重流失，甚至使该国固定汇率崩溃、外汇市场发生持续动荡，货币安全受损，损害金融安全。从布雷顿森林体系的崩溃，到欧洲汇率机制危机再到东南亚危机，这些危机都表现为某种固定形式的汇率制度的崩溃，从而引起外汇市场上汇率短期快速变化，出现货币危机，从而对金融安全产生不利影响。

（二）汇率制度安排对银行安全的影响

汇率制度安排影响银行安全，进而影响金融安全。随着经济全球化和金融自由化的进程不断加快，国际资本市场也发展迅速。全球总体国际借贷规模越来越大，其中流入到新兴市场和发展中国家的国际短期借贷规模越来越大，从而使这些国家出现过度借贷综合症，引发银行危机，进而影响金融安全。

麦金农和皮尔（Mckinnon and Pill，1997）对借款人道德风险与过度借贷综合症进行综合分析。他们认为存款保险制度和其他政府救援措施的存在会使国内银行系统产生道德风险。在资本管制没有或者资本管制不到位时，国内银行会倾向从国际市场过量借贷资金，进而将借入的资金投入到国内投机性项目或者消费信贷项目。外债数额会对金融系统稳定性产生影响，庞大的外债数额会使一国金融系统变得脆弱，一旦遭受到投机资本攻击或者资本流向逆转，极有可能会使银行系统产生崩溃和国民陷入经济衰退的状态。外汇风险的存在会使过度借贷综合症进一步恶化。由于这些新兴市场经济体政府为了给汇率和价格水平提供一个稳定的名义锚而实施钉住汇率制度，国内银行在国际市场借入外币资金，用以发放利率较高的本币贷款以获取本外币利差套利时，不对外汇风险敞口进行套期保值，实际上是通过存款保险制度将外汇风险转嫁给了政府。通常新兴市场国家的利率和价格水平的易变性会比工业化经济体高，投资者面临更多不确定风险。所以当投资者以新兴市场货币标价的资产来交换成熟市场资产时通常会索取一定货币风险溢价作为补偿。在20世纪90年代新兴市场投资热潮中，国际投资者只关心借款国经济的表面繁荣而忽视其经济实际状况，没有对这些经济体的金融机构和企业的财务状况进行深入调查就大量贷款给它们。债权人的道德风险是发生在危机前的过度放贷或者投资者受到利益驱使，在危机发生时会试图转嫁危机负担。债务人和债权人道德风险的同时存在，使过度的放贷由可能变成了现实，从而也使银行经营的风险增加，不利于保障金融安全。

在封闭经济情形下，由于银行储户的挤兑会使银行流动性产生不足，从而产生银行危机，并影响金融安全。Chang-Velasco 将该理论推广应用到开放经济，他们认为国际流动性不足会产生银行的挤兑。从新兴市场国家和发展中国家角度看，国际流动性不足的问题十分突出，因为银行在其金融体系中的地位作用比在发达国家重要，但新兴市场经济体进入世界资本市场的途径非常有限，无法像发达国家银行那样在面临流动性危机时从全球资本市场及时筹措紧缺资金。在 Chang-Velasco 模型中，汇率制度决定了流动性危机的宏观经济效应。在固定汇率制度下，如果中央银行担任最后贷款人，那么银行危机可以避免，但代价是中央银行不得不为货币危机兜底。在弹性汇率制度下，如果中央银行担任最后贷款人，并且银行存款以本币标价，那么就可防止某些类型的银行危机产生。综上所述，当存在银行挤兑可能性时，弹性汇率制度比固定汇率制度更能保障银行安全，进而保障金融安全。

（三）汇率制度安排对金融市场安全的影响

亚洲金融危机的发生首先表现为外汇市场上汇率的急剧变化、本币币值大幅贬值、银行倒闭。与此同时，相关国家金融市场上尤其是股票市场的股票价格总体上也发生大幅度波动，股市危机与汇率危机同步发生，从而进一步加深各国金融危机的严重程度。传统的金融市场风险主要来自于资本市场中的股票市场的过度波动性。股票市场的波动性主要受到过度投机、宏观经济的不稳定性以及市场上便利的高买低卖的影响。投资者的非理性行为会使过度投机对相关资产价格产生负面影响，宏观经济运行的任何变动影响投资者的信心，从而对股市产生不利影响。便利的高买低卖的技术会使股市运行变得更加有效率，进而使股市的波动性增加。货币危机一般的特征是汇率的短期快速下跌。汇率的短期快速下跌或者汇率的预期贬值，会使股市中的总体股票价格大幅下降，进而对股市产生消极影响，甚至会出现股市崩溃，从而对金融安全产生不利影响。

三、资本市场变动

关于资本市场可用上市公司总市值指标来衡量，上市公司总市值衡量的是股票市场规模，上市公司总市值越大则金融安全越有保障，上市公司总市值波动越小越有利于金融安全的保障。中国上市公司总市值在 1992~2017 年总体波动上升，增长较快，在 2006 年迈入 1 万亿美元大关，资本市场不断发展，对金融安全产生积极影响。我们比较一下俄罗斯和中亚国家的资本市场。俄罗斯上市公司总市值总体波动较大，1998~2007年总体波动上升，2007年达到历史最高点，但此后波动变化较大，且持续萎缩，不利于金融安全的保障。1997~2006年哈萨克斯坦上市公司总市值总体呈波动上升趋势，2014~2017年总体上升，对金融安全产生积极影响，2007~2014年总体波动下降，2017年之后开始萎缩，不利于金融安全的保障。

关于资本市场变动对金融安全的影响，还表现在以下四个方面：

（一）国家减少或丧失对汇率、利率等的调节权

保持对汇率和利率等领域的调节权有利于保障国家的金融主权，但资本市场的开放使得国家在这方面的调节权在一定程度上有所削弱。到目前为止，在新兴市场上的金融危机的特征大多是本币的短期快速贬值。发生危机的国家或地区一般实行的是固定汇率制度或钉住汇率制度，开放资本市场有利于国际投机，外部投机资本对内部外汇市场进行投机冲击，从而使开放国家或地区被迫放弃相对固定的汇率制度，改为浮动汇率制度。从理论上分析，虽然浮动汇率制度并不会直接对一国金融安全产生影响，但实际上发展中国家由于外汇储备的相对短缺，为了实现经济的平稳增长的目标，提高对外偿债能力，需要汇率保持相对稳定的状态。在开放经济中，汇率对金融安全影响很大。当一国被迫将固定汇率制度改为浮动汇率制度的进程中，发展中国家通常会利用有限的外汇储备去实现汇率相对稳定的目标。但这样做极有可能耗尽外汇储备，使本币汇率不断下调，从而产生内部的通货膨胀，进而影响利率。在国家无法有效控制利率水平的情景下，国内经济运行会出现大的波动。其后果首先表现为金融动荡，进而传递到实体经济领域，从而使整个经济领域产生危机，严重损害金融安全。

（二）容易引起投机资本泛滥

一国资本市场对外开放后，外国资本会大量涌入该国。由于投机资本的趋利性，投机者除了利用现有的机会外，还会主动创造机会，对金融市场进行经济攻击，如果经济攻击得逞时，那么投机者的投机资本将会获得收益。在国际投机者的影响下，即使资本市场开放的国家或地区经济运行正常，但如果投机者的市场力量比该经济体的力量大得多，金融市场也会出现剧烈动荡。从而使众多市场参与者信心和预期发生突然变化，对金融安全产生不利影响。

（三）导致危机扩散

由于发展中国家经济实力较弱，金融体系较脆弱，资本市场的开放更容易受到外部危机的"传染"。一国金融市场受到另一国金融危机打击的第一冲击波就是信心危机。在发达的信息传输技术的帮助和经济全球化条件下，一国货币大幅度贬值或金融市场的动荡会立即传递到世界各地，从而对全球各地投资者的预期产生重要影响。发展中国家或地区由于国内金融市场总量不大，对全球金融市场的影响较小，但一个发展中国家或地区的金融危机往往会带来同一区域或相似经

济结构的发展中国家出现信心危机。在东南亚金融危机中，泰国的货币危机的爆发使得投资者立即对印度尼西亚、马来西亚和菲律宾等国的金融市场丧失信心，对东亚地区各国的金融安全造成了严重损害。俄罗斯的金融危机也是如此，俄罗斯金融危机爆发后很快扩散到中亚五国，产生较大的负面影响。

（四）出现金融创新风险

由于发达国家金融市场发展历史悠久，金融体系较为稳健，创新产品多。而发展中国家资本市场发展历史较短，一旦对外开放后会面临金融创新风险。尤其是金融衍生产品具有极大的渗透性，它的发展打破了银行业与金融市场之间、衍生产品与原生产品之间以及各国金融体系之间的传统界限。这会使金融衍生产品市场的风险通过这种联系传递到金融体系的各个方面，这大大增加了金融体系的系统性风险，从而损害金融安全。

四、商业银行稳定性

（一）国有银行贷款的隐性国债性质，直接影响金融安全

国家的金融安全程度可以用债务规模和偿债能力来衡量，一国庞大的债务规模和较弱的偿债能力会对该国金融安全产生消极影响。国有企业在改制时，由原来的国家财政拨款的资本金投入模式改为国家银行贷款模式，这些贷款所形成的银行坏账和政策干预贷款所形成的不良贷款，构成了隐性的国债规模。不良贷款比率的降低有利于缩小不良贷款和增加贷款总量。但是，诸多贷款中的一些风险正在显形化，这些逐渐显化的不良资产将导致国债规模的增加，进而影响金融安全。

（二）商业银行不良资产的处理造成金融安全环境恶化

在银行体系中，不良资产占金融资产的比重越高，银行发生支付危机的概率就会越高。如果商业银行不良贷款问题无法得到有效的解决，那么一旦银行爆发支付危机，随时可能影响到整个金融系统的安全运行。通过银行不良贷款率我们可以评价银行信贷资产安全状况，进而对金融安全产生影响。由于数据缺失严重，本研究只对中俄哈三国自 2002 年至今的银行不良贷款率进行分析。商业银行资本金不足、不良资产比率过高等问题的解决，需要中央银行的再贷款帮助。但由于再贷款具有刚性，会使中央银行扩大基础货币投放量，从而导致货币供应量过多，甚至可能产生通货膨胀。商业银行沉重的不良资产包袱和呆账坏账贷款的核销，如果仅仅靠财政解决，那么必将引发巨额的财政赤字，导致基础货币的超量发行，从而导致严重的通货膨胀，对金融安全环境产生不利影响。

（三）商业银行的违规风险危害巨大

金融机构在国民经济体系中占据着重要的地位，同时也担负起相应的社会责任，如果出现大规模违规事件，那么必然对国民经济产生巨大危害，损害国家金

融安全。由于金融机构的重要地位，当金融机构在资产和负债等业务的违规出现时，会影响货币价值，进而引发物价变动，并对企业生产经营产生影响。社会上的资金产生非正常流动，会对中央银行的货币政策产生影响，从而影响利率变化。市场机制的有效运行依赖于保障好市场经济人的利益。当金融机构违规造成市场经济人的利益受损时，市场机制难以有效运行，资源在市场上的竞争配置失效，资源难以做到优化配置。金融机构违规会减少相关金融改革成效，阻碍金融体系的稳定提升，对金融安全产生消极影响。

第五节　主权债务风险

主权债务是指一国将本国的主权作为担保向国外借来的债务。当一国无法按债务条款来偿还主权债务时，那么该国就会出现主权违约。对于主权债务可以用外债负债率指标来衡量，外债负债率是指年末外债余额占当年国内生产总值的比重。在国际上，公认的外债负债率安全线为20%。在安全线以内，主权债务风险可控，金融安全就有一定的保障。

主权债务对一国金融安全有着双重影响，一方面，主权债务对金融安全产生积极影响。一国可通过主权债务来筹集资金，利用资金发展生产，促进相关产业的结构调整和产业升级，进而促进国民经济发展，增加经济发展的潜力，从而保障金融安全。债务国有效利用主权债务可以改善吸引外资条件，基础设施建设可利用主权债务的资金，改善国家的投资硬件条件，从而吸引外资流入。如果出现投资不足，可以利用主权债务改善这一情况，增加投资和提升需求，从而提高经济发展水平，保障金融安全。另一方面，主权债务也会对金融安全产生消极影响。过多的主权债务会增加金融系统的脆弱性，进而增加国家对金融风险的控制难度，对金融安全产生不利影响。当国际金融市场利率上升时，会增加债务国的借债成本。在债务国利率不增加的前提下，国际资本会流出债务国，使债务国汇率下降。而主权债务多以外币计价，债务国币值下降使政府还债压力增加，从而增加主权债务风险。如果债务国增加利率，那么不利于债务国的消费和投资，进而对经济产生不利影响，使债务国财政收入减少，使政府还债压力增加，从而增加主权债务风险。主权债务过多会使风险传导到银行等金融机构，从而使债务风险传递到金融领域。如果主权债务出现违约，那么会使银行呆账和坏账增加，从而使银行系统风险增大，影响金融安全。过度的主权债务会使国际投机资本找到做空一国经济的机会，损害国家金融安全和总体安全。

由图 9-1 可以得出，中国的外债负债率保持在 20% 以下，在国际外债负债率安全线以内，总体上主权债务风险可控，有利于金融安全的保障。俄罗斯外债负债率自 1993 年就在 20% 以上，超出安全线，主权债务风险较大，对金融安全产生不利影响。1992~1999 年俄罗斯外债负债率总体上升，特别是 1997~1999 年受亚洲金融危机的影响迅速上升，1999 年达到历史最高点，金融安全受到威胁；2000~2006 年开始下降，2007~2019 年在 30% 徘徊。哈萨克斯坦自 1998 年外债负债率开始都在 20% 以上，2016 年和 2017 年甚至超过 100%，主权债务风险巨大，对于金融安全产生消极影响。吉尔吉斯斯坦 1994 年在 20% 以上，1993~1999 年总体上升，1999 年达到历史最高点；1999~2003 年总体下降，但是 2004~2016 年总体又上升，2016~2019 年超过 100%。总体来看，吉尔吉斯斯坦主权债务风险较大，不利于金融安全的保障。塔吉克斯坦 1993 年在 20% 以上，1993~2000 年总体波动上升，2000 年达到历史最高点，2001~2007 年总体下降，2008~2018 年总体波动上升。总体上看，塔吉克斯坦主权债务风险较大，给金融安全带来消极影响。1993~1999 年土库曼斯坦外债负债率总体上升，1999 年达到历史最高点，2000~2014 年总体下降，2015~2017 年略有回升，但从总体上来看，土库曼斯坦自 2005 年至今已将其控制在安全线以内，主权债务风险可控，有利于金融安全的保障。乌兹别克斯坦 1993~2002 年总体上升，在 2002 年达到历史最高点并超过 100%，2003~2008 年总体下降，自 2008~2018 年将其控制在安全线以内，主权债务风险可控，有利于金融安全的保障，2015 年之后债务规模有所增加，对金融安全产生不利影响。

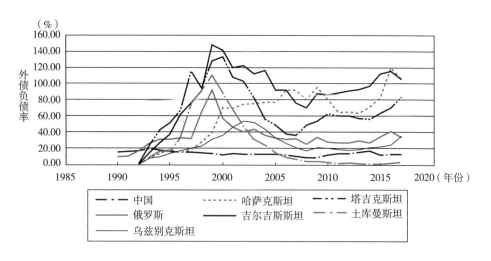

图 9-1 1992~2018 年中俄和中亚五国外债负债率

资料来源：万得数据库。

第十章　中国周边国家金融安全评价研究

第一节　金融安全评价方法与模型

一、金融安全评价方法的选择

本章首先采用层次分析法对中国西北周边国家金融安全进行评估，这种方法对影响决策的因子进行分层处理；其次根据经验来确定各个决策指标之间的相对重要性，即要为决策指标评出相应的权重值；最后通过数学方法计算所有指标的权重值，权重值越大的排序越靠前，权重值越小的排序越靠后，这样可以给出所有指标的相对重要度。由于层次分析法能够定量给出各个决策指标之间的相对重要性，从而为有效解决金融安全评价问题提供了一定的数学解释和科学依据。

二、层次分析法评价模型与步骤

层次分析法通常把相关的各个因素按照不同属性自上而下地分解成不同层次，位于同一层的不同因素属于上一层的因素或者对上一层的因素有影响。一般而言，最上层通常是单个因素，其余层次可以有一个或多个因素。如果所选的因素不合理，或者各因素之间的关系不正确，那么就会降低层析分析法的结果质量，甚至导致模型失败，因此在选择要素时要把握主要因素，处于同一层的要素强度关系不能相差太大。记作 $A = \{A_1, \cdots, A_i, \cdots, A_n\}$，其中 A 代表因素集，$A_i$ 为因素集中的第 i 个元素，并且满足 $A_i \cap A_j = \varnothing$（$i \neq j$），$A = \{A_1, \cdots, A_i, \cdots, A_n\}$ 称为一级因素集合，以及因素集合属于准则层，其中 $A_i = \{A_{i1}, \cdots, A_{ii}, \cdots, A_{in}\}$ 称为二级因素集合，二级因素集合属于通常意义的因素层。

本章在不同层次的因素两两之间进行计较，拟定 1~9 的重要性标度方法，这样可以提高精确度，同时可以尽量减少众多指标因为性质不一样而相互比较的困难。相应的判别矩阵是通过对各层次之间指标的相对重要性和各层次内部指标的相对重要性决定构造的，比较标准如表 10-1 所示。

表 10-1　中国金融安全监测预警评价指标体系

子系统名	指标名称	指标性质	下限（%）	上限（%）
金融业评价系统	银行不良贷款率	逆指标	2.40	10
	资产收益率	正指标	0.30	2.70
	存贷比	逆指标	119.70	160.61
	同业拆借利率	逆指标	5.50	13.32
	M2/GDP	正指标	85	250
	国内信贷/GDP	正指标	20	40
国家宏观经济评价系统	GDP 实际增长率	正指标	7	10
	通货膨胀率	逆指标	2	5
	失业率	逆指标	2	12
	财政赤字率	逆指标	2	5
	负债率	逆指标	28.20	32.72
	实际利率	正指标	3.72	3.92
对外贸易	出口对外依存度	逆指标	31.08	26.16
	进口对外依存度	逆指标	22.80	17.60
	FDI/GDP	正指标	0.60	3.36
国际市场	经常账户/GDP	正指标	1.80	8.24
	外汇储备（包括黄金）/外债总额	正指标	0.70	0.92
	当年还本付息额/外汇储备（加黄金）	逆指标	0.01	0.06
	外汇储备（包括黄金）/M2	正指标	0.01	0.01
	真实汇率变动率	逆指标	0	50

资料来源：笔者根据有关专家咨询意见汇总得到。

通过专家打分的方式获得不同层次的比较矩阵，根据构建的层次分析法结构模型计算出每一个矩阵的最大特征值，以及矩阵的特征向量。根据公式 $CI = (\lambda\_max-n) / (n-1)$ 进行一致性检验，λ_max 是判别矩阵特征值里面最大的一个。从理论上来说，CI 的结果越小，就说明一致性越好，在极端情况下，C = 0，说明具有完全一致性，在置信度为 90% 的情况下，满足随机概率和一致性条件的指标因子的数值与维数的对应关系。接下来通过公式 CR＝CI/RI 可以对一致性比率进行检验，绝大多数情况下，当计算结果小于 0.1 时，则说明矩阵具备满意的一致性，在条件容许范围之内判别矩阵存在不一致程度，也就是说，一致性条件较为满意，此时我们可以认为一致性检验事件获得通过。进一步地，我们将 λ_{max} 的特征向量做一次单位化，这有助于后续计算权重的方便，如果判别矩阵不满足一致性检验，那么需要重新构造成对比矩阵，并重复上面的计算和检验过程，直到找到满足一致性检验条件的判别矩阵为止。最后完成指标的总层次排序，同样总层次排序也是依照一致性检验来设计的。具体来说，从顶层到底层的顺序，针对每一层，计算出该层对最顶层目标层的相对权重，一直计算到最底层为止。

第二节 金融安全评估指标体系构建

一、指标体系构建

本章通过对金融安全进行深入分析，并结合其他文献资料，把金融安全的评价主要划分为四大类，在这四大类基础上再确定与这些因素相关的下层因素。金融安全与否取决于相互关联的这四类：一是国际金融市场运行评价子系统，即衡量外源风险对我国金融系统影响传导途径的健康程度；二是金融市场运行评价子系统，即我国金融系统应对外源风险的能力，可包括国内金融机构、金融市场和宏观金融体系保持良好的运行状态。本书将其界定为——外部金融子系统，体现安全条件；三是衡量国内的宏观经济运行子系统、金融机构运行风险子系统，体现安全能力；四是对外贸易运行评价子系统，即用来衡量对外贸易变动情况对我国周边国家金融安全的影响程度。本章划分金融安全评价系统下设四大子系统：金融业、宏观经济、国际市场和对外贸易。

同时，我们结合国内外专家研究金融安全监测预警指标文献，在遵循监测指标构建的科学性、系统性与实际可操作性原则基础上，构建了中国金融安全监测预警评价指标体系。金融安全评价指标有正指标和逆指标的区别，正指标（如 GDP 实际增长率）是该值越大，金融安全分数越高；而逆指标（银行不良贷款率）该指标值越大，安全分数就越低。本章在文献基础上判断了各指标的正逆情况如表 10-1 所示。

本书中指标警限的确定方法主要有以下三种：一是对那些国际上公认的标准

和通用的国际惯例的指标，基本上将国际通行标准作为该指标的警限上限和警限下限，如巴塞尔资本充足率协议等，但个别指标也根据我国的实际情况进行了必要的调整。二是结合研究金融安全、金融风险和金融危机相关领域文献，如国际货币基金组织的经济学家莫里斯·戈尔茨等专家研究的经验数据和一些专门研究金融安全的科研成果，并参照经济金融背景相似的国家在金融危机爆发时的各项指标临界值。三是对于难以确定警限上限和警限下限的指标，我们根据最近5~10年该指标观测值的平均值上下浮动若干百分点，作为该指标的警限上限和下限。运用以上方法判断金融安全类型，将各指标的上、下警限情况如表10-1所示，上下限所对应的分数各自设定为60分。

二、指标权重确定

指标权重的赋值方法目前主要有三类：一是纯主观分析法，如德尔菲法（专家估计法）；二是纯客观分析法，根据原始数据的信息联系程度和信息量来确定指标权重大小，如因子分析法、熵值法等；三是主观与客观结合的方法，如层次分析法（AHP），AHP的每层内指标重要性的两两判断需要运用专家评估意见。本章采用AHP法确定金融安全指标体系的子系统权重和指标权重，该方法结合了定量方法的优点与专家经验的判别矫正，具有科学性且适合本次研究需要。

首先，构造金融安全评价指标体系递阶层次矩阵；其次，构造下一层对上一层的两两判别矩阵，情况如表10-2~表10-5所示；最后，为反映专家判断结果的合理与否，需要对各递阶层次矩阵进行一致性检验，包括计算一致性指标CI，通过查找评价随机一致性指标RI数值，并计算一致性比率CR＝CI/RI。当CR<0.1时，我们认为判断矩阵满足一致性要求，否则需要重新进行比较。

表 10-2　金融业子系统评价

1	3	5	7	9	11
0.3	1	3	5	7	9
0.2	0.3	1	3	5	7
0.1	0.2	0.3	1	3	5
0.1	0.1	0.2	0.3	1	3
0.1	0.1	0.1	0.2	0.3	1

表 10-3 宏观经济运行子系统评价

1	2	3	4	5	6
0.5	1	2	3	4	5
0.3	0.5	1	2	3	4
0.3	0.3	0.5	1	2	3
0.2	0.3	0.3	0.5	1	2
0.2	0.2	0.3	0.3	0.5	1

表 10-4 对外贸易评价

1	3	5
0.3	1	3
0.2	0.3	1

表 10-5 国际市场矩阵

1	3	5	7	9
0.3	1	3	5	7
0.2	0.3	1	3	5
0.1	0.2	0.3	1	3
0.1	0.1	0.2	0.3	1

　　以上四个系统的 CR 值分别为：0.06354821、0.037029895、0.052945116、0.043795449，均小于 0.1，各判断矩阵的一致性比率 CR 均小于 0.1，满足判断矩阵一致性要求，也表明本书所建立的各判断矩阵中相应各指标间的逻辑关系比较明确。由以上四个层次的判断矩阵的权重向量计算并得到每个指标在系统中的权重，如表 10-6 所示[①]。

表 10-6 金融安全评价系统指标权重

子系统名	指标名称	单系统权重	综合权重
金融业评价系统	M2/GDP	0.46793	0.263825
	国内信贷/GDP	0.261274	0.147309
	银行不良贷款率	0.138535	0.078108

---

① 对各系统指标分别按综合权重从高到低排序。

子系统名	指标名称	单系统权重	综合权重
金融评价系统	资产收益率	0.07242	0.040832
	存贷比	0.038399	0.02165
	同业拆借利率	0.021441	0.012089
国家宏观经济评价系统	GDP 实际增长率	0.380626	0.100249
	通货膨胀率	0.251556	0.066254
	失业率	0.160184	0.042189
	财政赤字率	0.10091	0.026577
	负债率	0.064257	0.016924
	实际利率	0.042467	0.011185
对外贸易	出口对外依存度	0.636986	0.075028
	进口对外依存度	0.258285	0.030422
	FDL/GDP	0.104729	0.012336
国际市场	经常账户/GDP	0.510039	0.028064
	外汇储备（包括黄金）/M2	0.263834	0.014517
	外汇储备（包括黄金）/外债总额	0.129574	0.007129
	真实汇率变动率	0.063636	0.003501
	当年还本付息额/外汇储备（加黄金）	0.032918	0.001811

资料来源：笔者根据有关专家咨询意见汇总得到。

第三节　数据处理

我们选取俄罗斯及哈萨克斯坦、吉尔吉斯斯坦、塔吉克斯坦四个国家为样本，以评价中国新疆周边国家金融安全状况。数据均来自于 BVD 数据库，由于哈萨克斯坦、吉尔吉斯斯坦、塔吉克斯坦三国 2004 年前的数据缺失严重，本书将样本时间段设置为 2004～2018 年，并对于少量缺失数据采用了平均值法进行了补充。

本书选用功效系数法对金融安全进行综合评价。功效系数法又叫功效函数法，它是根据多目标规划原理，对每一项评价指标确定一个满意值和不允许值，以满意值为上限，以不允许值为下限，计算各指标实现满意值的程度，并以此确定各指标的分数，再经过加权平均进行综合，评价被研究对象的综合状况，从而得到综合评价分数。该方法适合判断国家的金融安全程度。首先，筛选指标，建立预警指标体系，并对每个财务指标设置相应的标准值，即上限和下限。其次，判断各指标对整体金融安全状况的重要程度，确定各项指标的权重；再次，根据公式计算单个指标的功效系数；最后，运用数学方法如加权平均法得到这些国家的综合得分值，依据其数值的大小判断该国的金融安全状况是否出现危机。本书利用无量化公式转化金融安全指标体系中各指标为 100 以内的安全系数 S，具体计算公式如下：

（1）对于数值越大，安全度越高的安全条件指标，安全系数的计算方法为：

$$S = 100 - (X - X_M)/(X_L - X_M) \times (S_M - S_L) \qquad (10\text{-}1)$$

式中，S 表示安全系数；X 表示评估金融安全指标的实际数值；X_L 表示指标实际数值所在区间危险数值；X_M 表示指标实际数值所在区间安全数值；S_L 表示指标危险数值对应的标准分值 60 分；S_M 表示指标安全数值对应的标准分值 100 分。

（2）对于数值越大，安全度越低的安全条件指标，安全系数的计算方法为：

$$S = (X - X_L)/(X_M - X_L) \times (S_M - S_L) + 60 \qquad (10\text{-}2)$$

式中，S 表示安全系数；X 表示评估金融安全指标的实际数值；X_L 表示指标实际数值所在区间危险数值；X_M 表示指标实际数值所在区间安全数值；S_L 表示指标危险数值对应的标准分值 60 分；S_M 表示指标安全数值对应的标准分值 100 分。

第四节　中国西北周边国家金融安全评估分析

一、中国西北周边国家金融安全分数

按照上述评价模型和方法，计算得出：中亚国家与俄罗斯的金融安全一致性较大（见表 10-7），俄罗斯 2009 年金融安全程度最高，2005 年其次，分数分别达到了 95.03 和 86.93。2008 年受全球金融危机影响，油价大跌、资本外逃等明显影响了俄罗斯金融安全，2014 年乌克兰危机也使俄罗斯处于金融不安全状态，且影响程度较深，2016 年安全分数仅为 62.4。中亚国家在此期间金融安全程度也大多处于不安全的状态。中亚国家也受到 2014 年乌克兰危机影响，而且受美国对俄罗斯采取的一系列制裁的影响，中亚国家 2016 年、2017 年和 2018 年金融安全没有得到提升，反而有所下降。这也再次印证了俄罗斯的金融安全受外部冲击，尤其是受到国际市场的冲击较为严重，且中亚国家金融安全受俄罗斯影响较大。俄罗斯的金融安全变动主要经历了两次下降、两次上升以及乌克兰危机以后的缓慢上升，从2005年开始到2008年，俄罗斯金融安全分数一直在下降，俄罗斯经济出现了较大波动，2008年有好转态势，但这种情况是暂时的，2014年以来又一再缓慢下滑，再加上乌克兰危机影响，美国不断给俄罗斯施压，控制石油价格，俄罗斯再次陷入了金融危机。

表10-7　中国西北周边国家金融安全评价分数

年份	俄罗斯	哈萨克斯坦	吉尔吉斯斯坦	塔吉克斯坦
2004	83.30	76.01	77.45	91.85
2005	86.93	68.78	77.34	84.20
2006	74.81	69.79	67.58	80.41
2007	66.63	55.33	64.86	68.07
2008	59.68	50.06	76.56	58.89
2009	95.03	68.33	64.39	75.58
2010	75.77	71.84	58.84	76.10
2011	80.45	69.57	80.45	65.90
2012	70.84	76.22	70.84	74.56
2013	71.88	77.27	71.88	68.51
2014	57.99	60.99	57.99	55.83
2015	77.18	78.09	77.18	60.99
2016	62.46	77.35	62.46	57.20
2017	69.36	83.18	69.36	62.67
2018	72.13	88.86	72.13	63.41

资料来源：笔者根据世界银行数据库和CEIC数据库（全球数据库+世界趋势库）计算获得。

二、金融安全等级

我们将金融安全评价状态的结果进行等级划分（见表10-8），共分为四种类型，即安全、基本安全、轻度不安全、不安全；安全等级设为A、B、C、D，所对应的得分范围为：［90，100）、［75，90）、［60，75）、［0，60），得分越低，金融越不安全。

表 10-8　2004~2018 年中国西北周边国家金融安全情况

国别	安全状态	年份
俄罗斯	安全	2009
	基本安全	2004、2005、2010、2011、2015
	基本不安全	2006、2007、2013、2012、2016、2017、2018
	不安全	2008、2014
哈萨克斯坦	安全	无
	基本安全	2004、2012、2013、2015、2016、2017、2018
	基本不安全	2005、2006、2009、2010、2011、2014
	不安全	2007、2008
吉尔吉斯斯坦	安全	无
	基本安全	2004、2005、2008、2011、2015
	基本不安全	2006、2007、2009、2012、2013、2016、2017、2018
	不安全	2010、2014
塔吉克斯坦	安全	2004
	基本安全	2005、2006、2009、2010
	基本不安全	2007、2008、2011、2012、2013、2015、2017、2018
	不安全	2014、2016

资料来源：笔者根据世界银行数据库和 CEIC 数据库（全球数据库+世界趋势库）计算获得。

从中国西北周边国家金融安全的分类来看，金融安全状况不佳。2004~2018年大部分处于金融不安全状态，尤其是 2014 年俄罗斯发生乌克兰危机以来，金融安全状况一直没有得到缓解，没有达到较高的金融安全状态；俄罗斯两次金融危机表现不同，2008 年金融危机以后，俄罗斯反应迅速，在 2009 年就完全脱离了不安全的状态。但治标不治本，2009 年以后，金融安全分数不断下降，直到2014 年金融危机发生。自乌克兰危机以来，虽然俄罗斯金融安全状况有所改善，但仍没有达到金融危机以前的水平。特别是欧美把俄罗斯银行踢出 SWIFT 系统后，俄罗斯银行业损失较大，据统计，在 2022 年上半年，俄罗斯银行业总共损失 249.5 亿美元。

中亚国家金融安全情况与俄罗斯具有较强的一致性，说明俄罗斯对中亚国家影响较大。中亚国家金融体系比较脆弱，一方面是受俄罗斯的影响，另一方面是因为其银行的不安全性。中亚银行的不安全性主要表现在以下三个方面：

第一，过于依赖银行。中亚银行系统里包含众多商业银行，然而中型银行与小型银行占有的比例大，而且期限较短的贷款占有的比例高于期限较长的贷款。在投资方面，投机性大于生产性。这种现象说明该区域的银行运营能力不强，与实体经济发生脱节。

第二，银行不良资产比例过高。这些不良资产的产生，危害到了金融系统乃至整体经济的稳健运行。例如，哈萨克斯坦，根据标普评级机构的分析，由于坚戈不断贬值，2016 年该国银行中的不良资产占比为 12%～14%，较 2015 年末增加 9.5%，贷款质量显著恶化。另外，标普对银行业国家风险评估（BICRA）报告，哈萨克斯坦和乌兹别克斯坦的贷款风险评级都非常高，哈萨克斯坦的银行业风险水平被划为第 8 级，乌兹别克斯坦的银行业风险水平更是被评为第 9 级。

第三，银行盈利能力低。中亚地区的银行数量较多，整体规模较大，但是竞争力较弱。各国的银行具有较低的专业化程度，缺乏完善的风险管控体系，盈利能力也较弱。

中国西北周边国家金融不安全的原因主要有三个：

第一，法律体系不完备。西北周边国家的经济金融法律体系不够健全，中亚五国的金融机构所涉及的种类还比较单一，业务范围较小，商业银行的分布十分集中，使商业银行对于各国实际的经济活动参与度较低，金融机构的多样性难以得到提升。

第二，政府过度干预。中亚五国普遍存在政府过度干预银行经营决策的问题，导致贷款基准利率高于企业贷款利率，例如，哈萨克斯坦基准利率高达15%～20%，塔吉克斯坦本币贷款利率甚至达到 27.58%，实体企业融资条件恶化。政府不仅干预了信贷的流向，还控制了贷款的类别以及日期限制；政府不仅干预信贷量，还掌控了其资本价格，也就是贷款利率。上述各种政府干预的做法均违反了商业银行的运营准则，导致贷款的质量下降，这是不良资产占比增大的主要原因。

第三，政府担保。银行体系受到了政府有形的或无形的担保。政府为国有商业银行进行担保是必然的，然而私营商业银行通常也存在着政府担保的问题。政府的工作人员和银行的大股东或者高层管理者之间存在一些特殊的私人关系，依靠人际关系办事。所以很多借贷政策并非完全公平公正，也不一定受合同的约束，人际关系往往大于法治。

第十一章　中国周边国家资源能源安全现状及合作机制比较

第一节　中国周边国家资源能源安全现状

中国周边国家资源能源合作成果斐然，完成了以油管道为基础，采取以铁路、公路运输并重输送模式的国际能源陆上大通道建设，并启动运营推进了能源合作向纵深发展，这对中国西南、东北亚能源通道建设起到示范作用。

一、建成国际能源陆上通道体系

中国西北周边国家能源合作已完成了互联互通能源管线建设（见表11-1）。

表11-1　中国西北周边国家油气管道合作项目

时间	合作国家	内容
2003 年 6 月	哈萨克斯坦	中哈签署了分阶段建设从哈国阿特劳—中国阿拉山口输油管道协议，一期 2006 年竣工，二期 2009 年投产
2004 年 7 月	哈萨克斯坦	中哈各自参股 50% 成立"中哈管道有限公司"（KCP），负责中哈原油管道项目投产、工程建设、管道运营等业务
2005 年 12 月	哈萨克斯坦	中哈原油管道项目一期开始投油，并于 2006 年 5 月全线通油
2006 年 4 月	土库曼斯坦	中土关于输气管道建设的框架协议
2007 年 8 月	土库曼斯坦	中国—中亚天然气管道土库曼斯坦段开工
2007 年 11 月	哈萨克斯坦	哈萨克斯坦石油公司 KazMunayGas 与中国石油天然气集团公司签署关于未来管道建设的原则性协议

续表

时间	合作国家	内容
2008 年 4 月	乌兹别克斯坦	中石油和乌兹别克斯坦石油天然气公司组建了合资企业 Asia Trans Gas 有限责任公司，负责输送能力为 300 亿立方米的乌—中天然气管道设计、建设和运营等
2008 年 6 月	乌兹别克斯坦	中国—中亚天然气管道乌兹别克斯坦段开工
2008 年 7 月	哈萨克斯坦	中国—中亚天然气管道哈萨克斯坦段开工
2009 年 7 月	哈萨克斯坦	中哈原油管道二期工程建成，哈萨克斯坦到西北西部全线贯通
2009 年 12 月	土库曼斯坦、乌兹别克斯坦、哈萨克斯坦	中国—中亚天然气管道 A 线贯通，据协议未来 30 年每年向中国输气 300 亿立方米
2010 年 10 月	土库曼斯坦、乌兹别克斯坦、哈萨克斯坦	中国—中亚天然气管道 B 线贯通，实现双线通气，气源为土库曼斯坦
2011 年 2 月	土库曼斯坦	中土双方就土方向中国每年增供 200 亿立方米天然气达成共识
2012 年 9 月	土库曼斯坦	中国—中亚天然气管道 C 计划开工建设
2012 年 10 月	土库曼斯坦、乌兹别克斯坦、哈萨克斯坦	中国—中亚天然气管道 A/B 线 300 亿立方米输气能力建设全部完成
2013 年 6 月	哈萨克斯坦	广汇能源将哈萨克斯坦斋桑湖的天然气资源输往我国境内的吉木乃县，成为我国首条由民营企业投资建设的跨国能源通道项目，输气量为 5 亿立方米/年
2013 年 9 月	土库曼斯坦	中国—中亚天然气管道 D 线建设启动，定于 2016 年建成通气
2014 年 4 月	吉尔吉斯斯坦	中国—中亚天然气管道 D 线吉尔吉斯段可研报告获得吉国政府批准，在 D 线管道 3 个过境国中首个获得可研审批。D 线途经乌兹别克斯坦、塔吉克斯坦、吉尔吉斯斯坦
2014 年 5 月	乌兹别克斯坦、哈萨克斯坦	中国—中亚天然气管道 C 线投产，并将在 2015 年底达到年 250 亿立方米的设计输气能力。C 线与 A/B 线并行铺设，线路总长 1830 公里
2014 年 9 月	塔吉克斯坦	中国石油与塔吉克斯坦签署相关协议，协商成立高级别管理委员会，共同推进中国—中亚天然气管道 D 线塔国段的建设。2014 年 9 月 13 日，中国—中亚天然气管道 D 线塔国段将开工建设
2018 年 6 月	哈萨克斯坦	2018 年 6 月，中石油集团和哈萨克斯坦能源部签署了《中国石油天然气集团有限公司与哈萨克斯坦能源部关于石油合同延期及深化油气领域合作的协议》，保障中哈原油管道上游持续开发

（一）中国西北周边国家互联互通能源管线建设

1. 中哈原油管道

中哈原油管道为中国西北与周边国家能源合作的第一条国际原油长距离输送

管道，西起位于哈萨克斯坦西部里海港口的阿特劳，贯通中石油在哈控股的阿克纠宾斯克、乌津油区，沿"阿塔苏—阿卡德里—阿克恰套—阿克托盖—乌恰拉尔"线，横贯哈萨克斯坦全境至中哈边境阿拉山口，再由阿拉山口至中国西北的独山子，总长达 3088 公里（其中哈萨克斯坦境内 2818 公里，中国境内 270 公里）。

整个管线系统分三段：第一段为阿特劳—肯基亚克，全长达 448 公里，已于 2003 年贯通，设计的管道输油能力为 2000 万吨/年，其中俄罗斯及伊朗等环里海国家的原油均能通过该管道运输出口到中国西北地区；第二段为肯基亚克—阿塔苏，第三段为从哈境内的阿塔苏—中国的阿拉山口。

（1）中哈管道的一期工程。2003 年，由哈萨克斯坦石油运输公司（KTO）和 CNPC 共同兴建全长 448 公里的肯基亚克—阿特劳输油管（中哈管道的一期工程）投产，2005 年 12 月 15 日，中哈原油管道阿塔苏—阿拉山口段（全长 962 公里）竣工投产，2006 年 5 月实现全线通油。2006 年 7 月 11 日，中哈管道原油油头流过中哈边境阿拉山口计量站，进入阿独原油管道。

（2）中哈管道的二期工程。中哈管道的二期工程西起哈萨克斯坦中部卡拉干达州的阿塔苏，沿阿塔苏—阿卡德里—阿克恰套—阿克托盖—乌恰拉尔线抵达中国的阿拉山口。2004 年 9 月 28 日，开始铺设阿塔苏—阿拉山口输油管段（中哈管道的二期工程，管道长度 962.2 公里），第一阶段的设计输送能力为 1000 万吨/年，最终运输能力达到 2000 万吨/年。管道工程已经于 2005 年底完工，2006 年输油 600 万吨。

（3）中哈油管的三期工程。肯基亚克—阿塔苏段（全长约 1344 公里）建成后，整个中哈石油管道全部正式投入运营。

2. 建成中亚—中国天然气管线

（1）中亚—中国天然气管道 A、B 线。中亚—中国天然气管道项目贯通土库曼斯坦、乌兹别克斯坦、哈萨克斯坦和中国四国，是世界上最长的国际天然气运输管道。管道起自土库曼斯坦和乌兹别克斯坦两国交界的格达伊姆，穿越乌兹别克斯坦、哈萨克斯坦，最终到达霍尔果斯。管道全长 1833 公里，为 AB 双线铺设（乌兹别克斯坦境内 525 公里，哈萨克斯坦境内 1293 公里）。管线的输气量达到 400 亿立方米/年，其中 300 亿立方米供应中国，100 亿立方米供应哈萨克斯坦南部。天然气管道从霍尔果斯至奇姆肯特，在奇姆肯特分为两条支线：一条进入乌兹别克斯坦—土库曼斯坦，另一条进入哈萨克斯坦的别伊奈乌气田。

中亚 A、B 线天然气管道起自土库曼斯坦与乌兹别克斯坦边境格达伊姆，经乌兹别克斯坦、哈萨克斯坦，进入中国境内的霍尔果斯压气站。A 线于 2009 年 12 月建成投产，B 线于 2010 年 10 月建成投产。

在 2009 年底开始的 30 年运营期内，管道每年将从中亚地区向我国稳定输送约 300 亿立方米以上的天然气。

（2）中亚—中国天然气管道 C、D 线。中亚 C 线天然气管道与中亚 A 线、B 线起点、终点相同，并且路由走向主体并行，管道长 1830 公里，2014 年 5 月 31 日建成投产。C 线在西北霍尔果斯压气站与西气东输三线相连，形成一个整体管道系统，干线长度超过 7000 公里。

中亚 D 线天然气管道起自土乌边境，经乌兹别克斯坦、塔吉克斯坦、吉尔吉斯斯坦，在中吉边境伊尔克什坦口岸进入中国，并在乌恰压气站与国内西气东输五线相连，全长约 1000 公里，设计输量 300 亿方/年。2014 年 9 月中亚 D 线天然气管道项目开工。

（3）"萨拉布雷克—吉木乃"天然气管道。广汇能源建成的长达 115 公里的中哈跨境长输管道"萨拉布雷克—吉木乃"天然气管道，广汇能源控股子公司吉木乃广汇液化天然气发展有限责任公司在我国阿勒泰地区吉木乃县投资建设一座日处理 150 万立方米液化天然气装置，随着《中哈两国政府间萨拉布雷克—吉木乃天然气管道建设和运营合作协议》的签订，中哈两国天然气管道贯通。

（二）能源合作构建互联互通的铁路公路架构

铁路是资源和能源合作的一种重要运输载体，目前在已有跨境铁路基础上，构建中国新疆五大跨国铁路通道，即："克拉玛依—新西伯利亚"的中俄通道、"明水—吉木萨尔—阿亚古兹"的中哈通道、"乌鲁木齐—科布多"中蒙通道、"喀什—塔什干"的中吉乌土通道、"喀什—瓜达尔港"的中巴通道。

此外，能源合作还推进了跨国公路运输体系建设，形成了中国西北与周边国"一纵三横"国际公路通道构架。"一纵"指经过塔城、喀什两地，连接俄罗斯、南亚的国际公路通道；"三横"涵盖了经阿拉山口的新亚欧大陆桥、经霍尔果斯的国际公路，及规划的由"喀什—安集延"铁路连接的泛亚大通道，构筑了横跨亚欧大陆的北、中、南三个方向的主丁线。

（三）中国西北周边国家能源合作逐步形成输电网络

中国西北周边国家四大跨国输电线路初见端倪。主要有以下四条：

（1）起自吉尔吉斯斯坦、乌兹别克斯坦、塔吉克斯坦三国，经"吐尔尕特—伊犁—乌鲁木齐—哈密—永登—乾县，抵达环渤海经济圈电力负荷中心线路，电源为吐尔尕特口岸吉乌塔电力、吉木乃口岸哈国电力。

（2）"喀什—库尔勒—托克逊"线路，对接吐尔尕特，联通吉乌塔三国电力和塔吉克斯坦西南水电基地。

（3）塔吉乌中吐尔尕特口岸输电线路（安集延—吐尔尕特—喀什输电线路），接中亚电网，输入塔吉乌三国水电火电。

（4）"斋桑—吉木乃—克拉玛依"线路，接东哈萨克斯坦北部联合大电网和阿勒泰电网，电源为以东哈州水电火电，汇入伊犁、乌鲁木齐输电网络。

哈萨克斯坦拥有 68 个发电站，额定功率为 198 亿瓦特，可调配功率为 158 亿瓦特。预计在 2030 年前进行更新改造的电力产能为 70 亿瓦特，新投产的电力产能达 140 亿瓦特。中哈电力联网合作，可采用特高压直流工程输电至中国的中部地区。吉尔吉斯斯坦与喀什地区比邻，中吉电力联网合作在纳伦河上新建德日兰雷科水电站和乌奇昆水电站，总装机容量为 266 兆瓦，年发电量为 16.72 亿千瓦时，建设从乌奇昆水电站至喀什 220 千伏输电线路，与喀什电网联网[①]。

二、中国西北周边国家能源合作项目

中国西北周边国家能源合作项目较多（见表 11-2）。

表 11-2　中国与中亚能源贸易合作开发项目

时间	合作国家	内容
1997 年 6 月	哈萨克斯坦	中哈签订《阿克纠宾油气股份公司购股协议》购买阿克纠宾斯克油气公司 60.3% 的股权
1997 年 8 月	哈萨克斯坦	中石油中标哈萨克斯坦第二大油田——新乌津油田
2002 年 5 月	哈萨克斯坦、土库曼斯坦	中国先后签署了土库曼斯坦和哈萨克斯坦里海盆地东缘中区块开发协议
2002 年	土库曼斯坦	土库曼斯坦石油康采恩公司与中国石油勘探开发公司的《古姆达格油田增产改造技术服务合同》
2002 年 6~8 月	吉尔吉斯斯坦	中石化获得吉尔吉斯斯坦马利苏四—依兹巴斯肯特油田的开发权以及阿拉伊盆地的勘探权
2003 年 6 月	哈萨克斯坦	中石油再签阿克纠宾斯克购股协议，占该油田股份达 85.6%
2003 年 10 月	哈萨克斯坦	中石油购买雪弗龙—德士古北布扎奇股份，购得北布扎奇油田
2004 年 11 月	哈萨克斯坦	中石油收购肯尼斯油田与贝克塔斯油田（KAM 项目）50% 股权
2004 年 6 月	乌兹别克斯坦	中石油与乌兹别克斯坦国家油气公司签署互惠合作协议
2005 年 10 月	哈萨克斯坦	中石油收购 PK 公司
2005 年 1 月	哈萨克斯坦	中石油完成对美国第一国际石油公司整合，在其所属哈国石油勘探区进行全面勘探作业
2005 年 5 月	乌兹别克斯坦	中乌双方签署了石油勘探和开采领域长期合作的政府正式协议

---

① 高世宪等．丝绸之路经济带能源合作现状及潜力分析［J］．中国能源，2014（4）：4-7.

续表

时间	合作国家	内容
2006 年 4 月	土库曼斯坦	签署《中华人民共和国与土库曼斯坦政府关于实施中土天然气管道项目及土库曼斯坦向中国出售天然气的总协议》
2006 年 7 月	哈萨克斯坦	中石油与哈能矿部签署协议将原 PK 公司 33% 股权转让哈萨克斯坦国家石油公司
2006 年 12 月	乌兹别克斯坦	中石油获得乌兹别克斯坦《油气勘探作业证》，可在 3 个盆地 5 个陆上区块开展油气勘探作业
2007 年 8 月 18 日	哈萨克斯坦	中国石油天然气集团公司与哈萨克斯坦国家石油公司签署了关于中哈天然气管道建设和运营的合作协议
2008 年 10 月	乌兹别克斯坦	中石油与乌兹别克斯坦国家油气公司签订合作开发费尔干纳盆地北缘的明格布拉克油田的协议
2008 年 11 月	乌兹别克斯坦	中国和乌兹别克斯坦达成了开采乌纳曼甘州明格布拉克油田的协议
2008 年 11 月	哈萨克斯坦	中国与哈萨克斯坦签署了关于在天然气及天然气管道领域扩大合作的框架协议
2009 年 4 月	哈萨克斯坦	中哈签署 100 亿美元的石油贷款协议
2009 年 4 月	哈萨克斯坦	广汇能源就在哈萨克斯坦投资 57.06 亿元建设"斋桑油气综合开发项目"
2009 年 6 月	塔吉克斯坦	中国特变电工股份有限公司与塔吉克斯坦能源签署的建造水电站和热电站的协议
2009 年 6 月	土库曼斯坦	中土签署 40 亿美元的石油贷款协议
2009 年 11 月	哈萨克斯坦	中石油收购曼格什宾油田 100% 股权
2009 年 12 月	哈萨克斯坦	金风科技与哈萨克斯坦工贸部贸易促进署签订谅解备忘录，为哈国评定风资源，制定风电开发规划
2009 年	塔吉克斯坦	西北吉安投资开发有限公司与塔吉克斯坦塔科姆金矿有限责任公司在塔吉克斯坦设立合资企业"塔科姆金矿有限公司"
2010 年 6 月	乌兹别克斯坦	中乌签署《中乌天然气领域扩大合作的谅解备忘录》和《关于天然气销售的框架协议》，向中国供气 100 亿立方米
2011 年 2 月	哈萨克斯坦	中哈签署《关于哈国乌里赫套项目合作的原则协议》，联合开发乌里赫套气田
2012 年	哈萨克斯坦	广汇能源认购阿尔加目海天然气有限公司（ACG 公司）股东增发新股，间接控股南依玛谢夫油气区块 51% 的权益
2012 年	塔吉克斯坦	签订《中国石油与塔吉克斯坦共和国能源和工业部合作备忘录》
2012 年 8 月	吉尔吉斯斯坦	中国特变电工股份有限公司承建了吉尔吉斯斯坦南北输变电通道大动脉工程——"达特卡—克明"500 千伏输变电项目

续表

时间	合作国家	内容
2013 年	吉尔吉斯斯坦	中国华荣能源股份有限公司控股的吉尔吉斯大陆油气有限公司与吉尔吉斯石油天然气股份有限公司约定共同开发位于吉尔吉斯斯坦贾拉拉巴德州费尔干纳盆地的吉尔吉斯油气项目
2013 年 5 月	塔吉克斯坦	中塔战略伙伴关系联合宣言发表，宣布将共同开发矿产资源，扩大能源开发合作，发展可再生能源开发合作，扩大电力基础设施合作，共同修复和改造电网
2013 年 6 月	塔吉克斯坦	中国石油天然气集团公司与克能石油公司、道达尔公司以及塔吉克斯坦能源工业部签署塔吉克斯坦伯格达区块项目油气合作交割协议
2013 年 9 月	土库曼斯坦	中石油与土库曼斯坦天然气康采恩签署增供 250 亿立方米天然气的协议
2013 年 9 月	土库曼斯坦	中石油承建土库曼斯坦复兴油田南约洛坦年 100 亿立方米产能项目投产
2013 年 9 月	哈萨克斯坦	中哈达成协议，《中国石油天然气集团公司与哈萨克斯坦国家油气公司关于全面战略合作规划协议》和《中国石油天然气集团公司与哈萨克斯坦国家油气公司关于卡沙甘项目购股确认协议》以 50 亿美元收购卡沙甘油田 8.3%股份
2013 年 9 月	乌兹别克斯坦	《关于建设和运营中乌天然气管道的原则协议第二补充议定书》《关于成立合资公司补充勘探和开发卡拉库里投资区块油气田的原则协议》《新丝绸之路石油天然气有限责任公司创建协议》《新丝绸之路石油天然气有限责任公司章程》等一系列协议的签署
2014 年 5 月	土库曼斯坦	中石油土库曼斯坦巴格德雷合同区第二天然气处理厂投产。5 月 8 日，中石油复兴气田年 300 亿立方米增供气 EPC 总承包项目奠基。这是近年全球最大的 EPC 总承包项目之一。项目建成后，生产的天然气将输往中国
2014 年 8 月	哈萨克斯坦	洲际油气股份有限公司收购哈萨克斯坦马腾石油公司的股份，拥有了东科阿尔纳油田、马亭油田和卡拉阿尔纳油田的开采权
2014 年 8 月	吉尔吉斯斯坦	熔盛重工增发 14 亿股收购 New Continental 公司在吉尔吉斯全资子公司 60%股权，从而获得该公司在吉尔吉斯拥有的大型油田合作经营权
2014~2018 年	土库曼斯坦	中石油"复兴气田"二期开发项目
2014 年 12 月	哈萨克斯坦	中国庆华能源集团煤炭清洁综合利用项目
2014 年 12 月	哈萨克斯坦	《扩大油气领域科技合作协议》，根据该协议，双方将采用聚合物驱、精细注水等提高采收率的技术，提高哈萨克斯坦油田的采收率，同时探讨天然气化工合作相关事宜

续表

时间	合作国家	内容
2015 年 3 月	哈萨克斯坦	总理卡里姆·马西莫夫访华落实哈中原油管道扩建、哈中天然气管道二期建设、奇姆肯特炼厂改造项目，扩大在煤炭领域的合作，深化核领域合作
2015 年 11 月	吉尔吉斯斯坦	西北国际实业公司投资建设的托克马克炼油厂，其生产的汽油、柴油、液化气等产品不仅在吉国内销售，还将返销中国及销往周边国家）
2016 年 1 月	哈萨克斯坦	巴丹莎 BADAMSHA 风电项目总承包给中国水电工程顾问集团有限公司
2016 年 4 月	哈萨克斯坦	哈萨克斯坦国家油气公司将其旗下油气国际公司罗马尼亚分公司 51% 的股份转让给中国华信能源有限公司
2016 年 9 月	哈萨克斯坦	《中华人民共和国政府和哈萨克斯坦共和国政府关于"丝绸之路经济带"建设与"光明之路"新经济政策对接合作规划》，双方表示愿意促进天然气、石油、石油产品、石化产品等产品贸易，在新能源等新兴产业领域加强合作，发展具有潜力的产能合作项目
2019 年 11 月 13 日	哈萨克斯坦	中石油与哈萨克斯坦国家石油天然气股份公司签署《关于在油气领域扩大合作的备忘录》，与哈萨克斯坦共和国能源部、哈萨克斯坦天然气运输股份公司签署《关于天然气领域合作备忘录》

资料来源：中国驻中亚各国使馆经商参赞处、国际能源网、中国能源网。

三、中国周边国家资源能源安全合作成效

（一）中国周边国家能源合作进口数量

截至 2019 年底，中国与周边国能源合作已形成一定规模，从阿拉山口中哈输油管道累计原油进口量突破 1.26 亿吨。为了扩大输油量中哈签署《关于中哈原油管道二期工程建设的基本原则协议》《中哈关于进一步深化全面战略伙伴关系的联合宣言》，双方将加快实施中哈天然气管道一期（C 线）扩建和二期（别伊涅乌—巴佐伊—奇姆肯特）建设，并加强原油管道扩建，使其达到每年 2000 万吨的输油能力。中亚天然气管线自 2009 年 A 线竣工投产霍尔果斯口岸开始向国内输气以来，目前已形成 A/B/C 三线并行输气格局，年输气能力达到 550 亿立方米，每年从中亚国家输送到国内的天然气约占全国同期消费总量的 15% 以上。截至 2019 年 6 月 30 日，中亚天然气管道投产以来累计输气量达到 2774 亿立方米（未来中亚将通过西北能源通道向中国提供超过 800 亿立方米/年的天然气）。目前正在建设 D 线，签订的合同每年向中国输气 680 亿立方米，而民营资

本广汇能源从哈国输入天然气 17.08 亿立方米（见表 11-3）。

表 11-3 中国从哈萨克斯坦能源进口量 　　　　单位：万吨

年份	能源进口总量	煤炭进口总量	石油进口总量	天然气进口总量	一次电力及其他能源进口总量
2001	67.1	0.20	66.46	0.02	0.42
2002	93.8	0.28	92.41	0.02	1.09
2003	17.2	0.00	15.33	0.03	1.84
2004	170	0.32	167.02	0.20	2.46
2005	160	0.30	150.38	2.37	3.95
2006	300	0.36	290	0.95	4.0
2007	660	0.34	651.64	0.83	7.19
2008	610	0.15	604.62	0.64	4.59
2009	690	0.11	680	0.32	0.30
2010	1040	0.09	1030	0.24	0.50
2011	1280	0.09	1270	1.49	0.49
2012	1140	0.11	1130	1.14	0.08
2013	1260	2.25	1220	13.70	1.10
2014	710	4.85	650	54.2	0.5
2015	560	0.33	520	40.2	1.05
2016	430	3	320	90	12.2
2017	340	0.11	240	78.4	20.9

资料来源：中国驻中亚各国使馆经商参赞处、国际能源网、中国能源网。

（二）中哈原油管道获得了稳定油源的保障

哈萨克斯坦把中哈管道同现有的"鄂木斯克（俄罗斯）—巴甫洛达尔（哈萨克斯坦）—希姆肯特（哈萨克斯坦）—查尔珠（土库曼斯坦）"石油管道接通，使西伯利亚石油成为中哈原油管道的油源。其中，阿塔苏东北与俄罗斯的巴浦洛达尔、鄂木斯克、秋明、乌拉尔管道相连，西南越过乌兹别克斯坦，与土库曼斯坦的查尔珠油田相接。中哈管道的中间段，即"肯基亚克—阿塔苏"段将在哈里海石油进入稳定开采后修通，届时石油年产量将达 1 亿吨，使哈萨克斯坦有足够的资源提供给中哈管道。同时，一批中资控股、参股的哈萨克斯坦油田保证了中哈原油管道稳定的供给。包括中石油控股经营的扎纳茹尔油气田和肯基亚克油气田、北布扎奇油田；中石化控股的里海田吉兹地区油田；中石油收购 PK

公司在哈国中南部南图尔盖盆地的油田；中信集团控股 94.62% 卡拉赞巴斯油田；中新资源有限公司控股的东莫尔图克油田等。

俄罗斯与土库曼斯坦两国石油丰富的原油可以经过阿塔苏直接进入独山子，在这 1000 万吨原油中，50% 来自哈萨克斯坦的扎纳诺尔油田和阿克纠宾油田，50% 来自里海地区的俄罗斯油田（哈方也有意将 3000 万吨的份额分给俄罗斯）。目前，从俄罗斯西伯利亚地区的产油情况来看，俄卢克石油公司、西伯利亚石油公司等加起来可以每年向中国出口 1500 万吨石油。俄罗斯 THK—BP 公司、俄罗斯天然气工业石油公司可以将新西伯利亚州的上塔尔斯克油田轻质原油（可采储量 2080 万吨），先经"鄂木斯克—巴甫洛达尔—奇姆肯特"油管输送，再通过火车运至哈萨克斯坦阿塔苏汇入中哈管道；另一油源地南图尔盖盆地库姆科尔油田石油则从库姆科尔—阿塔苏管道运至，再经阿塔苏—阿拉山口进入中国。

（三）中亚—中国天然气管道的气源保障

中亚天然气管道一期建设的主供气源由两部分组成。一部分来自中国石油与土库曼斯坦国家天然气康采恩签署的 170 亿立方米的天然气购销协议气（气源为土库曼斯坦南尤拉屯气田和马莱气田）；另一部分 130 亿立方米的天然气将来自土库曼斯坦阿姆河右岸区块。2007 年 7 月，中国石油分别与土库曼斯坦油气资源管理利用署和土库曼斯坦国家天然气康采恩，在北京签署了中土天然气购销协议和土库曼斯坦阿姆河右岸区块天然气产品分成合同，基本保障了稳定供应 30 年的天然气资源。2007 年 8 月中国石油获得了该区块的勘探开发许可证，2010 年阿姆河右岸天然气勘探开发项目进入天然气生产和二期工程建设并行期。

2008 年 10 月，中国石油天然气集团公司与哈萨克斯坦国家石油天然气股份公司双方商定，共同研究、推动合作开发乌里赫套凝析气田，组织每年 50 亿～100 亿立方米天然气由哈萨克斯坦出口到中国。其中还包括中石油阿克纠宾油田的天然气（阿克纠宾油田是哈萨克斯坦阿克纠宾州最大的石油开采企业，中石油拥有 60.2% 的股份）。

（四）中国西北周边国家新能源合作

新能源是中国西北地区的新兴产业，已形成了哈密、阿勒泰、吐鲁番、达坂城、阿克苏、喀什等光伏基地。新疆、甘肃等西北地区在能源装备制造业方面已有一定基础，在太阳能风能技术、装备制造、系统集成、工程建设、储能、与电网衔接、运行维护等产业链技术服务方面，具备向周边国家输出的优势和技术力量。而在新能源开发领域，中国新疆周边国在太阳能、风能、生物质能、干空气能等领域具有发展潜力，且处于待开发阶段，目前西北地区新能源产业已与周边国家的市场开始对接（见表 11-4）。

表 11-4　中国西北周边国家新能源开发合作

年份	合作国家	内容
2012	哈萨克斯坦	中国电建集团所属水电顾问集团国际公司和成都院控股哈萨克斯坦水利设计院有限公司
2013	吉尔吉斯斯坦	中国政府提供贷款，西北特变电工集团有限公司承建的吉尔吉斯斯坦"南部电网改造项目"竣工
2014	哈萨克斯坦	中国广核集团有限公司与哈萨克斯坦国家原子能工业公司签署了核能领域互利合作协议，计划在哈萨克斯坦建立合资企业生产核燃料组件
2014	乌兹别克斯坦	乌兹别克斯坦与中国企业合作，在纳沃伊自由工业经济区建设 100 兆瓦光伏电池板生产线，在吉扎克特殊工业区兴建年产 5 万台太阳能集热器生产企业
2015	哈萨克斯坦	西北金风科技在与哈萨克斯坦产业投资主管部门、新能源投资企业和有关的金融投资服务、工程建设施工和物流行业企业共同商讨时，提出金风科技将在西北能源战略框架内，大力推动两国政府间提出的跨国输电合作，并提出在哈萨克斯坦建设千万千瓦级能源基地的设想
2016	哈萨克斯坦	中国电建集团所属水电顾问集团与哈萨克斯坦巴丹莎 BADAMSHA 风电项目公司签署 BADAMSHA 风电项目 EPC 合同，这是哈萨克斯坦政府重点支持的中亚地区最大的新能源工程
2017	乌兹别克斯坦	西北金风科技在乌兹别克斯坦塔什干州的金风 750kW 风机运行。而特变电工下属的新能源公司大型并网逆变器已出口哈萨克斯坦，顺利并入哈电网，在技术领域持续取得新的突破

（五）中国西北周边国家矿产资源合作

中国西北周边国能源资源合作采取国际矿产品贸易、境外风险勘察和投资并购三种主要形式。

1. 国际矿产品贸易

如吉尔吉斯斯坦向中国出口的铜铁铅锌等原矿石，并提供废铜废铁等原材料。

2. 境外风险勘察

继 2012 年 12 月中国国土资源部与吉尔吉斯斯坦地矿署签订两国地质矿产领域合作备忘录之后，最近几年中石油、中石化、中信资源和洲际油气等多家企业在西北周边的哈萨克斯坦等国积极从事油气资源勘探开发，合作项目主要集中在滨里海、曼格什拉克、北乌斯丘尔特和南图尔盖等区域。其中，中石油在阿克纠宾、卡沙甘等项目中获得有较大权益油气资源储量，中信资源则在卡拉赞巴斯油田获得权益丰富的资源量。

3. 投资并购

中国在哈萨克斯坦投资的大项目有中哈石油管道项目、中油阿克纠宾项目、石油公司项目、北部扎奇项目、里海达尔汗区块项目、肯阿西比管道项目、巴普洛达尔销厂项目、中哈金矿开采加工项目等（见表 11-5）。中国向哈萨克斯坦提供 17 亿美元贷款的财富基金，在双方的合同中约定，哈方为期十年向中方供应 5.5 万吨铀（市价超 80 亿美元）；中方予以哈方能源等基础设施项目 50 亿美元贷款；中方为哈方贷款 50 亿美元兴建一家石化产品复合体；并在哈萨克斯坦西部开发乌里赫套气田；中方为哈方援建及更新各种水电站和其他电站；中国广东核电集团公司（中广核控股 49%，哈萨克斯坦原子能公司控股 51%）在哈萨克斯坦拥有伊尔科利铀矿和谢米兹拜伊铀矿两个生产基地。

表 11-5　近年来中国在哈萨克斯坦矿业投资分布

	项目或矿床名称	矿种	开发或投资公司
阿克托别州	哈萨克斯坦钾盐项目 原油及沥青项目 Voskhod 东莫尔图克油田（EM）项目	钾盐、原油及沥青、铬、石油	新疆吉安投资开发有限公司 新疆中新资源有限公司 中国五矿集团公司 中信国安集团
南哈萨克斯坦州	铜钴多金属矿项目 Uvanas Zhalpak	铜钴、铀、铀	新疆吉安投资开发有限公司 中核集团
阿特劳州	FIOC 项目 乌拉尔—伏尔加勘探（Ural-Volga）区块	油气 油气	中国石油化工集团
东哈萨克斯坦州	哈萨克斯坦斋桑油气田项目 Aktogay	油气、铜	新天国际经济技术合作（集团）有限公司 中国金川集团
卡拉干达州	哈萨克斯坦肯尼斯和贝克塔斯油田	石油	振华石油控股有限公司
北哈萨克斯坦州	Semizbai	铀	中广核集团
科斯塔奈州	Shevchenko	镍	中国五矿集团公司
曼格斯套州	北布扎奇油田项目	石油	中石油集团
克孜勒奥尔达州	Inkol	铀	中广核集团

资料来源：Raw Material Group 数据库。

2013 年 9 月习近平主席出访中亚，中方共向中国周边四国（哈土吉乌）提供超 480 亿美元投资及贷款协定。其中包括访问哈萨克斯坦期间，中石油以 50 亿美元从收购哈国"卡沙甘油田"美国康菲国际石油有限公司的 8.4% 股份；中哈签署开通"别依涅乌—鲍佐依—希姆肯特"天然气管线第一阶段的合同；此外，中哈签署价值 300 亿美元合同。2022 年 6 月 7 日至 10 日，习近平总书记应邀对哈萨克斯坦进行国事访问并出席上海合作组织成员国元首理事会第十七次会议。其间，中哈两国签署 10 多项政府部门间合作协议，涉及经贸、金融、基础设施建设、水利、质检、媒体等诸多领域。

中国积极投资哈萨克斯坦的能源开发、基础设施建设、管道建设，正在实施马伊纳克水电站、阿特劳炼油厂芳烃生产装置、阿克套沥青厂等重要合作项目。

中国西北周边国家吉尔吉斯斯坦重点投资开发费尔干纳盆地辐射区，即奥什州、贾拉拉巴德州和巴特肯州构成反"C"形区域；侧重开发煤炭、铝、金和锑等。投资塔尔德—布拉克左岸金矿、坦恰拉特金矿等。中国的塔城国际资源有限责任公司（金矿）、西部矿业（锡矿）、紫金矿业（金矿）、美林资源、环球新技术进出口吉分公司、吉凯迪矿业公司、凯奇—恰拉特有限公司等从事有色金属采选。

中国在乌兹别克斯坦拥有波兹套区块铀矿勘探和开采权（中广核集团和乌地矿委股份各占 50%）。

此外，中国还投资塔吉克斯坦金矿、乌克孜勒库姆中心区博兹套区块黑页岩铀矿开采项目等。其中，紫金矿业公司投资塔吉克斯坦 ZGC 金矿；新疆吉安投资开发有限公司投资多个砂金矿；此外，该公司还投资多个砂金矿；中国的凯顺能源公司还在 2008 年、2009 年拥有塔吉克斯坦 Zedi 煤矿和 KaftarHona 煤矿的开采权；西藏珠峰工业股份有限公司投资开发塔吉克斯坦塔中矿业选矿公司项目，从事铅锌矿产的开发；河南汉唐矿业有限公司获塔吉克斯坦银金属矿勘探权。

第二节　中国周边国家资源能源安全合作机制比较分析

一、"一带一路"框架下中国西北周边国家能源资源安全合作机制

中国西北周边国家已形成上海合作组织（SCO）、欧亚联盟、中亚区域经济合作机制（CAREC）、亚投行、联合国开发计划署"丝绸之路区域合作项目"、

联合国经社理事会"中亚经济专门计划"、"亚欧博览会"、喀什—中亚南亚商品交易会等众多的区域合作机制。具体的合作包括会议机制（国家元首会议、政府首脑会议、外长会议、各部门领导人会议）、常设机制（秘书处）、专业机制（观察员代表团、银行联合体、实业家委员会、合作组织论坛）以及对外机制（观察员国、对话伙伴国）。下面介绍几个与资源能源有关的合作组织：

（一）上海合作组织"能源俱乐部"

上海合作组织成立之后，确定包括能源在内的 11 个领域的 127 个合作项目，通过制定多边经贸合作纲要，能源与资源合作成为重要内容之一。该组织还建立了包括能源在内的 7 个专业工作组[①]。2006 年秋，俄罗斯在杜尚别的上合组织政府峰会上，提出了成立上合组织"能源俱乐部"的倡议，以维护能源安全，成员国包括中国西北周边国家。

（二）政府间合作委员会能源合作分委会

中国分别与西北周边国家哈萨克斯坦、土库曼斯坦、乌兹别克斯坦成立政府间合作委员会能源合作分委会，目前已成为中国同中亚国家间重要的能源双边合作机制，该组织在强化资源能源合作方面发挥重要作用。

（三）咸海投资财团

成立于 2006 年 8 月的咸海投资财团，旨在是协调乌兹别克油气总公司、中石油、俄罗斯鲁科伊公司、俄罗斯卢克石油公司、马来西亚石油公司及韩国国家石油公司等参与在方在咸海地区能源开发中的利益冲突[②]。2011 年 5 月，马来西亚国家石油公司退出，2013 年 9 月，韩国国家石油集团退出。目前，乌油气占比 33.4%，中石油集团和俄罗斯卢克海外公司各占 33.3%。

二、中国西北周边国家能源资源合作法律政策机制

（一）中国西北周边国家的资源能源合作法律政策

1. 哈萨克斯坦资源与能源政策

哈萨克斯坦先后制定《哈萨克斯坦共和国所有制法》《哈萨克斯坦共和国投资法》《哈萨克斯坦共和国对外经济活动基本原则法》等系列法律。其中，2003 年哈萨克斯坦出台的新版《投资法》界定优先投资领域及优惠待遇政策，对外商投资者具有以下四个基本保障：一是属地法保障，即外国投资者与本国公民享受同等的优惠待遇权利；二是政府为外商投资的资金提供担保；三是政府确保

---

① 吴宏伟等. 中亚地区发展与国际合作机制［M］. 北京：社会科学文献出版社，2011：174.

② 秦扬等. 论中国与中亚国家能源合作法律机制的构建［J］. 西南石油大学学报（社会科学版），2020（5）：13-15.

《投资法》稳定性，规定不受政治法律环境变化等因素影响；四是政府承诺保证外国投资者财产合法性，在任何时候不得公用征收①。

2014年出台了《哈萨克斯坦共和国关于就完善投资环境问题对一些法律法规进行修订和补充的法律》。

2. 土库曼斯坦资源与能源政策

2012年5月4日，土库曼斯坦对《油气资源法》部分条款做了修订，新增油气署有权在石油合同有效期内随时推荐单位和个人作为承包商购买不少于15%的参与份额规定，该项规定对外资经营管理及稀释利润产生重要影响。

3. 吉尔吉斯斯坦资源及能源政策

吉尔吉斯斯坦积极吸引外资，相继出台了系列法律法规，对投资主体、投资市场准入条件、外汇出入境管理、海关管理、工商登记等作了明确的界定。为优化投资环境、吸引FDI，吉尔吉斯斯坦政府2003年颁布《吉尔吉斯斯坦共和国投资法》，赋予外国投资者享有经营自由权、国民待遇、投资者可自由支配一切合法所得、可将利润和工资自由汇出境外的较为便利条件，且提出保护投资者永远性承诺。吉尔吉斯斯坦所颁布的2008年新税法中对外资企业给予了较多的优惠，涉及的关税、增值税、所得税等均有优惠政策，其中企业所得税为10%（小微企业所得税仅为6%~4%），增值税从20%降到12%。为吸引外国的生产服务技术、资本、管理经验，出台的《吉尔吉斯共和国自由经济区法》有自由经济区投资优惠政策、税收优惠政策②。

在2008年的吉尔吉斯《许可证法修改议案》中则提高了许可证收费标准。如矿业开采许可证统一收费标准定为300索姆（1美元约合36索姆），金矿4000索姆/公顷/年，银矿2000索姆/公顷/年，铜矿1000索姆/公顷/年。此外，从2013年起对出口贵金属矿石征收关税。首年关税确定为5%，此后每年递增5%，最终至2018年达到30%的关税水平③。

4. 乌兹别克斯坦资源与能源政策

乌兹别克斯坦出台了系列法律法规促进引资，其中包括《乌兹别克斯坦共和国外国投资法》《外国投资及保障外国投资法》《关于促进外国直接投资补充措施》等，并出台了吸引外资的总统令及内阁规定，承认外国投资者在乌兹别克斯坦享有同等国民待遇。

① 伊万·沙拉法诺夫，任群罗．"丝绸之路经济带"背景下哈萨克斯坦产业投资环境研究［J］．俄罗斯研究，2017（1）：133-134.

② 依马木阿吉·艾比拉拉，孙世伟．吉尔吉斯斯坦经济转型中投资环境及中国对其投资前景分析［J］．西安财经学院学报，2014（1）：13.

③ 宋国明．吉尔吉斯斯坦矿业投资的机遇与风险［J］．国土资源情报，2013（11）：38.

乌兹别克斯坦国出台了与法律配套的投资优惠制度。税收优惠涉及所得税、财产税、增值税、关税等方面。随着外资投资额度增加，所得税率递减。投资额占总投资 30% 以上时，所得税税率为 25%；投资额占总投资 50% 以上且数额为 50 万~100 万美元时，所得税税率为 20%；超过 100 万美元的，所得税税率仅为 16%①。

5. 塔吉克斯坦资源及能源政策

塔吉克斯坦于 2002 年、2004 年、2007 年分别制订了《外资企业注册程序》《外国投资企业的相关法律保障》及《投资法》，以确保在塔投资的企业、个人的合法权益，通过免税、减税等方式给予多项优惠。2013 年塔吉克斯坦又通过新税法简化了征税程序及报表形式，增加透明度，并大幅减轻纳税人负担。

此外，塔吉克斯坦还推出四项优惠措施：①在商品生产领域创建的新企业，正式注册当年免税；②根据投资规模的不同免税，即投资规模越大，免缴的年限越长；③鼓励对所有行政区域的投资；④对特殊经济区域采取免征关税、低价租金、设立海关保税区、自由汇出利润等一系列措施。

塔吉克斯坦通过推行对外开放战略，强化了国际社会合作。塔吉克斯坦创立自由经济区，对外商投资给予关税优惠甚至达到免税，力图确保外商将外汇汇出境外的权利及外商人身安全，外国投资人甚至能参与塔国财产的私有化内容，甚至可长期租赁塔国土地，投资矿山开采业的外国投资者还可享受长租赁期的优惠等，塔国还保证外国投资及财产不受侵犯②。

(二) 上海合作组织的能源资源合作机制建设

上海合作组织构建了该组织的经济合作框架文件和制度，出台了《上海合作组织宪章》《上海合作组织成员国政府间关于开展多边经济合作的基本目标和方向及贸易投资便利化进程的备忘录》《上海合作组织成员国多边经贸合作纲要》以及《多边经贸合作纲要实施措施计划》等系列重要文件均有涉及资源能源合作的条款，奠定了区域经济合作法律基础和组织机制基础。

(三) 建立区域能源合作争端解决机制

尽管出现乌兹别克斯坦政策法规变数大及审批程序复杂烦琐、哈萨克斯坦当地含量及"哈萨克斯坦成分"要求、土库曼斯坦强制执行外国投资者准入采用许可证（勘探许可证、开发许可证、勘探开发许可证）制度及"土库曼斯坦含量"等合作争端的困局，但区域能源合作争端机制建设初见端倪。

目前，中国周边国家大多采取协商模式，并积极探索能源争端解决机制，通

① 叶芳芳. 乌兹别克斯坦投资法律环境的利弊分析 [J]. 西北财经, 2014 (3)：69-73.
② 刘国忠. 中亚矿产资源勘查开发形势分析 [J]. 国土资源情报, 2009 (3)：26.

过仲裁、设定法律规则、常设机构的运行与监督等法律方法规制各国能源合作问题，在弥补上合组织争端解决方法不足的同时，可促进中国西北地区与周边国家能源合作的高效持续。在创新各国能源纠纷解决模式的同时，提升"一带一路"国民的跨境能源贸易与投资合作质量。

（四）中国—中亚峰会使合作关系迈向新的台阶

2023年5月19日，中国与中亚五国在陕西省西安国际会议中心成功举行。习近平主席同中亚五国元首签署了《中国—中亚峰会西安宣言》，并通过《中国—中亚峰会成果清单》，推动中国与中亚五国合作关系迈向新的台阶。

三、"一带一路"框架下中国西北周边国能源资源合作机制成效

（一）上海合作组织促进中国与周边国能源资源合作成效

上海合作组织（SCO）成员国间相互间依存度不断深化，经济联系紧密。上海合作组织区域内交通设施发展迅速，随着中吉乌铁路、公路等项目推进，能源合作成果突出。哈中石油管道、土库曼斯坦连接乌兹别克斯坦和哈萨克斯坦到中国的天然气管道相继贯通。大型电力、核电及煤炭国际合作不断推进，由西至东的上海合作组织区域能源合作空间已见雏形。

上海合作组织框架内能源资源合作促成了金融合作，成立了成员国能源资源合作的融资平台"SCO银行联合体"。中方在框架内向成员国提供9亿美元优惠出口买方信贷，并为SCO双边和多边经济合作提供100亿美元信贷支持，中乌、中哈双方银行签署贷款、货币互换和投资协议，积极开展能源资源金融合作。

（二）政府间合作委员会能源合作分委会促进中国与周边国能源资源合作成效

2017年4月5日，在中国—哈萨克斯坦能源合作分委会第十次会议上，倡导中哈做好"丝绸之路经济带"与"光明之路"新经济政策在能源领域的对接工作。

中国和乌兹别克斯坦政府间合作委员会能源领域合作分委会第二次会议，对中亚天然气管道D线等10余项合作项目形成共识。

中土合作委员会能源合作分委会推进了在天然气贸易、开发、管道建设和工程技术服务等领域。特别是中哈总理定期会晤机制，有利于加快落实两国在资源能源领域合作。

特别是中哈总理定期会晤机制，有利于加快落实两国在资源能源领域合作。

（三）咸海投资财团合作成效

中石油获得乌兹别克斯坦两个油气合作项目，包含乌兹别克斯坦境内五个总面积3.4万平方公里的陆上勘探区块，并在五年计划期实施7000公里二维地震、

1320 平方公里三维地震，钻各类勘探井 27 个。

四、"一带一路"框架下中国西北周边国能源资源合作机制比较分析

"一带一路"框架下中国西北与周边国能源资源合作机制尽管在合作领域上有交集和竞争，有相同之处，但是，这些机制也存在明显的差异性和互补性。

（一）法律基础和组织性质的差异性

上海合作组织是以法律合约为基础的合作机制。清晰地界定了基本目标、任务、合作的重点领域和实施保障机制，会议级别为国家首脑级。遵循协商一致、互不干涉的原则，没有统一的法律法规，但利用监督机制，各成员国依据本国的法律程序对决议予以执行。

政府间合作委员会能源合作分委会是双方能源部门、金融机构和企业代表参与的合作机制。本着互利协作精神，友好、坦诚、务实地交流具体问题的看法，探讨合作计划。为松散型的合作组织模式，旨在妥善解决好合作中遇到的问题。

咸海投资财团由中石油与乌兹别克国家油气公司、俄罗斯卢克石油公司、马来西亚石油公司及韩国国家石油公司在 2006 年共同组成，随着马来西亚石油公司和韩国国家石油公司的退出，目前为中乌俄三家公司控制，是企业联盟性质的国际财团。

（二）运行机制不同

上海合作组织成员国之间的经济合作是建立在政治互信和平等互利基础上的，各国根据经济发展实际的情况进行经济合作，一般都是由相关国家元首提出合作意向，再交由相关部门协商，最后达成协议，最终达到区域经济平衡发展的目标。上海合作组织涉及部分成员国在能源合作上具有或多或少的共同利益，在这一目标驱动下，使成员国不断强化合作，但这一合作并非随意、无序的，且为建立在一定机制框架内的合作。

政府间合作委员会能源合作分委会为部长级机制，中哈、中乌、中土间通过会晤协商方式，并有双方能源企业、金融机构参加。能源合作分委会是双方协调解决能源领域合作问题的重要机制，在此机制下，在石油、天然气、核能、电力、输电线等领域开展了大量卓有成效的合作。该机构通过提出了具体措施，形成《能源合作分委员会会议纪要》，促进双边能源合作。

咸海投资财团则为多边协议机制。成立之初，五个成员方各持有 20% 股份，自马来西亚、韩国公司退出后，目前乌兹别克斯坦控股 33.4%，中石油集团和俄罗斯卢克海外公司各占 33.3%。咸海水域乌兹别克部分面积 1 万多平方公里，咸海财团通过建立联合作业公司，开展勘探工作。

（三）融资能力和投资效率不同

上海合作组织的能源资源合作资金主要来源于各成员国，其中中国发挥重要作用，不存在外部操控行为。上海合作组织建立的"银联体"，尚未启动正式银行的筹资功能，项目资金主要来源仍是中国单方提供的贷款，组织的融资能力有很大的局限性①。

政府间合作委员会能源合作分委会会议中，双方金融机构参加，融资能力较强，投资效率高，且通过双边会议，完成一系列能源合作项目。

咸海投资财团资金由开放方投资，融资能力强，效率高。目前在 2014~2016年，由咸海作业公司投入 3000 万美元，用于咸海在乌部分的油气勘探。

---

① 胡颖．"一带一路"倡议下中亚区域经贸合作机制比较与对接研究［J］．北京工商大学学报（社会科学版），2016（5）：26-31.

第十二章　中国周边国家资源能源安全合作的影响因素分析

中国在与其周边国家资源能源合作中，因为投资产业链长、涉及范围广、风险多，除了受到地质采矿等技术风险及产品价格、汇率等市场风险影响外，还要应对政治风险、法律政策风险等多重风险。因此，中国西北周边国家资源与能源合作受多种因素影响。

第一节　地缘历史与经济因素

一、资源与能源合作的地缘政治经济背景

中国西北周边国家资源能源合作的重要区域——环里海地区在历史上曾为俄罗斯控制，苏联解体后，使环里海的俄罗斯、阿塞拜疆、哈萨克斯坦、土库曼斯坦和伊朗五国关系嬗变。以"巴—杰"线为焦点的里海地区地缘政治和油气博弈格局剧变，尤其是近年美国推出能源新政，依托页岩气等新能源开发，操控着国际能源价格波动。

围绕里海能源产生的国际政治斗争升级，这一国际地缘的斗争凝聚在三个层级上：第一级为里海沿岸五国之间；第二级是与里海沿岸五国相邻且与里海能源开发密切的外围国家之间，如巴基斯坦、乌克兰等；第三级则是在美国及其盟友、俄罗斯、中国之间。三大层级的斗争具体落实在以下三个方面：一为里海的法律地位及水域划界；二为里海油气勘探开采权属；三为里海油气输出管道走向。

中国西北周边国家缺乏出海口，地理和历史因素被动地形成了大国依附格局，且作为连接东西能源通道。与独联体其他国相同，中国周边的中亚国家也有

独特能源资源利益。目前，20多个国家、80多个跨国公司和10余个国际金融机构涉及中国周边国及里海地区能源资源开发，投资逾100亿美元。而在这一利益纷争中交织着美、欧盟、俄、日、韩、印等国和集团博弈，基于功利化务实性考虑，新疆周边国家善于充分利用各方争夺能源的矛盾，普遍推出能源平衡外交。这些国家既不可能融入欧洲、追随美国，也不能完全"一边倒"向着俄罗斯。

从中国西北周边国家资源能源经济发展趋势分析，油气资源呈现出北上（俄罗斯线）、西进（欧美线）、东输（中国线）的态势，而南下（印巴线）线路设想搁浅。再从中国周边国资源的利益争夺主体分析，也可以判断美俄最为强势，同时交织着多国利益博弈，使该区域利益之争不断升级加码。美国借助"巴杰线"修建，成功地另辟一条绕开俄罗斯的能源输出路径，随后密集地推出跨里海天然气管道计划，力图使土库曼斯坦天然气避开俄罗斯直输欧洲，这一系列组合举措重挫俄罗斯在该领域的传统影响力。俄罗斯极力反击，试图寄希望于里海能源管线通向北方，确保维系其在传统苏联空间势力范围内主导。中国希望西北周边国家能源资源进一步融入新疆能源资源大通道的合作，而伊朗则希冀里海石油输往波斯湾港口。

多国博弈、错综复杂的资源能源利益关系深刻地影响着中国西北周边国家资源能源合作格局。

二、中国周边国家资源能源合作重要影响势力

（一）俄罗斯在我国西北周边国家资源能源合作博弈中的利益

俄罗斯拥有苏联输往各加盟共和国能源管道系统，天然地获得了对该区域多数管线的控制及使用权，特别是俄罗斯牢固地掌控里海能源外运三条管道中的两条线路，即从哈萨克斯坦至新罗西斯克的"里海管道"和巴库至新罗西斯克管道（田吉兹—新罗西斯克），这一控制权不仅胁迫哈萨克斯坦只能依附俄罗斯，而且又使俄罗斯额外获得200多亿美元过境税费。这一线路控制格局和俄罗斯里海地区原来就有的"阿特劳—萨马拉""里海财团管道"等管线把俄方对我国西北周边国家能源的控制力推向极致，同时也直接构成同美国能源扩张战略的对冲。

（二）俄罗斯在丝路经济带能源领域的重要地位和影响力

针对我国西北周边国家的能源资源过境国，俄罗斯亦步亦趋不断强化其垄断地位，早在2001年俄罗斯与中亚签订"欧亚能源联盟"，攫取了里海区域油气资源管线输送权，达到了控制周边国家即中亚国家能源命脉的终极目标。过境运输不仅为俄罗斯带来丰厚的过境利润，而且强化了俄罗斯对我国西北周边国家的打压及控制能力，使这些国家在资源能源运输领域处处受制于俄。俄罗斯还力促本

国大公司以合资联合开采的方式攫取他国资源、迫使独联体国家以企业股票对冲欠俄能源债务等方式让渡市场。

多年以来俄罗斯的频繁外交攻势，特别是通过"欧亚经济联盟"与"集体安全条约组织"，逐渐恢复了对我国西北周边国家的传统影响力。

铀矿储量资源富集的哈萨克斯坦，亟待引进俄罗斯先进核电技术促进电力发展。土库曼斯坦渴望在俄支持下启动规模化开采里海石油，在诸多诉求下，俄罗斯自 2000 年始积极实施中亚能源战略，在我国西北周边国家的影响力、控制力呈现递增之势。同时，俄罗斯还在独联体、欧亚经济联盟、统一经济空间、上海合作组织、中亚共同体等多边框架中同步推进能源战略。其间，俄哈两国签订 260 多个双边条约和协定，涉及能源合作内容。

俄罗斯特别重视我国西北周边国家能源输送权，俄罗斯与土库曼斯坦达成购买土国 500 亿立方米/年天然气并经俄管线运输协议，并经乌兹别克斯坦和哈萨克斯坦运输土库曼斯坦天然气业务则由俄罗斯天然气工业股份公司（俄气）长期垄断经营。

针对伊朗相邻的陆架油田开发事宜，俄罗斯与土库曼斯坦达成协议，在德黑兰里海国家首脑峰会上，土库曼斯坦表明力挺俄罗斯的鲜明立场，并承诺不得单方面开采里海石油。

乌兹别克斯坦为俄罗斯在中亚油气领域投资数量第二位国家，俄罗斯天然气工业公司和卢克石油公司参与乌斯秋尔特项目、沙赫帕赫塔项目、坎德姆—哈乌扎克—沙德—昆格勒气田开发项目、吉萨尔和乌斯秋尔特中部开发项目、咸海项目等。

（三）俄罗斯在我国西北周边国家资源能源合作领域的影响力

尽管俄罗斯极力推进中亚能源战略，但实力下降的俄罗斯，对我国西北周边国家能源资源格局能力的影响力有限。首先在开采权上，受制于俄方的经济实力、技术实力，俄罗斯开发资金和技术保障不足；其次在竞争方式上，俄方只有利用在该区域的地缘优势及残存的传统影响力，仅仅以里海法律地位未定为由，质疑里海能源开发的合法性，不断打压中国西北周边国家的哈萨克斯坦、土库曼斯坦，旨在获得俄方在里海能源开发中的更高比重。

但随着美国主导的"巴杰线"石油管道贯通，特别是中哈原油管道、中亚天然气管线与中国西北能源国际通道成功对接后，破解了俄罗斯对我国西北周边国家能源管道的垄断困局。同时，在天然气的定价方面也深刻影响着中俄能源合作谈判，即俄罗斯对西北周边国家能源输送过境垄断已被打破。因此，俄罗斯运往独联体和欧洲传统市场的能源，也深受我国西北周边国家地缘历史与经济因素影响，使能源过境问题更加复杂。

（四）乌克兰变局促进俄罗斯加强对中国的油气出口

2014 年乌克兰变局出现后，改变着俄罗斯的能源出口格局，并将其影响力延伸到全球能源贸易格局，从而引发全球天然气市场变局。在乌克兰变局及克里米亚"脱乌入俄"的冲击下，加之西方多国对俄经济制裁，势必对俄以天然气为代表的能源出口产生不同程度的影响。在这一变局下，促进了俄罗斯加强对中国能源的出口。

三、美国力争我国西北周边国能源资源控制权

早在 2006 年 4 月，为遏制"上合组织"在我国西北周边国家的影响扩张之势，美国精心策划了喀布尔"大中亚伙伴关系、贸易和发展"国际会议，参与国为中国西北周边的中亚五国和阿富汗、巴基斯坦等国。"大中亚"计划的战略目标为对冲"上合组织"影响，并从独联体中剥离出西北周边国家、裂变上合组织、削弱中俄影响，打造以美国为主导的地缘政治格局。2009 年 7 月，美国前国务卿希拉里·克林顿在东盟会议上首次提出"重返亚太"。随后，美国加入《东南亚友好合作条约》，表明了奥巴马政府对东南亚地区的高度重视。2012 年 6 月，时任美国国防部长帕内塔在新加坡出席第 11 届"亚洲安全大会"即"香格里拉对话会议"时，明确提出"亚太再平衡战略"。2016 年 9 月 29 日，美国前国防部长卡特在圣地亚哥的卡尔·文森号航空母舰上发表讲话，称美国的"亚太再平衡"战略进入了第三阶段，将继续提升和稳固美军在亚太地区的军力优势。特朗普当选总统后并没有对"亚太再平衡战略"表示否定，只是要求同盟国必须分担更多的安保费用。此外，美国借助经济合作援助推出"中亚、南亚一体化"，积极推进"南向能源输出战略"，目的是控制我国西北周边国能源资源。而这些国家对于美国实力渗透、推动民主化进程心存芥蒂，美国主导的区域经济一体化带动我国西北周边国家民主化经济转型难度加大。

（一）美国在我国西北周边国家的能源战略目标

1. 利用我国西北周边国资源以期减小对中东石油依赖

美国利用分散环里海地区的能源输出线路，破解欧佩克垄断全球能源市场格局，提升非欧佩克国家力量。实现能源供应多元化，利用我国西北周边国家的能源资源摆脱对欧佩克石油的依赖。目前，中国西北周边国家西向通往欧洲的线路由美国倡导的"南流""纳布科"和美国强烈抵制的"北溪"三条主要输气干线，以及美国投资建成"巴杰线"输油管线构成。

2. 支持我国西北周边国家能源出口多元化，将这些国家纳入美国主导的体系

通过大力支持我国西北周边国资源能源出口多元化，美国怂恿西方多国参与这些国家资源能源开发，以此影响出口导向，试图将我国西北周边国家纳入美国

主导的体系，遏制并弱化俄罗斯、伊朗在该区域的影响力。哈萨克斯坦四大主要油田（卡沙干、卡拉恰干纳克、田吉兹和库姆科尔油田）除库姆科尔油田由俄罗斯的卢克石油公司和中石油分别持股50%形式合作开采外，其他油田均被西方能源巨头所控股。

近年来，美国在我国西北周边国能源领域紧锣密鼓采取行动，其不断渗透经营到能源供应链，因而这些国家与美国的多元化、多方位的能源输出合作模式已见端倪。美国通过加大对我国西北周边国家的能源资源开发，不断弱化俄罗斯在这些国家的地缘政治影响力，破解俄罗斯对里海—中亚能源的输出垄断格局。

3. 利用环里海地区的能源输出通道增强能源市场的竞争力，从而左右世界能源价格

美国控制能源通道，历来是其国家安全战略的重点之一。除了控制全球海上通道，还试图控制陆上油气通道：一是强化对中东的控制，二是向高加索和中亚地区渗透。在中亚地中海地区，美国避开俄罗斯和伊朗，竭力支持巴库—杰伊汉的油气管道。

（二）美国针对我国西北周边国家资源能源合作领域的遏制战略举措

美国已把中国在西北周边国家的能源合作视为对美全球能源战略的重大威胁，为了遏制中国，美国竭尽全力阻挠中国与我国西北周边国能源资源合作计划的推进，阻挠"一带一路"能源资源合作。主要体现在以下四个方面：

（1）建成"巴库—第比利斯—杰伊汉管道"，削弱这些国家对中国能源出口潜在供给能力。

（2）美国支持修建西向油气管道。大力支持"纳布科计划"，希望以此深化与欧盟的伙伴关系，在政治上赢得欧盟支持其全球战略，在经济上试图整体控制欧亚能源，同时通过拉拢里海—中亚国家，以期实现北约东扩、遏制俄罗斯和中国在西北周边国家的影响力。

（3）美国加州联合石油公司、雪佛龙德士古、埃森克美孚等石油公司控股中国西北周边国家75%的新开发和待开发的油气区块，美方成为该地区能源领域最大的投资者，共投资30亿美元，美国石油公司持有田吉兹75%股份、卡沙干24.94%股份、卡拉恰干纳克20%股份、阿泽里—奇拉格—久涅利油田26.5%股份，是在这一地区拥有最高股份的国家。

（4）鼓励美国公司参与开发我国西北周边国家的能源。美国积极进行对我国西北周边国能源投资，增强其在国际能源领域的竞争力，成为美国的中亚能源战略目标。目前，美国在我国西北周边国家能源开采权占较大比重。利用政府和私人机构，包括美国商业部、贸易发展机构、进出口银行和海外私人公司，促成美国在我国西北周边国家的油气开发。美国甚至多次在我国西北周边的中亚地区

进行联合军事演习。利用强化同该区域相关国军事联系、确保油气供应安全[1]。通过逐步对环里海地区能源资源开发，逐步遏制住俄罗斯对我国西北周边国家的地缘政治影响，有效地打破俄罗斯对这些国家的能源输出垄断。

四、日本和印度与我国西北周边国家能源资源合作

日本、印度也是影响我国西北周边国家资源能源合作格局的力量之一。

（一）日本争取与我国西北周边国家的能源资源合作

自 1997 年开始，日本推出以政治对话和经贸合作为主旨的"丝绸之路"欧亚外交政策。制定了《政府开发援助大纲》，将对外援助扩散到西北周边国家。特别是 2004 年日本启动"中亚—日本"机制以来，以提供财政援助渗透到我国西北周边的中亚各国，以帮助这些国家获取能源出海口。为此，日本频繁推出"中亚+日本"部长级对话，试图修成由中亚经阿富汗通达印度洋的公路和油气管道。日本伊藤忠（Itochu）石油勘探公司、Inpex 集团公司分别持有里海南部诸国油田 10% 和 3.92% 的股份；此外，Inpex 集团公司还持有哈萨克斯坦卡沙甘油田 8.33% 的股份。Itochu 石油勘探公司和 Inpex 集公司分别持有"巴库—第比利斯—杰伊汉"输油管道财团 3.4%、2.5% 的股权；日本国际合作银行为巴杰线提供了 5.8 亿美元贷款[2]。

（二）印度争取与我国西北周边国家的资源能源合作

在与我国西北周边国家资源能源合作方面，印度搭建"印度—中亚对话"机制，不断推出合作意向。

此外，印度着力打造连接我国西北周边国的能源供应网络系统。为能够在该地区获得稳定的资源，印度拟建三条能源输送管道：一为北向"土库曼斯坦—阿富汗—巴基斯坦—印度"天然气输送管线（TPI）；二为西向"伊朗—巴基斯坦—印度"天然气管线（IPI）；三为东向"缅甸—孟加拉国—印度"天然气管线（MBI）。而 TPI 则是"土库曼斯坦—阿富汗—巴基斯坦"天然气管道（TAP）的延伸。就该项目印度已与土库曼斯坦及阿富汗进行过多轮协商，且两国已接受印度为 TAP 观察员成员国。

目前印度正与俄罗斯、伊朗图谋共建"南北走廊"，试图将印度的孟买、伊朗的阿巴斯港、俄罗斯的里海港口联为一线，再将"南北走廊"与"伊朗—阿富汗—塔吉克斯坦"公路联为一体，最终形成陆上能源走廊。同时，印度与伊朗

① 何伦志等. 中国的中亚能源发展策略 [J]. 上海经济研究，2008（1）：38.
② 王海燕. 日本在中亚俄罗斯的能源外交 [J]. 国际石油经济，2010（3）：52-55+95-96.

合作，正实施将伊朗的昌巴哈尔港建成针对西北周边国能源输出港的计划①。

五、欧盟争取我国西北周边国家的资源能源合作

目前，欧盟已通过"巴库—第比利斯—杰伊汉"（BTC）石油管道和"巴库—第比利斯—埃尔祖鲁姆"（又称"南高加索管线或沙赫—德尼兹"管线，BTE）天然气管线从我国西北周边国家输入石油 100 万桶/天和天然气 66 亿立方米/年②。欧盟积极争取与我国西北周边国家的资源能源合作的努力从未松懈。

应对如此复杂的能源资源格局，我国西北与周边国家资源能源合作应利用市场竞争，启动包括资源能源合作在内的经贸全面合作，同时中国也不能轻视与他国建立双边及多边的联系，平衡美国、俄罗斯的战略对冲成为关键。在重大的资源能源项目上实现利益共享的合作，通过资源能源合作遏制冲突。特别要研究区域内博弈方利益冲突，善于化解各种矛盾。

第二节　经济发展战略及体制政策因素

一、中国周边国家资源型经济发展战略

我国西北周边国家大多依托资源产业发展经济，资源型发展战略影响着中国与这些国家资源能源合作。

哈萨克斯坦实施"资源立国"的战略，将能源定为该国主导产业，不断加大引资力度，采用世界先进技术，全面推进能源产业发展。并着力打造多元化油气出口通道，破解出口市场的单一性困局。同时，不断拓展本国基础建设，迅速提升资源加工转化能力，在保障本国需求的同时，提高出口产品产能及附加值。哈萨克斯坦分步骤推出系列技术研发投资项目，整合天然气运输线路系统，建设新型天然气出口输出线路。

土库曼斯坦在加大对能源资源开发的基础上，优先建设能源领域基础设施，拓展新型能源运输线路；不断加大能源资源开发，发展油气产业和能源深加工产

① 徐冬青. 中国与俄罗斯及中亚国家的能源合作——基于中国能源安全视角 [J]. 世界经济与政治论坛，2009（6）：75-80.

② 张晓慧，肖斌. 欧盟与中亚及外高加索地区国家能源合作：政策、战略和前景 [J]. 国家经济合作，2014（4）：54-60.

业；加大引资，不断吸引外商直接投资（FDI）。

乌兹别克斯坦通过优化矿产开发法，开拓国内外能源市场，吸引外资进入乌国能源开发领域，实施出口多元化，加强能源加工能力，在确保国内市场需求的同时，最大限度地为国外市场提供油气供给。

尽管塔吉克斯坦、吉尔吉斯斯坦为能源资源贫乏国，只能依靠进口能源维持国内需求市场。但其周边诸国的油气资源南向、东向管道都需要经过这两个国家，因此其地理位置十分重要。两国推出对外开放战略，创自由经济区，给予外商投资关税优惠甚至免税，外资甚至可长期租赁塔吉克斯坦土地，矿山开采业可得到长租赁期优惠。吉尔吉斯斯坦在 2003 年的《吉尔吉斯斯坦共和国投资法》中，赋予外资同等国民待遇，提出永远保护投资者，并承诺不得非法没收外国投资。

总体来讲，我国西北周边国家的能源资源领域投资环境不理想。这些国家政府较高的能源资源的开采技术及产品深加工技术标准形成产业进入壁垒；逐步取消的海关及税收政策优惠；甚至苛求外国公司劳动力雇佣、设备使用的“本国化含量”，国家优先购买外资让渡资产；限制外国公司对新资产的获得等。这一系列措施成为我国西北周边国家投资的障碍壁垒，如哈萨克斯坦在《2010~2014 年加速工业创新发展国家纲要》中，将工业发展重点界定在非资源领域，产业政策、财政预算有意识向非资源领域倾斜。

二、财税政策

我国西北周边国家资源能源合作中还有财税风险因素。这些国家的油气资源及相关财税法律法规体系脱胎于苏联法律。近年来，以哈萨克斯坦等部分国家开始借鉴西方国家的法理，推出大量的法典及单行法律，并试图不断优化能源资源财税体系，突出资源国在开发中的控制力和主导权，极大地捍卫战略资源领域的国家利益。特别是通过大幅提高项目的综合税负，给我国西北周边国家的资源合作领域带来财税风险。

以哈萨克斯坦为例，近 20 年来资源能源领域财税政策不断偏紧。尤其是2009 年实施新税制后，资源开采税和出口收益税大幅提高，能源合作项目税负偏高，盈利下降。在新税制实施后，中国石油企业在哈萨克斯坦主要项目的资源开采税支出比上一年增加 5.3 亿美元，出口收益税增加 3.13 亿美元，共减少利润 8.4 亿美元。而当年中国石油在哈萨克斯坦主要项目的综合税负从旧税制时的30.21% 提高到 43.67% 的水平①。

---

① 　鲁东侯，李岩．中国与中亚：能源合作进入新时代［N］．中国石化报，2015-10-23.

哈萨克斯坦拥有较为完善的法律体系，尤其是矿业法律。目前该国投资障碍重重，为保护本国利益，哈萨克斯坦实施诸如"优先权""哈萨克斯坦含量"等政策，而不涉及国家战略资源的领域，该国对待外资的进入却较为宽松。与以前的投资政策相比较，新税法中的投资特惠则是自动生效权利，即投资行为在实际发生后投资者自动获取投资权利的特惠。而以前的政策规定，投资者须与哈萨克斯坦投资委员会签订合同，经投资委员会裁定后方能予以投资特惠权。新税法中对获得投资特惠权利从非资源领域扩展到资源领域。按新投资特惠权利规定，对投资矿产开采领域的企业，可对购置或建设的房产、机械设备支出、设施费用进行核销，投资者可选择一次性核销或三年内等额平均核销。对于投资数目较大的矿产领域大型垂直集约型公司，非时间限制，同等享有投资特惠权利①。

吉尔吉斯斯坦矿业权的取得是基于招投标和直接谈判直接授予，由该国自然资源部根据自然人和法人的申请办理可获得直接谈判发放许可证，如探明储量为相当规模的矿产资源勘探及开发许可证提交政府部门审议，通过组织招投标机构的招标方式发放许可证。

三、法律因素

影响我国西北周边国家经济安全的还有法律因素，主要是里海法律地位之争，对投资者形成压力。冷战后里海沿岸国家由苏联和伊朗裂变为五国，针对里海水域划分争执，成为各国争论的焦点。由于五国地理位置、国家利益及发展战略的差异，各国对于划分里海的立场不一致。

时至今日，里海沿岸诸国未就该问题达成共识，引致了该地区各国在开发里海资源领域的冲突和摩擦不断。尤其是近年来，伊朗、土库曼斯坦与阿塞拜疆在里海归属问题上的矛盾突出，影响了投资者的信心。

四、外交政策

我国西北周边国家长期奉行平衡外交政策，推行能源资源多元化战略，不断拓展新市场，开展"大国平衡"，广泛吸引外资开发资源，以期获得最大利益。

据 2017 年的 SNL 统计，中国周边的中亚地区矿山项目有 579 个，处于开采状态的矿山达 125 个，英国控股公司获得矿山 33 个、加拿大控股公司获得 7 个、中国和澳大利亚控股公司均获得 6 个。

其中，哈萨克斯坦已引进了美、英、法、意、荷、中、俄等 45 国合资开发能源资源，石油储量的 80% 竟然任由外资和合资企业开发生产，田吉兹、卡拉恰

---

① 王伟. 我国矿产勘查企业"走出去"战略研究［D］. 中国地质大学博士学位论文，2013.

干纳克、卡沙甘等大型油气田由多国独资或国际财团合资开发。

土库曼斯坦在所属里海区域划出 30 余区块，引进多国勘探开发，能源资源储量 10% 为外资控制；2000 年开始乌兹别克斯坦开放油气勘探项目，先后引进俄、美、中、韩等国对其"乌斯纠尔特布哈拉—希文""苏尔汉达里和费尔干纳"区进行开发。

乌兹别克斯坦油气储量由外资控股约达 30%。2017 年乌兹别克斯坦政府出台了《关于加速利用外资开展国内战略性固体矿产资源地质调查与开发措施》，乌兹别克斯坦大规模、公开吸引外资进入矿产资源领域进行投资，吸引了包括中国、俄罗斯、加拿大、英国、韩国、日本、土耳其等多国企业在乌兹别克斯坦从事矿业开发。

在吉尔吉斯斯坦矿业投资的国家除了中国、英国、加拿大、俄罗斯以外，德国、印度、意大利、韩国、美国、土耳其、瑞士和日本也积极参与开发投资。

这一复杂的资源开发模式，形成了我国西北周边国能源资源合作的激烈竞争，特别是对中国而言，产生了资源持续供给的保障风险。

第三节　能源价格因素

一、能源价格影响我国西北周边国家能源合作

在油气口量增加的背景下，中国的能源进口竟然无法利用自己进口大国地位引导国际油气市场价格变动，反而呈现出越贵越买的"亚洲溢价"情景，中国在石油天然气进口上承担了巨大的成本。能源价格对我国西北周边国家能源安全合作影响较大。

（一）石油价格的影响

在中长期内，国际石油价格总体呈现波动趋势。由于石油常规开采，其成本尤其是非常规高成本油气项目的投入，以及金融领域的严重炒作和有意图的操作，使油价波动频繁。受到美元贬值、地缘政治、投机炒作、供求关系等综合因素的影响，能源价格波动影响着我国的能源进口。

表 12-1 反映出美国纽约商品交易所轻质低硫原油价格（WTI）、英国伦敦国际石油交易所北海布伦特原油价格（Brent）和阿联酋迪拜原油价格（Dubai）波动。可以看出，国际市场原油价格一直呈波动的趋势。

表 12-1　1996~2019 年国际市场原油价格　　　　单位：美元/桶

年份	美国纽约商品交易所轻质低硫原油价格（WTI）	英国伦敦国际石油交易所北海布伦特原油价格（Brent）	阿联酋迪拜原油价格（Dubai）
1996	22.12	20.64	18.52
1997	20.61	19.11	18.23
1998	14.42	12.76	12.21
1999	19.34	17.90	17.25
2000	30.38	28.66	26.20
2001	25.98	24.46	22.81
2002	26.18	24.99	23.74
2003	31.08	28.85	26.78
2004	41.51	38.27	33.64
2005	56.64	54.57	49.35
2006	66.05	65.16	61.50
2007	77.34	72.44	68.19
2008	100.06	97.26	94.39
2009	61.92	61.67	61.39
2010	79.45	79.50	78.06
2011	95.04	111.26	106.18
2012	94.13	111.67	109.08
2013	97.99	108.66	105.47
2014	93.28	98.95	97.07
2015	48.71	52.39	51.20
2016	43.34	43.39	41.19
2017	50.79	54.19	53.13
2018	65.20	71.31	69.51
2019	57.03	64.21	63.43

资料来源：1996~2007 年 WTI 和 Brent 价格来自于 U.S. Department of Energy，Dubai 价格来自于 Statisti-cal；其余数据来源于《世界能源统计年鉴 2020》。

目前，世界上绝大部分原油以期货形式存在，现货市场的交易活动被限定在一个很小的圈子里。能源期货由商品期货到金融期货、再到期货期权，交易品种不断衍生，交易规模不断扩大，离现货和消费市场越来越远。

我国西北周边国家能源出口国经济结构单一，能源资源工业依赖高，油价下跌和汇率贬值的双重压力给这些国家经济和金融系统带来挑战，同时也对我国西北周边国家能源安全合作带来直接影响。

（二）天然气价格的影响

自美国掀起了页岩气革命以来，页岩气正在以液化天然气（LNG）的形式冲击欧洲消费市场，且目前在欧洲市场能源结构中的比重达14%。相对于充满变数的管道天然气，LNG出口的地缘政治风险小，也在一定程度上改变着天然气供求平衡，严重影响了我国西北周边国家的天然气出口。美国把液化天然气作为地缘政治工具遏制俄罗斯，同时也在控制着中亚的天然气出口，极力打压天然气价格，试图降低我国西北周边国家的天然气出口贸易额。从表12-2可以看出，最近几年美国和加拿大天然气价格远低于欧洲主要国家如德国、英国的天然气价格。

进一步分析，美国还以此遏制我国西北周边国家的经济发展，同时引起"卢布崩盘"。对此，中国选择与俄罗斯和中亚国家共同进退，以比市场价高的协议价格大量进口油气，进而支撑我国西北周边国家的汇率和经济[1]。

表12-2　1996~2019年国际市场天然气现货价格

单位：美元/百万英热单位

年份	德国平均进口门站价格	英国国家平衡点指数	荷兰天然气交易中心价格	美国亨利中心	加拿大（阿尔伯塔）
1996	2.50	1.87	—	1.69	1.12
1997	2.66	1.96	—	2.76	1.36
1998	2.33	1.86	—	2.53	1.42
1999	1.86	1.58	—	2.08	2.00
2000	2.91	2.71	—	2.27	3.75
2001	3.67	3.17	—	4.23	3.61
2002	3.21	2.37	—	4.07	2.57
2003	4.06	3.33	—	3.33	4.83
2004	4.30	4.46	—	5.63	5.03
2005	5.83	7.38	6.07	5.85	7.25
2006	7.87	7.87	7.46	6.76	5.83
2007	7.99	6.01	5.93	6.95	6.17
2008	11.60	10.79	10.66	8.85	7.99
2009	8.53	4.85	4.96	3.89	3.38

---

[1]　马杰. 大国博弈下的天然气贸易态势及中国对策分析［J］. 江西社会科学，2018（11）：62-67.

续表

年份	德国平均进口门站价格	英国国家平衡点指数	荷兰天然气交易中心价格	美国亨利中心	加拿大（阿尔伯塔）
2010	8.03	6.56	6.77	4.39	3.69
2011	10.49	9.04	9.26	4.01	3.47
2012	10.93	9.46	9.45	2.76	2.27
2013	10.73	10.64	9.75	3.71	2.93
2014	9.11	8.25	8.14	4.35	3.87
2015	6.72	6.63	6.44	2.60	2.01
2016	4.93	4.69	4.54	2.46	1.55
2017	5.62	5.80	5.72	2.96	1.60
2018	6.62	8.06	7.90	3.13	1.12
2019	5.25	4.47	4.45	2.53	1.27

资料来源：《BP 世界能源统计年鉴 2020》。

在 1994 年首倡的中俄西线天然气管线谈判，气价是关键性问题，2006 年 3 月 22 日俄罗斯天然气工业股份公司（Gazprom）与中石油签署的《关于从俄罗斯向中国供应天然气的谅解备忘录》中确定了定价公式，当时的西西伯利亚的天然气开采成本为 26 美元/千立方米，前些年俄罗斯向欧洲国家出售的价格为 180~230 美元/千立方米，近期价格上升为 230~250 美元/千立方米。2007 年俄罗斯欧洲需求者按 267 美元/千立方米的平均价格进口天然气，白俄罗斯按 100 美元/千立方米进口。2008 年上半年，白俄罗斯按 119~130 美元/千立方米进口天然气。

在中俄天然气西线谈判中，中石油与土库斯坦签订的进口天然气价格为 90 美元/千立方米。俄罗斯天然气工业公司（以下简称俄气公司）对中方的报价为 125 美元/千立方米，远高丁独联体内部的 55 美元/千立方米。俄罗斯天然气对外经济活动司副司长马耀列茨曾说，中国对天然气的需求呈现递增之势，因此俄罗斯天然气公司有能力使中方接受价格，至少接受供应给哈萨克斯坦的价格标准[1]。2015 年 5 月 8 日，俄气公司与中国石油在莫斯科签署《从西西伯利亚气田通过西线对中国输送管道气的基础条件协议》。2016 年 3 月开始就"按照市场原则"达成价格问题进行了谈判，但西线依旧悬而未决。

谈判了 10 年的中俄东线天然气管道项目于 2014 年签约，经多轮谈判售气价在 300 美元/千立方米左右，俄罗斯天然气的开采成本大约是 100 美元/千立方

---

① 邓郁松. 建设交易中心，完善油气市场［N］. 中国石油报，2015-07-06.

米，供应俄罗斯国内的价格约为 150 美元/千立方米，输入到白俄罗斯的价格约为 200 美元/千立方米，出口到中东欧的天然气价格约为 400 美元/千立方米，而中国的可接受价格为 200 美元/千立方米，2018 年俄气出口平均价为 243 美元/千立方米，中国则希望参照中亚 235 美元/每千立方米的价格商议，这是双方对于天然气定价的差距。所以总体来看，俄罗斯给中国的天然气价格属于较高水平。

2010~2012 年，我国在与西北周边国家能源合作中，天然气年进口均价从每吨 322 美元上涨至 543 美元，涨幅高达 68.6%。随着天然气对外依存度的增加，出现了进口气价格与国产气价格倒挂问题。2018 年 1~11 月，国内 LNG 到岸价涨幅超过 19%，折合 2.19 元/立方米，管道气进口到岸价涨幅超过 10%，折合 1.49 元/立方米。

综合考虑国际、国内能源形势，加之国际油价大幅波动、俄罗斯加紧成立天然气"欧佩克"意欲垄断全球天然气价格，可以判断价格因素成为影响我国西北周边国家能源合作的重要力量。

二、中国周边国家能源合作中的应对措施

（一）利用油气交易中心建设契机，发展能源金融

由于垄断性和外部性，能源价格不能充分反映市场供求关系，可以通过建立区域性的能源价格协调机制和稳定机制，保障能源的供给和价格稳定性。我们可以利用新疆克拉玛依市建设新疆石油天然气交易中心的建设，努力建成立足中国西北新疆、辐射亚太的国际性石油天然气交易中心，形成与上海、重庆油气交易中心的鼎足之势，打造成与美国 Henry Hub、英国 NBP 抗衡的亚太油气交易中心、信息中心和能源金融中心，形成与美国西德克萨斯轻质原油（WTI）期货以及北海布伦特（Brent）原油期货相抗衡的局面，提升中国在国际石油天然气领域的话语权和影响力。特别要加快金融市场体系建设，促进能源金融衍生品的推出，从而为通过能源交易中心的金融平台实现价格发现、风险管理。通过油气现货、期货贸易的电子交易和实货交易平台建设，搞好天然气现货和期货产品及合约的设计，并为制订有影响力的能源基准价格打牢基础。

交易中心的建成对促进中国西北地区国家级综合能源基地建设，加强与周边国家能源合作，发挥"一带一路"经济带核心区作用具有重要意义。为能源期货上市提供了有效的政策保障和支撑，为境外投资者参与国内资本市场创造了前所未有的基础市场环境和有利条件；同时，打造国际化期货交易平台无疑将实现人民币国际化、金融市场开放等重点改革，为全面深化金融业改革开放探索新途径、积累新经验。

（二）完善我国西北周边国能源合作的战略储备机制

为了实现价格发现，一方面通过保值实现风险转移，并借助原油期货市场，参与到国际定价的竞争中，争取一定的石油价格主动权，通过"保税交割"在中国建立交割仓库以储存原油；另一方面通过期货市场中的期货保证金制度帮助企业建立起稳定的远期供销关系，减少企业的原油现货库存，补充原油战略储备量[①]。

在西北地区独山子和鄯善建成大型原油储备基地，依托独山子公司现有设施和中哈原油管道，使原油储备能力达到 500 万立方米，建成国内重要的大型国家原油战略储备基地。独山子石油储备基地规划库容 540 万立方米，首期工程规划建设 30 座容积为 10 万立方米的储罐，总库容约 220 万吨；鄯善达到 800 万立方米（储油能力达 580 万吨）的总库容量，一期工程规模 100 万立方米，包括 10 座 10 万立方米的外浮顶原油罐及相应的辅助配套设施，鄯善原油商业储备基地规划库容 200 万立方米，一期工程 100 万立方米，二期工程 100 万立方米，单罐库容 10 万立方米。

开展创新模式，在战略石油储备基地另辟外贸分区，为境外石油产销国提供储备服务；充分利用石油储备基地闲置空间为商业储备提供有偿储存，利用直管和代理、发行特别债券、BOT、自建和租赁、收取能源资源使用权费等方式，鼓励民间资本投资储备基地。

开展储备基地建设，旨在保障能源供应安全，同时强化应对突发事件能力；强化能源市场的调控能力；特别要发挥能源储备的战略保障作用，以充当政府储备资产。构建国家战略石油储备、地方政府石油储备、国有石油公司商业储备和其他中小型公司石油储备多维体系。通过储备调节市场的供需状况，从而消弭国际能源价格震荡影响，对抵御能源价格波动风险具有重大意义。

借助国际合作，为我国西北周边国家提供战略储备石油，并提供储备库为期货市场提供交割周转服务，甚至可以为国际石油期货交易所出租库容，不断提升中国企业参与国际石油期货市场的实力与话语权，强化与我国西北周边国家能源安全合作，共建面向中亚的能源储备基地。

---

① 孙海鸣，史龙祥，陈盈佳. 上海自由贸易试验区国际能源交易中心建设研究［J］. 国际商务研究，2015（9）：32-33.

第十三章　中国周边国家资源能源
安全评价分析
——以石油、天然气为例

中国周边国家资源与能源安全评价涉及许多宏微观数据，基于当前我国能源的消费结构与进出口结构，并考虑到数据的可得性和完整性，本章对中国周边三国即哈萨克斯坦、俄罗斯和土库曼斯坦进行石油和天然气安全评价分析，并探讨中国与西北周边国家未来能源与资源合作的发展趋势。

第一节　资源能源安全评价指标设计原则

资源安全评价指标体系是按照一定原则设计的并反映一国资源能源安全状况的指标集合。为了科学、全面及准确地构建资源能源安全评价指标体系，设计中应遵循以下四项原则：

（1）科学性和可控性相结合原则。科学性原则即反映在理论和实践的结合，以及所采用方法的科学性方面。指标设计要有理论依据，同时兼顾评价对象的客观实际，使评价指标体系保持基本概念和逻辑结构上的合理性。

可控性原则即各项指标应该是可控的。当资源能源安全保障程度较低时，应采取应对措施，从而维护资源能源安全。

（2）系统性与层次性相结合原则。在设计评价指标体系时，注意相关联的系统平衡及各指标自身内部结构，力争评价指标体系在逻辑与评价内容的一致性。同时，按照资源与能源产业的特征，运用层次分析法将评价指标体系分解，并立一级指标、二级指标和三级指标等，便于描述资源与能源安全的影响因素。

（3）过程指标和状态指标相结合原则。所谓过程指标即反映资源能源安全长期稳定的发展态势指标，状态指标即反映资源能源安全状态指标，在注重状态指标的同时，关注过程指标对资源能源安全的影响，注重资源能源安全的动态变化。

（4）定量与定性分析相结合原则。资源能源安全评价指标可分为量化与非量化指标。量化指标是将不同经济时期的统计数据经过构建计量模型进行实证分析，而非量化指标则主要进行定性分析并加以补充说明。

第二节　石油安全评估分析

一、石油安全评价指标体系构建

目前，国内外学者关于石油安全已经做了比较深入的研究，主要涵盖以下五方面：地缘风险、国际油价影响、石油进口能力、国内石油供应、石油安全运输度，借鉴已有的代表性研究，本章进一步综合并完善了对石油安全评估的指标体系，以各国 2000~2019 年各指标的具体数值为基础，采用层次分析法（AHP）对各指标进行赋权，最后使用综合效用函数对 2000~2018 年中国及其周边三国石油安全进行分析及评价。结合已有的研究，并依据资源能源安全的情况以及能源安全评价指标设计原则，考虑如下一级指标和二级指标对石油安全进行评价分析。对石油安全评价指标体系采用层次分析法来确定相应权重，这里采用的是 9 位标度法，研究选取相关领域的 17 位专家分别对指标进行打分，最后对 17 位专家的打分进行平均，得到最终的结果，具体如表 13-1 所示。

表 13-1　石油安全评价指标系统

目标层 A	一级指标权重	一级指标 B	二级指标权重	二级指标 C	层次总排序
石油安全	0.3716	B1 石油安全国内保障度	0.146	C1：国内资源储量占世界总储量比重	0.102
			0.155	C2：国内产量占世界总产量的比重	0.1082
			0.123	C3：资源潜力	0.0857
			0.230	C4：资源储备度	0.1604
			0.207	C5：资源自给率	0.1449
			0.048	C6：资源国内需求占全球比例	0.0334
			0.061	C7：资源利用效率	0.0425
			0.031	C8：资源消耗增长率	0.0214

目标层 A	一级指标权重	一级指标 B	二级指标权重	二级指标 C	层次总排序
石油安全	0.3707	B2 石油安全国外保障度	0.196	C9：进口依存度	0.0464
			0.036	C10：资源进口占世界份额	0.0085
			0.076	C11：能源与资源进口集中度	0.018
			0.282	C12：价格波动系数	0.0669
			0.094	C13：短期资源进口能力	0.0224
			0.316	C14：长期资源进口能力	0.0749
	0.2577	B3 影响石油安全合作的其他因素	0.608	C15：对外关系友好度	0.0391
			0.064	C16：内部政治稳定度	0.0041
			0.232	C17：对外关系政治稳定度	0.0149
			0.096	C18：运输通道安全度	0.0062

二、样本选择与数据说明

（一）样本选择

与中国新疆接壤的周边国家共有八个，但基于与我国的能源合作情况以及数据的可得性和完备性，本书最终选取了中国、哈萨克斯坦、俄罗斯与土库曼斯坦四个国家进行石油安全的评估分析，可为未来我国与"一带一路"沿线国家的能源合作提供参考。

（二）数据来源与说明

研究的各项指标统计数据主要来源于历年的《BP 世界能源统计年鉴》、《中国统计年鉴》、《中国能源统计年鉴》和世界银行数据库等。

三、数据处理

（一）指标定值转换

本章所选取的 18 个指标中部分属于成本型指标、部分属于效益型指标，要分别对相应指标进行转化，其中成本型指标有资源国内需求占全球比例、资源消耗增长率、进口依存度、资源进口占世界份额、能源与资源进口集中度、价格波动系数，其余指标为效益型指标，首先对成本型指标取倒数进行逆向处理，并对数据进行标准化。

具体方法有以下两个：

1. 当指标值处于安全区间内，依据下列公式处理

S＝2×[指标分值－（警限上限＋警限下限）/2]×[（分数上限－分数下线）/（警限上限－警限下限）]

2. 当指标未处于安全区间内，分以下两种情况处理

（1）成本型×分数＝分数下限＋（指标值＋警限下限）×[（分数上限－分数下线）/（警限上限－警限下限）]

（2）效益型×分数＝分数下限－（指标值＋警限下限）×[（分数上限－分数下线）/（警限上限－警限下限）]

（二）关于警度及警限的确定

警度与警限的确定关系到敏感性和准确性，依据相关文献，结合中国石油实际情况确定相应的警限与四级评价标准（见表13-2和表13-3）。

表13-2　预警警度

安全状态	很安全	较安全	基本安全	危险	高度危险
警度	否（无警）	轻（轻警）	轻（轻警）	是（中警）	是（重警）
分数	0~1	1~3	3~5	5~7	7~10
信号灯	紫	蓝	绿	黄	红

表13-3　警限的确定

预警指标	很安全	较安全	基本安全	较危险	高度危险
国内资源储量占世界总储量的比重（%）	>10	6~10	3~6	1~3	<1
国内产量占世界总产量的比重（%）	>10	6~10	3~6	1~3	<1
资源潜力（%）	>10	6~10	3~6	1~3	<1
资源储备度（天）	>120	90~120	60~90	30~60	<30
资源自给率（%）	>80	60~80	40~60	20~40	<20
资源国内需求占全球比例（%）	<1	1~3	3~5	5~15	>15
资源利用效率（%）	0~10	10~30	30~40	40~60	>60
资源消耗增长率（%）	<20	20~40	40~50	60~80	>80
进口依存度（%）	0~10	10~30	30~50	50~70	>70
资源进口占世界份额（%）	0~1	1~3	3~5	5~7	>7

续表

预警指标	很安全	较安全	基本安全	较危险	高度危险
能源与资源进口集中度（%）	0~10	10~30	30~40	40~60	>60
价格波动系数（%）	<10	10~30	30~40	40~80	>80
短期资源进口能力（指数）	>80	60~80	40~60	20~40	<20
长期资源进口能力（%）	>80	60~80	40~60	20~40	<20
对外关系友好度	4~5	3~4	2~3	1~2	<1
内部政治稳定度（%）	>80	60~80	40~60	20~40	<20
外部政治稳定度（%）	0~10	10~30	30~40	40~60	>60
运输通道安全度	10~8	8~6	6~4	4~2	<2

四、石油安全综合评价

本书采用效用函数对中国及其他三国的石油安全状态进行综合评价，其中各个准则层得分值采用以下公式：

$$SD_i(t) = \sum W_{ij}F_{ij}(t) \tag{13-1}$$

其中，$SD_i(t)$ 表示 t 时准则层 i 的得分值，i 表示准则层序号，分别表示石油安全的国内保障度、石油安全的国外保障度、影响石油安全合作的其他因素三个方面。J 表示指标序号，W_{ij} 表示准则层 i 中 j 指标的权重，$F_{ij}(t)$ 表示准则层 i 中 j 指标的分数值。

效用函数综合评价模型的结果是对中国石油安全状态评价的一般水平或者趋势的抽象程度较高的数量描述，具有全面性与整体性，评价结果在目前研究资料和数据较少的情况下，是一种可行的、有效的评价方法，效用函数评价模型的思想是将每一个评价指标按照一定的方法进行量化处理，变成对评价问题测量的一个量化值，然后再通过多目标线性函数加权法求得综合值，即综合得分值，本书先对准则层的评价指标进行计算，然后，在此基础上，再进行一次加权测算中国石油安全的综合得分指数。

$$ISD_i(t) = \sum W_i SD(t) \tag{13-2}$$

其中，$ISD_i(t)$ 为 t 阶段内中国石油安全综合得分值，W_i 为第 i 层相对于目标层的权重，SD（t）为 t 时段准则层 i 的得分值。各系统得分情况如表13-4所示：

表 13-4　石油安全国内保障子系统得分（SD1）

SD1　年份	中国	哈萨克斯坦	俄罗斯	土库曼斯坦
2000	2.875	1.494	1.526	1.326
	较安全	较安全	较安全	较安全
2004	2.525	1.695	1.638	0.468
	较安全	较安全	较安全	较安全
2008	2.622	7.721	3.532	2.904
	较安全	危险	基本安全	较安全
2012	2.716	4.901	3.638	1.932
	较安全	基本安全	基本安全	较安全
2016	2.789	4.916	4.104	1.859
	较安全	基本安全	基本安全	较安全
2018	2.754	4.410	3.881	1.858
	较安全	基本安全	基本安全	较安全

资料来源：根据《BP 世界能源统计年鉴》、《中国能源统计年鉴》、世界银行数据库计算获得。

表 13-4 展示了各国在石油安全国内保障子系统（SD1）的得分。结合指标权重可知，对各国国内石油安全影响由大到小依次是资源储备度、资源自给率、国内产量占世界总产量比重、国内资源储量占世界总储量比重、资源潜力、资源利用效率、资源国内需求占全球比例、资源消耗增长率。从系统得分来看，中国、土库曼斯坦均在 [1，3] 的范围，处于较安全的稳定状态；其次是俄罗斯，从安全状态值增长到了基本安全的范围，暂时未突破安全的警戒线；在国内保障子系统中，状态最不稳定的是哈萨克斯坦，波动较大，但从历年分数来看，哈萨克斯坦石油安全的国内保障子系统呈现出增长又下降的趋势，近年来逐步从基本安全回落到较安全的范围内。从各指标值分析来看，各国逐渐越来越重视石油的储备，石油储备可用天数明显增长；资源利用效率、资源国内需求占全球比例、资源消耗增长率，三者虽然对国内石油安全影响的权重相对较小，但三者受人文等影响因素较大，且近年三个变化幅度较为明显，在未来的石油安全发展中，各国应更重视对资源利用效率的提升。

表 13-5 展示了四国在石油安全国外保障子系统得分，结合指标权重可知，对石油安全国外保障子系统影响由大到小依次是长期资源进口能力、价格波动系数、进口依存度、短期资源进口能力、能源与资源进口集中度、资源进口占世界份额。从系统得分值得分来看，四国除个别年份波动较大之外，基本都处于安全

阶段；哈萨克斯坦、俄罗斯、土库曼斯坦均有小幅波动，但呈现下降趋势；中国的得分由 2000 年的 5.557 下降到 2018 年的 4.236，由危险降为基本安全阶段。在该研究期间，石油价格在 2008 年、2014 年、2015 年分别有较大的波动，石油安全国外保障子系统在这个几年受此影响较大。受中国经济迅速发展的影响，中国对石油需求逐年增长，因中国石油资源有限，石油对外依存较高，在此期间增长较大，由 2000 年的 34% 增长到 2019 年的 70.5%，对石油安全国外保障子系统影响较大，中国在该子系统中得分整体偏高。

表 13-5　石油安全国外保障子系统得分（SD2）

年份 SD2	中国	哈萨克斯坦	俄罗斯	土库曼斯坦
2000	5.557	3.127	4.577	3.471
	危险	基本安全	基本安全	基本安全
2004	4.816	3.063	3.432	3.506
	基本安全	基本安全	基本安全	基本安全
2008	4.252	2.992	3.447	3.528
	基本安全	较安全	基本安全	基本安全
2012	5.283	2.964	3.418	4.909
	危险	较安全	基本安全	基本安全
2016	4.181	3.189	3.706	5.914
	基本安全	基本安全	基本安全	危险
2018	4.236	3.833	3.895	6.182
	基本安全	基本安全	基本安全	危险

资料来源：根据《BP 世界能源统计年鉴》、《中国能源统计年鉴》、世界银行数据库计算获得。

表 13-6 展示了影响石油安全合作的其他因素的子系统得分，结合指标权重可知，对石油安全合作的其他因素子系统影响由大到小依次是：对外关系友好度、外部环境政治稳定度、运输通道安全度、内部政治稳定度。从系统得分值来看，除中国外，其他国家的得分基本在 [1，2]，处于较安全的阶段。主要是由于该三国石油消耗量与依赖进口的数量相对于中国来说，均处于较低的状态。中国分数值由 2000 年的 4.926 增加到 2018 年的 3.23，整体处于基本安全阶段，但期间得分值相对偏高，主要原因可能是我国与对方政治关系特别是双方石油合作关系好有较大的关联，其影响系数达 0.608。中国一向坚持走和平互利的发展道路，中国对外友好度由 2000 年的 0.461 增加到 2028 年预计的 0.598，合作方的

政治环境对双方石油合作影响也较大，其影响系数达到 0.232，近年来，石油主产地政治环境稍有紧张，得分有上升趋势。

表 13-6　影响石油安全合作的其他因素子系统得分（SD3）

SD3 / 年份	中国	哈萨克斯坦	俄罗斯	土库曼斯坦
2000	4.926	1.358	1.351	1.258
	较安全	较安全	较安全	较安全
2004	3.24	1.552	1.514	1.327
	基本安全	较安全	较安全	较安全
2008	3.314	1.673	1.782	1.473
	基本安全	较安全	较安全	较安全
2012	3.152	1.873	1.830	1.684
	基本安全	较安全	较安全	较安全
2016	3.214	1.840	1.875	1.597
	基本安全	较安全	较安全	较安全
2018	3.23	1.791	1.839	1.672
	基本安全	较安全	较安全	较安全

资料来源：根据《BP 世界能源统计年鉴》、《中国能源统计年鉴》、世界银行数据库计算获得。

表 13-7 展示了各国石油安全综合系统的得分值，从指标体系来看，石油安全的国内保障子系统（SD1）、石油安全国外保障子系统（SD2）、其他因素（SD3）对其影响权重分别为 0.3716、0.3707、0.2577。从系统得分来看，土库曼斯坦的分数值处于相对较安全的状态，在研究期内，基本处于较安全的阶段；中国石油安全得分值在研究期内稳定在基本安全的状态，波动较小且整体处于下降趋势；哈萨克斯坦、俄罗斯得分值除个别年份有波动外，也基本处于安全阶段。结合图 13-1 可以看出，四国石油安全得分值趋于稳定，均处在安全区间，且波动比较小。

表 13-7　石油安全得分（ISD）

ISD / 年份	中国	哈萨克斯坦	俄罗斯	土库曼斯坦
2000	4.398	2.064	6.319	2.104
	基本安全	较安全	危险	较安全

续表

年份 ＼ ISD	中国	哈萨克斯坦	俄罗斯	土库曼斯坦
2004	4.074	2.165	2.271	1.816
	基本安全	较安全	较安全	较安全
2008	3.92	4.409	3.049	2.767
	基本安全	基本安全	基本安全	较安全
2012	4.295	3.403	3.091	2.972
	基本安全	基本安全	基本安全	较安全
2016	3.93	3.483	3.382	3.295
	基本安全	基本安全	基本安全	基本安全
2018	3.941	3.521	3.360	3.413
	基本安全	基本安全	基本安全	基本安全

资料来源：根据《BP 世界能源统计年鉴》、《中国能源统计年鉴》、世界银行数据库计算获得。

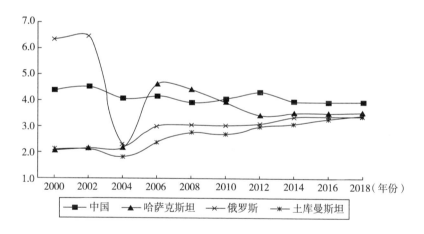

图 13-1　各国石油安全评价趋势

资料来源：根据表 13-4 至表 13-7 绘制。

五、石油安全预测

（一）指标预测方法

本章以 2000~2018 年数据为基础，预测方法为综合预测，并进行残差检验、后验差检验、关联度检验和预测精度检验，在比较不同的经济预测方法中，选出一个拟合程度最高的、同时又符合经济运行规律的方法，具体结果如表 13-8 所示：

表 13-8　指标预测方法

指标	预测模型	预测检验及精度
国内资源储量占世界总储量的比重	GM（1，1）	残差检验、后验差检验、关联度检验通过，预测精度：合格
国内产量占世界总产量的比重	GM（1，1）	残差检验、后验差检验、关联度检验通过，预测精度：合格
资源潜力	GM（1，1）	残差检验、后验差检验、关联度检验通过，预测精度：合格
资源储备度	Holt-winters 无季节指数平滑	拟合程度非常好，预测精度：优
资源自给率	Holt-winters 无季节指数平滑	拟合程度非常好，预测精度：优
资源国内需求占全球比例	GM（1，1）	残差检验、后验差检验、关联度检验通过，预测精度：合格
资源利用效率	Holt-winters 无季节指数平滑	拟合程度非常好，预测精度：优
资源消耗增长率	GM（1，1）	残差检验、后验差检验、关联度检验通过，预测精度：合格
进口依存度	GM（1，1）	残差检验、后验差检验、关联度检验通过，预测精度：合格
资源进口占世界份额	GM（1，1）	残差检验、后验差检验、关联度检验通过，预测精度：合格
能源与资源进口集中度	GM（1，1）	残差检验、后验差检验、关联度检验通过，预测精度：合格
价格波动系数	Holt-winters 无季节指数平滑	拟合程度非常好，预测精度：优
短期资源进口能力	GM（1，1）	残差检验、后验差检验、关联度检验通过，预测精度：合格
长期资源进口能力	GM（1，1）	残差检验、后验差检验、关联度检验通过，预测精度：合格
对外关系友好度	GM（1，1）	残差检验、后验差检验、关联度检验通过，预测精度：合格
内部政治稳定度	GM（1，1）	残差检验、后验差检验、关联度检验通过，预测精度：合格
对外关系政治稳定度	GM（1，1）	残差检验、后验差检验、关联度检验通过，预测精度：合格
运输通道安全度	Holt-winters 无季节指数平滑	拟合程度非常好，预测精度：优

（二）指标预测结果

通过上述的预测方法对上述四国各项指标进行预测，结果如表 13-9 所示：

表 13-9　石油安全预测结果（ISD）

年份＼ISD	中国	哈萨克斯坦	俄罗斯	土库曼斯坦
2000	3.960 基本安全	3.109 基本安全	3.326 基本安全	2.395 较安全
2022	3.960 基本安全	3.012 基本安全	3.398 基本安全	2.396 较安全
2024	4.000 基本安全	2.935 较安全	3.453 基本安全	2.380 较安全
2026	3.972 基本安全	2.856 较安全	3.524 基本安全	2.384 较安全
2028	3.959 基本安全	2.794 较安全	3.591 基本安全	2.385 较安全

资料来源：根据来自《BP 世界能源统计年鉴》、《中国能源统计年鉴》、世界银行数据库计算获得。

表 13-9 展示了各国在石油安全得分的预测结果。中国在 2020~2028 年石油安全得分总体呈现基本安全状态，得分值在 4 的上下范围小幅度波动；哈萨克斯坦在 2020~2022 年处于基本安全状态，2024 年后转为较安全状态；俄罗斯在 2020~2028 年处于基本安全状态（未考虑俄乌军事冲突突发事件）；土库曼斯坦得分值相对偏低，在 2020~2028 年整体处于较安全状态。

第三节　天然气安全评价分析

一、天然气安全评价指标体系构建、数据处理、预警警度的确认

（一）指标体系构建

多位学者从不同角度构建了天然气安全的评价体系，基于已有的代表性研究文献，考虑到数据的系统性、相关性、可得性以及天然气特性，并参考对石油安全评估分析的方法，构建天然气安全评价指标体系。从天然气安全的国内保障、

国外保障以及影响天然气安全合作的其他因素三个一级指标出发，共涵盖 18 个二级指标，综合评估天然气安全。对天然气安全评价指标体系采用层次分析法确认各指标的权重，邀请相关领域的 17 位专家对指标进行打分，并依据专家的打分进行算术平均，计算出最终的权重（见表 13-10）。

表 13-10　天然气安全评价指标体系

目标层 A	一级指标权重	一级指标 B	二级指标权重	二级指标 C	层次总排序
天然气安全（ISD）	0.3672	B1 天然气安全的国内保障（S1）	0.145	C1：国内资源储量占世界总储量的比重	0.1080
			0.155	C2：国内产量占世界总产量的比重	0.0951
			0.124	C3：储产比	0.0685
			0.23	C4：国内天然气消费占一次能源消费的比例	0.1789
			0.21	C5：天然气国内供需比例	0.1553
			0.046	C6：天然气国内消费占全球比例	0.0354
			0.065	C7：资源利用效率	0.0463
			0.025	C8：天然气生产增长率	0.0185
	0.3683	B2 天然气安全的国外保障（S2）	0.193	C9：对外依存度	0.0382
			0.035	C10：天然气进口占世界份额	0.0065
			0.078	C11：能源与资源进口集中度	0.0201
			0.278	C12：价格波动系数	0.0596
			0.095	C13：短期资源进口能力	0.0291
			0.321	C14：长期资源进口能力	0.0623
	0.2645	B3 影响天然气安全的其他因素（S3）	0.61	C15：对外关系友好度	0.0328
			0.045	C16：内部政治稳定度	0.0025
			0.25	C17：对外关系政治稳定度	0.0228
			0.095	C18：运输通道安全度	0.0201

（二）数据处理

本书涉及的 18 个二级指标，部分属于正向指标，部分属于负向指标，在综合评估天然气安全之前，首先要将数据进行标准化处理。其中国内天然气消费占一次能源消费的比例、国内天然气消费占全球比例、对外依存度、能源与资源进口集中度、价格波动系数为负向指标，其余指标为正向指标，不同指标的标准化方法与本章中石油评估公式一致，此处不再具体列出。

· 214 ·

（三）预警警度的确认

我们参考已有的研究中对于其他能源领域的预警步骤，结合中国天然气战略储备及天然气实际情况，确定相应的预警警限，将安全评价状态的结果划分为五个预警等级，预警警度与警限如表13-11和表13-12所示：

表13-11　预警警度

安全状态	很安全	较安全	基本安全	危险	高度危险
警度	否（无警）	轻（轻警）	轻（轻警）	是（中警）	是（重警）
分数	0~1	1~3	3~5	5~7	7~10
信号灯	紫	蓝	绿	黄	红

表13-12　警限的确定

预警指标	很安全	较安全	基本安全	较危险	高度危险
国内资源储量占世界总储量的比重（%）	>10	6~10	3~6	1~3	<1
国内产量占世界总产量的比重（%）	>10	6~10	3~6	1~3	<1
储产比（年）	>7	50~70	30~50	10~30	<10
国内天然气消费占一次能源消费的比例（%）	<10	10~30	30~50	50~70	>70
天然气国内供需比例（%）	>80	60~80	40~60	20~40	<20
天然气国内消费占全球比例（%）	<1	1~3	3~5	5~15	>15
资源利用效率（%）	>60	40~60	30~40	10~30	<10
天然气生产增长率（%）	>10	6~10	4~6	2~4	<2
对外依存度（%）	<10	10~30	30~40	40~60	>60
天然气进口占世界份额（%）	>7	5~7	3~5	1~3	<1
能源与资源进口集中度（%）	<10	10~30	30~40	40~60	>60
价格波动系数（指数）	<10	10~30	30~40	60~80	>80
短期资源进口能力（%）	>80	60~80	40~60	20~40	<20
长期资源进口能力（%）	>80	60~80	40~60	20~40	<20
对外关系友好度	4~5	3~4	2~3	1~2	<1
内部政治稳定度（%）	>80	60~80	40~60	20~40	<20
对外关系政治稳定度	>4	3~4	2~3	1~2	<1
运输通道安全度	10~8	8~6	6~4	4~2	<2

二、天然气安全综合评价

天然气安全分析研究采用效用函数对天然气安全进行综合评价，其综合预警指数计算方法与上节石油计算方法一致。评价的各国天然气安全分数如表 13-13 所示：

表 13-13　天然气安全得分（S）

年份＼ISD	中国	哈萨克斯坦	俄罗斯	土库曼斯坦
2006	3.104	3.425	4.187	3.395
	基本安全	基本安全	基本安全	基本安全
2008	3.065	2.594	5.111	2.584
	基本安全	较安全	危险	较安全
2010	3.093	2.740	5.429	2.916
	基本安全	较安全	危险	较安全
2012	3.173	2.968	4.951	3.454
	基本安全	较安全	基本安全	基本安全
2014	3.311	2.898	4.585	3.453
	基本安全	较安全	基本安全	基本安全
2016	3.010	2.854	5.233	3.774
	基本安全	较安全	危险	基本安全
2018	3.316	2.799	5.324	3.515
	基本安全	较安全	危险	基本安全

资料来源：根据《BP 世界能源统计年鉴》、《中国能源统计年鉴》、世界银行数据库计算获得。

表 13-13 是各国在天然气安全综合系统（S）的得分。从评价指标体系来看，三个一级指标对天然气安全的影响权重分别为 0.3672、0.3683、0.2645。从各国的综合得分来看，取值范围基本在 ［1，5］ 以内。俄罗斯在天然气安全系统中得分值波动较大，在研究期内呈现下降又上升的情况，2016~2018 年再次突破危险状态；中国在研究期内得分值较稳定，处在基本安全阶段；哈萨克斯坦在 2006 年呈现基本安全状态，2008~2018 年下降为较安全状态；土库曼斯坦 2008~2010 年阶段得分值在较安全的范围内，其他年份则呈现出基本安全的状态。总体来看，参评各国的天然气安全得分值的波动范围较小。

三、天然气安全预测

本章以 2006~2018 年数据为基础，借鉴已有研究方法，利用 GM（1，1）灰色预测模型和 Winters 预测模型，对 2019~2028 年天然气安全体系各指标进行预测，并进行相关精度检验，相对误差值均在合格范围内，预测结果如表 13-14 所示：

表 13-14 天然气安全预测得分（S）

年份 ╲ ISD	中国	哈萨克斯坦	俄罗斯	土库曼斯坦
2020	3.161	2.730	4.782	1.366
	基本安全	较安全	基本安全	较安全
2022	3.131	3.029	5.110	1.815
	基本安全	基本安全	危险	较安全
2024	3.309	2.823	4.642	1.975
	基本安全	较安全	基本安全	较安全
2026	3.274	2.676	4.408	1.642
	基本安全	较安全	基本安全	较安全
2028	3.440	2.688	4.764	1.815
	基本安全	较安全	基本安全	较安全

资料来源：根据《BP 世界能源统计年鉴》、《中国能源统计年鉴》、世界银行数据库计算获得。

表 13-14 是各国天然气安全总系统的预测得分值。中国 2020~2028 年得分值均处在基本安全状态；哈萨克斯坦预测呈现小幅上升又下降的趋势，2022 年处于基本安全状态，其他年份则回落到较安全状态；俄罗斯在预测期内有波动，2022 年天然气处于危险状态，预测 2024 年后则转为基本安全状态；土库曼斯坦在 2020~2028 年的预测值相对较低，均处于较安全状态。

第十四章　中国周边国家经济安全
合作机制现状比较分析

所谓经济安全合作机制，就是为达到某种目的而建立的经济安全合作制度或原有体制与制度的重新组合、完善；一般是指两个或两个以上团体，体制与制度重新整合以达成彼此间的有效衔接。

本章主要研究中国西北部周边国家经济安全合作机制的现状及问题。为了避免与前面章节重复，本章主要突出重点内容进行分析。

第一节　中国周边国家经济安全合作的现状及进展

一、中国参与中亚区域经济合作机制现状

（一）中亚区域经济合作机构（CAREC）概况

中亚区域经济合作机构（Central Asia Regional Economic Cooperation，CAREC）成立于1996年，是由亚洲开发银行发起成立的区域性经济合作组织，其宗旨是通过鼓励区域经济合作，加速成员国的经济增长。该合作机构成员国包括中国、阿塞拜疆、阿富汗、格鲁吉亚、巴基斯坦、哈萨克斯坦、吉尔吉斯斯坦、蒙古国、塔吉克斯坦、乌兹别克斯坦、土库曼斯坦11个国家，其合作内容包括交通、能源、安全、贸易便利化和贸易政策等领域。

目前，CAREC已经初步建立了具有一定约束力的次区域经济安全合作机制，主要内容包括部长会议、高官会、行业协调委员会、区域工商圆桌会议等。2006年10月，中亚区域经济合作工商论坛开幕，目的是鼓励各国工商界积极参与中亚区域合作，推进政府与企业间的互动。同年10月，CAREC第五次部长会议在乌鲁木齐举行，批准了《中亚区域经济合作综合行动计划》，并发表了《乌鲁木

齐宣言》，为各国今后参与本计划内的区域合作提出了明确的任务和具体目标，由此开始进入全面合作新阶段。2017 年 5 月 14~15 日，"一带一路"国际合作高峰论坛在北京举行，来自 130 多个国家和地区的约 1500 名各界贵宾作为正式代表出席。这次论坛是我国首次以"一带一路"建设为主题举办的最高规格的国际论坛，也是继 G20 杭州峰会之后，再次就共同构建人类命运共同体做出的中国贡献。2017 年 10 月，CAREC 第 16 次部长级会议 27 日在塔吉克斯坦首都杜尚别举行，来自 11 个成员国的部长们签署了《杜尚别宣言》。本次部长级会议的主题为"加强 CAREC 区域合作，落实 2030 年可持续发展议程和《巴黎协定》目标"。通过以上的合作机制，促进区域经济增长和繁荣，减少区域的贫困。2019 年 11 月 14 日，CAREC 第 18 次部长会议在乌兹别克斯坦塔什干举行，亚洲开发银行行长、CAREC 成员国、欧洲复兴开发银行、伊斯兰开发银行、联合国开发计划署和世界银行高级官员出席了会议。会议主要内容包括中亚的稳定、发展与能源基础设施现代化改造，建立统一的能源市场等。

（二）中国参与 CAREC 区域经济安全合作进展

中国在参与 CAREC 区域经济及其安全合作方面有得天独厚的条件，不仅具有区位优势，而且也得到中国政府的大力支持。一直以来我国政府高度重视并积极参与 CAREC 区域经济合作计划，目前已经建立由国家发展改革委、财政部、外交部、交通部和新疆维吾尔自治区等相关行业部门和地区参与的国内协调机制，为的是保证合作机制落到实处。在具体的项目合作中，中国除履行参加国的正常义务外，还在力所能及的范围内以不同形式为各合作方提供支持，为推动合作不断深入发挥建设性作用。例如，中国通过在亚洲开发银行设立的"中国减贫与区域合作基金"为中亚国家提供了农业、环境和能力建设等方面的技术援助。在中吉乌公路项目中，中国在按期完成境内路段建设之外，还援建了吉尔吉斯斯坦境内的部分路段。此外，中国正考虑提供资金支持，以加强各成员国的机构能力建设。所有这些，大多数是通过中国西北部与周边国家建立合作机制实现的。

中国西北地区与 CAREC 八个成员国毗邻，具有明显的区位及文化背景优势，同时拥有与中亚相关国家开展经济及安全合作的成功经验，在参与 CAREC 计划过程中有着其他地区不可替代的优势。目前，CAREC 框架内的一系列经济合作机制逐步成为促进我国西北地区与周边国家区域经济深层次合作的重要因素。2005 年初，乌鲁木齐海关就被确定为中国与周边国家交往和合作的主要海关。为了落实 2005 年中亚八国海关合作委员会第四次署长会议精神，我国于 2006 年7 月承办了由中国海关总署和亚洲开发银行共同主办的研讨会，乌鲁木齐海关还参加了中亚国家的"海关集体行动计划"，其合作内容涉及边境联合作业、风险管理、能力建设等诸多领域，极大地促进了区域经济合作自由化和便利化。此外，中国正在积极参与 CAREC 框架内其他领域的合作项目，包括中吉乌公路和中俄公路等，这些合作项目不仅推动了我国西北地区与周边国家的区域经济合作，而且还维护了周边国家安全。2013 年 10 月 23～24 日，CAREC 第十二次部长会议在哈萨克斯坦阿斯塔纳举行，会议讨论通过修订后的 CAREC 重点合作领域（交通和贸易便利化、贸易政策）指导战略，并回顾了第十一次武汉部长会议以来重点合作领域取得的成果与进展。2018 年 1 月 19 日，CAREC 中亚区域经济合作学院新任院长孙博雅带领代表团来我国进行交流访问，加强了中国与西北周边国家的深化交流。

二、中国参与中俄哈蒙区域经济安全合作机制分析

（一）中俄哈蒙区域经济安全合作组织概况

阿尔泰与俄罗斯、哈萨克斯坦和蒙古三国接壤。这一区域是一个具有广阔发展前景的地区，包括中国的阿勒泰地区、俄罗斯联邦阿尔泰共和国和阿尔泰边疆区、哈萨克斯坦的东哈萨克斯坦州、蒙古的巴彦乌列盖省和科布多省（简称"四国六方"）。

目前，在"四国六方"中华人民共和国（新疆的阿勒泰地区）、俄罗斯（阿尔泰边疆区和阿尔泰共和国）、哈萨克斯坦（东哈萨克斯坦州）、蒙古国（巴彦乌列盖省和科布多省）的推动下，阿尔泰区域经济安全合作已逐步建立起六方地方政府的磋商机制，并初步形成中俄哈蒙阿尔泰区域合作框架协议、阿尔泰区域合作国际协调委员会、阿尔泰区域科技合作与经济发展国际研讨会、科技发展和经济领域合作协议等在内的区域经济安全合作机制，为区域经济的进一步发展奠定了良好的基础。2002 年 9 月，在俄罗斯联邦阿尔泰边疆区别洛库利哈市召开"我们的共同居住地——阿尔泰"国际研讨会，会议决定组建"我们的共同居住地——阿尔泰"国际协调委员会。2003 年 3 月，阿尔泰区域合作国际协调委员会正式成立，这是一个具有立法机构的区域合作机构。该组织还共建了联合信息空间（"跨界的阿尔泰"网站）、举行科技专家会议、出版委员会机关刊物《阿尔泰通报》、举办国际大学生夏令营等活动，在维护地区安全、共谋发展的行动中发挥了重要作用。2004 年 8 月，阿尔泰区域合作各方代表在乌斯季卡缅诺戈尔斯克市举办了"阿尔泰区域各国的跨界合作：现状与前景"国际科学实践大会。新疆与阿尔泰区域经济合作各方初步形成了地方性区域经济安全对话与互访机制。2010 年 8 月 31 日，中俄哈蒙阿尔泰区域合作国际协调委员会第九次工作会议在乌鲁木齐召开。来自俄罗斯阿尔泰边疆区、阿尔泰共和国、哈萨克斯坦东哈州、蒙古国科布多省、巴彦乌列盖省的 21 位国外官方代表出席会议。2017 年 4 月 19 日，中俄哈蒙"我们共同的居住地——阿尔泰"国际协调委员会第 14 次工作会议在乌鲁木齐市召开，会议总结了第 13 次工作会议以来区域经济及安全合作的工作成果，研究部署今后一段时间的重点工作。2019 年 11 月 4~5 日，由中国科学院、"一带一路"国际科学组织联盟（ANSO）、中国自然资源学会、中国生态经济学会支持，"一带一路"国际科学家联盟、中国科学院地理科学与资源研究所主办的国际学术研讨会即"一带一路"国际科学家联盟智库论坛暨东北亚可持续发展研究中心成立大会在北京召开，共有 120 名来自国内外著名科研院所、高校、国际友好组织和重要政府部门的专家学者参加会议。该次会议形成了系列咨询报告，提交给相关国家政府部门，服务"一带一路"和中蒙俄经济走廊建设战略决策。

（二）中国参与中俄哈蒙区域经济安全合作进展

1996 年以来，为了加强与俄罗斯的经济与安全合作，中俄两国元首、政府首脑和外交部长定期会晤机制相继建立，特别是中俄总理定期会晤机制下的总理定期会晤委员会（副总理级）机制，强化了中国和俄罗斯的经济与安全合作机制。2001 年两国签署《中俄睦邻友好合作条约》，以法律文件形式将两国长期发展睦邻友好与战略协作伙伴关系的方针确定下来，在吸取中俄关系长期历史经验教训的基础上确立了最适合的双边关系——睦邻友好与战略协作关系。特别提出的是，2018 年 9 月 11 日，国家主席习近平在符拉迪沃斯托克与俄罗斯总统普京共同出席中俄地方领导人对话会。同年 9 月 11~13 日，俄罗斯第四届东方经济论坛在俄著名海港城市符拉迪沃斯托克举行，60 多个国家的数千名代表参加，俄罗斯、中国、印度、韩国、日本以及东南亚、中东和欧洲部分国家的经贸团体举行了议题广泛的经济与安全合作洽谈。在双边或多边层面，中俄都坚定地支持对方维护国家主权与领土完整的行动。中俄两国在阿富汗、朝鲜核问题、伊朗核问题、叙利亚、乌克兰危机等国际问题上紧密合作；在联合国、金砖国家合作机制、G20 集团、亚太经济合作组织（APEC）等多边机制中开展多边外交协作。根据统计数据，2019 年全年中俄两国贸易额为 1107.57 亿美元，同比增长 3.4%。其中，中国对俄罗斯出口 497.05 亿美元，同比增长 3.6%；自俄罗斯进口 610.52 亿美元，同比增长 3.2%。

2019 年 6 月，习近平主席对莫斯科进行了历史性访问。在这次开启中俄两国两军关系新时代的重大活动中，两国元首签署了《中俄关于加强当代全球战略稳定的联合声明》，这是继 2016 年两国元首就战略稳定问题发表联合声明之后签署的又一份重要文件。2020 年 8 月 23 日至 9 月 5 日"国际军事比赛－2020"在俄罗斯新西伯利亚举办，俄罗斯、中国、南奥塞梯、白俄罗斯、乌兹别克斯坦、塔吉克斯坦、老挝等国家的军人也参加了比赛。

从 1992 年 1 月 3 日中国与哈萨克斯坦建交以来，两国关系发展顺利，各领域合作不断扩大，在地区和国际事务中的协作日趋密切，2002 年两国签署了哈中睦邻友好合作条约；同年，两国签署了边境问题的议定书，完全解决了边界问题，这些都为两国在安全领域的合作奠定了坚实的基础。2003 年 8 月，中哈两国举行了两国历史上首次反恐军事演习。这些都标志着在打击"三股势力"、维护地区安全方面，中国与哈萨克斯坦的合作日益深化。2019 年 2 月 20 日，中亚互联（国际）孵化器与哈萨克斯坦阿拉套创新技术园经济特区建立全面战略合作伙伴关系签约仪式，同年 2 月 19 日在哈萨克斯坦最大城市阿拉木图举行，开创了中哈全面战略合作新局面。

此外，中国还加强与蒙古等国的经济合作。早在 2002 年，蒙古总理恩赫巴亚尔就表示，希望蒙古同中国在铁路和公路建设、矿山资源开发和畜牧业加工方面进一步加强合作。2011 年 6 月 16 日，中国和蒙古两国签订《中华人民共和国和蒙古国关于建立战略伙伴关系的联合声明》确定战略合作伙伴关系。中国西北地区的新疆、甘肃和宁夏等省区也加强了与蒙古的经济合作。2017 年，新疆维吾尔自治区人民政府出台了《新疆参与中蒙俄经济走廊建设实施方案》（以下简称《方案》），进一步完善了中国与蒙古、俄罗斯在基础设施互联互通、经贸、人文和生态环保等领域合作的顶层设计。该《方案》提出中国与蒙古、俄罗斯两国的合作目标：未来五年中国连接蒙俄两国的综合交通运输网络基本形成，合作机制较为完善，区域投资贸易便利化水平持续提升，人文交流更加密切，互利合作向更宽领域、更大范围和更深层次拓展。

三、中国参与上海合作组织经济安全合作机制分析

（一）上海合作组织经济安全合作机制概况

上海合作组织（以下简称上合组织）是中国、哈萨克斯坦、吉尔吉斯斯坦、俄罗斯、塔吉克斯坦、乌兹别克斯坦在中国上海宣布成立的永久性政府间国际组织。上合组织第一次会议于 2001 年 6 月 15 日在中国上海举行，它以"上海六国"签署的《上海合作组织成立宣言》为标志，最初的目标是建立中亚地区安全合作机制，联合打击地区恐怖主义、分裂主义和极端主义势力。目前，上海合作组织建立了许多形式不同的区域经济合作机制，如不定期召开经贸部长会议和经贸高官委员会会议，启动专业工作组，成立实业家委员会和银行联合体，签署关于合作运营和维护本组织区域经济合作网站议定书，举办欧亚经济论坛、工商论坛、贝加尔经济论坛等大型经济论坛等。按照合作领域划分，上海合作组织建立了包括贸易、投资、能源、旅游、交通、金融和安全等领域的区域经济合作机制，成立了质检、海关、电子商务、投资促进、交通运输、能源、电信 7 个专业工作组，负责研究和协调相关领域合作。2017 年 6 月接纳印度、巴基斯坦正式成

为上合组织成员。2022年9月上合组织峰会在乌兹别克斯坦的撒马尔罕召开，除了原来的8个成员国参加外，伊朗、蒙古、土库曼斯坦、白俄罗斯、阿塞拜疆和土耳其的领导也出席了峰会，同时还特邀阿富汗列席。这对于中国西北周边国家的经济发展和安全起到了重要的作用。主要体现在以下五个方面：

（1）贸易合作机制。上合组织成员国已经就推进组织内贸易便利化和自由化制定了多个双边或多边协定，最大限度地降低关税和非关税壁垒。目前，已建立上合组织经贸部长会议机制，并成立了海关、质检等专业工作组，为推动成员国之间规范的深层次区域贸易合作展开了许多基础性的工作，如海关工作组已经召开五次会议，各方专家专门讨论《关于能源流通监管方面交换信息的议定书草案》等协议。另外，质检工作组也召开了三次会议，在技术规程、卫生和植物检疫措施、强制认证商品方面开展信息交流、相互提供本国标准等工作，并积极商讨召开上合组织TBT、SPS和质量管理、环境管理体系认证等研讨会。

（2）投资合作机制。2006年6月，上合组织举行工商论坛暨实业家委员会成立大会，各国企业和银行之间签署了一批总额近20亿美元的大中型合作项目的商务合同和贷款协议。另外，2007~2019年，为了有效缓解区域内资金投入不足问题，上合组织一直在积极探讨建立区域内合作项目的多渠道融资支持体系。

（3）能源合作机制。2002年10月上合组织首届投资与发展能源专题论坛，2005年2月19日上合组织成员国经贸部长会议，2006年初成立的上海合作组织"能源合作国家间专门工作组"，2007年5月29日塔吉克斯坦在杜尚别首次举办的塔煤炭资源综合开发项目推介会、新疆国际石油石化及化工产品展览会和新疆国际能源工业展览会等，这些能源合作机制旨在确定并推进成员国在能源、油气等方面的合作项目。2018年上合组织青岛峰会签署《上合组织成员国多边经贸合作纲要》及落实措施计划等，确定重点领域和优先项目，把消除贸易和投资的人为障碍和壁垒作为当前的合作目标。2019年8月2~4日，上合组织在乌鲁木齐举办第四届西北国际石油与化工技术装备展览会，有20多家国内外单位参展，对促进能源发展与能源安全合作发挥了重要作用。

（4）交通合作机制。2002年11月，上海合作组织成员国交通部长会议机制在吉尔吉斯斯坦首都比什凯克正式启动。2004年8月，中国政府同上海合作组织成员国签订《上海合作组织国际道路运输便利化多边协定》草案，以法律形式将"六国便利化运输"定格下来。2006~2019年，上海合作组织成员国举行多次首脑会议，其中第五次总理会议在塔吉克斯坦首都杜尚别召开，签署《关于加快制订〈上海合作组织成员国政府间国际道路运输便利化协定〉（草案）的谅解备忘录》，这一协定的签署为成员国的道路运输便利化提供了可靠的法律保障。另外，上合组织发展过境潜力工作组自成立之日起已召开了三次会议，并确定了

E-40 公路和中吉乌公路两个示范工程。

（5）金融合作机制。2005 年 11 月，在上海合作组织成员国总理第四次会议期间，上海合作组织银行联合体（简称上合组织银联体）在莫斯科正式成立，并签署《上海合作组织银行间合作（联合体）协议》，标志着上合组织金融合作进入具体实施阶段；同年 11 月，在中俄总理第十次定期会晤中，双方签署《中华人民共和国银行业监督管理委员会和俄罗斯联邦中央银行关于银行监管领域合作的谅解备忘录》《中国银联股份有限公司与俄罗斯外贸银行合作备忘录》《反洗钱和反恐融资合作与信息交流协议》等，中俄作为上合组织最大的两个成员国，两国之间的区域金融合作趋向成熟；2006～2017 年，上海合作组织先后召开了成员国元首理事会第六次、第七次和第八次会议，不仅通过了《上海合作组织银行联合体成员行关于支持区域经济合作的行动纲要》等，而且还进一步加快了上海合作组织框架下区域金融合作机制化建设步伐。2018 年 6 月在青岛举行的上海合作组织峰会还研究了成员国的金融合作问题。

（二）中国参与上海合作组织区域经济安全合作进展

自上海合作组织成立以来，成员国先后签署了一系列有关区域经济合作的法律文件，其中主要包括《上海合作组织成员国间关于区域经济合作的基本目标和方向及启动贸易投资便利化进程的备忘录》（2001 年 9 月）、《上海合作组织成员国多边经贸合作纲要》（2003 年 9 月）、《〈多边经贸合作纲要〉实施措施计划》（2004 年 9 月）、《上海合作组织成员国关于加强多边经济合作、应对全球金融危机、保障经济持续发展的共同倡议》（2009 年 10 月）、《上海合作组织中期发展战略规划》（2012 年 6 月）、《上海合作组织至 2025 年发展战略》（2015 年 7 月）、《2017～2021 年进一步推动项目合作的措施清单》等文件。据统计，2018 年我国与上合组织成员国贸易总额达到了 2550 亿美元，同比增长 17.2%。2010～2019 年，上海合作组织在我国西北地区开展了一系列活动，这对推动中国西北周边国家经济发展发挥了积极作用。

中国与上合组织成员国各方面的交往日益密切，贸易额迅速增长，商品结构不断优化，合作规模逐步扩大。在平台构建方面，中国正在努力把中哈霍尔果斯国际边境合作中心建设成为上海合作组织区域经济合作"示范区"，将"乌洽会"打造成上海合作组织区域经贸合作展洽平台。在贸易合作方面，"十三五"期间，新疆对上海合作组织国家的贸易额累计达 163.16 亿美元，占其整个对外贸易总额的 71.52%。在科技合作方面，2006～2019 年，中国政府和上合组织成员在该区开展了许多合作与交流，例如，2006 年 6 月，由中国商务部主办、石河子大学承办的首届"上海合作组织农业技术培训班"顺利结业，本次培训班对膜下滴灌、棉田遥感技术等方面进行了交流研讨。在人才合作培养方面，由中国商务部主办的上海合作组织区域贸易研修班于 2007 年 7 月在乌鲁木齐结业，来自各成员国分管经济、贸易、农业、资源等领域的 20 名政府官员及专家参加了此次研修。在交通运输合作方面，上海合作组织发展过境潜力工作组确定了两个"示范性"项目，即 E-40 公路和中吉乌公路，并将喀什建设成为转运站，以组织多种方式运输。2010 年 9 月 2 日，以"深化互利合作、推动持续发展"为主题的上海合作组织商务日暨区域经济合作论坛在乌鲁木齐举行，中国、哈萨克斯坦、吉尔吉斯斯坦、塔吉克斯坦、巴基斯坦、俄罗斯、乌兹别克斯坦、伊朗等国的嘉宾分别在开幕式和论坛上致辞并演讲。2016 年"上海合作组织科技伙伴计划"在新疆正式启动，其中自治区财政科技拨款 1000 万元，项目单位自筹 11035 万元，主要用于支持"中国—中亚科技合作中心"建设的项目三项，支持在国外建设农业园区、研发机构和技术示范推广基地四项，举办面向中亚国家和俄罗斯的技术培训班两项，面向中国西北周边国家的科技合作平台建设四项。2017 年上海合作组织六个成员国 FDI 流量总额为 1787.71 亿美元，比 2003 的 636.99 亿美元增长 2.8 倍。2020 年 4 月 1 日，受新冠疫情影响，上海合作组织卫生部长专家会议第一次以视频形式举办。

总体来说，上海合作组织区域经济合作机制推进了中国与西北周边国家贸易投资便利化，加快了区域经济合作，加强了我国与欧亚经济共同体、亚洲开发银行、新亚欧大陆桥国际协调机制等国际组织和国际金融组织的对话和协调，为中国与周边国家经济发展和经济安全合作做出了重要贡献。

四、中国参与欧亚经济联盟经济安全合作机制分析

（一）欧亚经济联盟经济安全合作机制概况

欧亚经济联盟是在四国关税同盟和欧亚经济共同体基础上成立的区域一体化组织。由俄罗斯主导的独联体内经济一体化即欧亚经济联盟于 2015 年 1 月 1 日正式启动，是一个由白俄罗斯、哈萨克斯坦、俄罗斯、亚美尼亚、塔吉克斯坦、吉尔吉斯斯坦六个苏联国家成员为加深经济、政治合作与融入而组建的一个超国家联盟。欧亚联盟预计在 2025 年实现商品、资本、服务和劳动力自由流动，并在能源、交通运输、工农业等领域实施协调一致政策。在欧亚联盟对内构建内部的统一能源空间，2025 年之前建立统一的石油、天然气市场和石油产品市场，以促进联盟内经济发展和地区经济安全。

原来的欧亚经济共同体是由俄罗斯、白俄罗斯、哈萨克斯坦、吉尔吉斯斯坦和塔吉克斯坦于 2000 年 10 月 10 日在五国关税同盟的基础上成立，其目标是在关税同盟的基础上建立统一货币市场和劳动力市场，进而建立统一经济空间。在俄罗斯的积极推动下，一体化进程加速，组织规模不断扩大，中亚合作组织并入

欧亚经济共同体。欧亚经济共同体在实施一体化目标方面取得较大进展，主要体现在以下三个方面：一是建立关税同盟①；二是统一运输空间、统一能源市场和统一社会经济空间的建设正在逐步推进；三是金融和货币领域合作有所加强。为协调各国间金融和银行体系、推动资本自由流动、建立多边结算体系，成员国成立了欧亚发展银行②，主要为成员国交通基础设施、能源和农工综合体项目融资。同时建立欧亚经济共同体反危机基金，促进共同体的经济一体化进程。反危机基金为纯粹的援助基金，不具备商业用途。该基金除了向成员国提供主权贷款以克服金融危机外，还以稳定贷款和拨款的形式用于成员国间的投资项目。成员国在货币自由流通、不对第三国货币采取歧视性政策等方面做出了实质性努力并取得一定的成效。

（二）中国西北地区参与欧亚经济联盟经济安全合作机制进展

中国与俄罗斯于 2015 年 5 月 8 日发表了《中华人民共和国与俄罗斯联邦关于丝绸之路经济带建设和欧亚经济联盟建设对接合作的联合声明》，进一步为中国与欧亚经济联盟的经济合作提供了基础，而俄罗斯也正式成为亚洲基础设施投资银行创始成员国。欧亚经济联盟成员国以及潜在成员国大部分都加入了由中国牵头发起的亚洲基础设施投资银行。

欧亚经济联盟与中国签署了《中国与欧亚经济联盟经贸合作协定》，推动联盟与"丝绸之路经济带"对接合作迈出重要一步。欧亚经济委员会最高理事会为欧亚经济联盟最高权力机构。2019 年 5 月 29 日，通过最高理事会会议，各成员国元首签署了包括《关于欧亚经济联盟工业政策埋事会》决议、《关于 2017~2018 年成员国贸易、服务、机构和管理规范条例的监督结果》的决议等在内的 18 份最终文件，共同致力于联盟发展。主要有以下两个作用：

第一，关税同盟及欧亚经济联盟的成立加深了对中国西北地区的影响。我国是上述国家的主要贸易伙伴，而且在进出口贸易结构中，出口主要是以产成品为主。如果上述国家的一体化进程加快，主要是从成本层面上影响贸易。俄罗斯主导的这一贸易在某种程度上削弱了我国企业商品的出口竞争力，造成较大的出口

---

① 根据三方在 2009 年 12 月 19 日发表的联合声明，如果关税同盟运转顺利，三国将在 2012 年 1 月 1 日正式建立统一经济空间，实现真正一体化，但这一进程因种种原因没有进入实质性阶段。

② 欧亚开发银行（又称欧亚发展银行）是俄罗斯和哈萨克斯坦于 2006 年 1 月成立的国际金融机构，旨在促进成员国市场经济的发展、扩大经济和经贸关系。俄罗斯在欧亚银行的注册资本金为 10 亿美元，哈萨克斯坦的注册资本金为 5 亿美元。2008 年 12 月，该银行同意接纳塔吉克斯坦、白俄罗斯和亚美尼亚为其成员国。银行总部设在哈萨克斯坦的阿拉木图，银行行长由俄罗斯人担任，副行长由哈萨克斯坦人担任。

阻力。已经实施的俄白哈关税同盟①就是一个典型的例子。这一同盟主要是以俄罗斯税法为基础做出来的同盟规则，结果我国大量出口到哈萨克斯坦产品的关税税率提高，由于哈萨克斯坦有五年的过渡期，我国出口产品大部分集中于过渡期税率调整，2013 年之前没有明显感到压力，但 2013～2019 年我国与哈萨克斯坦的贸易受到明显影响。

第二，给中国西北地区开放型经济布局和对外贸易造成不利影响。中国西北地区与中亚国家的贸易所占比重比较大，虽然这种贸易对当地经济的实际贡献率并不大，但是以这一贸易规模以及贸易增速为依据所做出的外向型发展战略在欧亚经济一体化冲击下可能会失去部分意义。这就要求在区域经济的外向型发展战略安排上以及开放型经济布局上再作调整。中国西北的外向型企业也因此面临不确定的市场环境和市场预期，投资信心受到打击。同时外国市场消费者偏好的转移也会导致中国西北地区输出产品的竞争力下降。

五、中国参与丝绸之路经济带经济安全合作进展

（一）丝绸之路经济带概况②

2013 年 9 月 7 日，习近平主席在纳扎尔巴耶夫大学演讲时提出共同建设丝绸之路经济带的构想，得到了沿途国家的积极响应。共建"丝绸之路经济带"，将给国内丝绸之路沿线地区带来巨大的发展机遇。有的学者把丝绸之路经济带划分为中亚经济带、环中亚经济带和亚欧经济带。其中，从我国现实经济影响力角度来看，中亚经济带是"丝绸之路经济带"的核心区域，环中亚经济带主要贸易伙伴为欧盟、美国等发达国家和地区，是我国经济影响力亟待提升的重要区域，亚欧经济带是"丝绸之路经济带"的拓展区域③。

"丝绸之路经济带"建设侧重于"政策沟通、设施联通、贸易畅通、资金融通、民心相通"，其目标指向合作、互信、交流、融合等多重开放功能，内涵丰富。综观国内外文献，丝绸之路经济带的目标之一是国家安全，具体来看，涵盖地缘政治平衡、反恐战略需要、国家能源安全三个方面。目标之二是通过深化对

---

① 俄白哈关税同盟：俄罗斯、白俄罗斯、哈萨克斯坦三个国家统一关税，形成海关联盟（Customs Union，CU）。1995 年俄、哈、白、乌、塔、吉六国签署建立关税联盟（成立统一关税区、取消海关监管和统一经济空间）的协议，在此协议基础上成立了欧亚经济共同体。

② "丝绸之路经济带"是在古丝绸之路概念基础上形成的一个新的经济发展区域，包括西北五省区陕西、甘肃、青海、宁夏、新疆，西南四省区市重庆、四川、云南、广西，东边牵着亚太经济圈，西边系着发达的欧洲经济圈，被认为是"世界上最长、最具有发展潜力的经济大走廊"。

③ 胡鞍钢，马伟，鄢一龙．"丝绸之路经济带"：战略内涵、定位和实现路径 [J]．西北师范大学学报，2014（2）：1-10；孙久文，高志刚．丝绸之路经济带与区域经济发展研究 [M]．北京：经济管理出版社，2015：2-4.

外开放，实现我国产业的国际空间布局，推动全球化进程，为构建人类命运共同体①贡献中国智慧。

（二）中国参与丝绸之路经济带经济安全合作机制

2013～2020 年，中国新疆作为丝绸之路经济带的核心地区，积极参与多层次的经济安全合作，包括自治区和兵团对周边国家的区域经济合作。主要包括以下四个方面：

1. 在基础设施方面，促进互联互通

中国积极参与交通枢纽中心建设，优先打通缺失路段、畅通瓶颈路段，力争用 5～10 年，建成新疆维吾尔自治区和兵团垦区之间快速互通、兵地之间密切衔接的立体交通网络。加强能源基础设施建设，依托西北地区大型油气生产加工和储备基地、大型煤炭煤电煤化工基地、大型风电和光伏发电基地及国家能源资源陆上大通道建设，积极参与中国西北周边区域能源资源和进口油气资源的开发以及深加工。加强信息基础设施建设，积极参与亚欧信息高速公路和丝绸之路经济带通信枢纽建设，加快推进当地的云计算数据中心建设。

2. 在产业发展方面，打造八大进出口产业基地

以阿拉尔垦区国家现代农业示范区、五家渠国家现代农业示范区、石河子国家农业科技园区、天山北坡现代农业示范带和境外农业合作示范区建设为重点，形成现代农业示范推广基地。中国大力发展适宜周边国家需求的绿色安全果蔬产品，配套建设冷链物流设施，形成集农产品生产、加工、冷链物流、销售为一体的农产品出口生产基地。以绿色有机食品为主导，优先发展清真食品，逐步形成以番茄制品、乳肉制品、精炼食用油等特色产业为主的市场广、加工深、品牌好的食品出口加工基地。当地结合"三城七园一中心"纺织产业发展布局，引导纺织服装生产向石河子、铁门关、阿拉尔、图木舒克市等区域集中。以石河子和阿拉尔市为重点，大力发展节水灌溉器材、采棉机、播种机、联合整地机、收获机等基础型农机装备产品出口基地。以发展精深加工、提升品种质量为重点，大力发展 400 兆帕及以上高强度螺纹钢、棒材和高性能铝合金及其深加工产品和工艺，着力培育一批带动能力强、具有国际竞争力的大型企业大集团，形成集技术研发、生产制造、市场交易、会展物流等功能于一体的国家级金属材料加工与出口产业基地。

---

① "人类命运共同体"旨在追求本国利益时兼顾他国合理要求，在谋求本国发展中促进各国共同发展。人类只有一个地球，各国共处一个世界，要倡导"人类命运共同体"意识。人类命运共同体这一全球价值观包含相互依存的国际权力观、共同利益观、可持续发展观和全球治理观。2018 年 3 月 11 日，十三届全国人民代表大会第一次会议通过了宪法修正案，将宪法序言第十二自然段中"发展同各国的外交关系和经济、文化的交流"修改为"发展同各国的外交关系和经济、文化交流，推动构建人类命运共同体"。

3. 在商贸物流方面，打造智慧物流合作平台

在重要交通节点城镇、产业园区和重点口岸培育或新建一批物流园区、大型商贸综合体和批发市场，探索建立海外仓、物流基地和分拨中心，着力打造辐射全疆、联通内地和中亚地区的现代智慧物流体系。

借鉴上海自贸区经验建立健全营商服务体系，西北地区积极参与中哈霍尔果斯合作中心建设，加快落实喀什、霍尔果斯经济开发区兵团分区特殊优惠政策，积极争取设立北屯经济开发区，完善喀什、霍尔果斯经济开发区综合保税功能，不断提升园区产业集聚承载能力。

用好中国—亚欧博览会、哈萨克斯坦中国商品展览会等国际展会平台，提升赴沿线国家出入境手续便利化水平，充分发挥民间机构和国际商务咨询机构的沟通与协调作用，进一步深化与内地省市合作。

依托大型农产品批发市场，发展农产品电子商务，促进电子商务支撑服务体系建设，支持跨境电子商务发展，推动建立跨境电子商务营销平台，引导企业利用知名电商平台开展产品营销和服务，不断促进电子商务发展。

4. 扩大开放，实施"走出去"战略

积极开展国际产能合作，鼓励电力、建材、食品加工、纺织、农机装备等领域优势企业到沿线国家投资建厂，引导上下游关联产业协同布局，建立境外研发、生产、加工、营销体系，提升产业配套能力和竞争力。引导有实力的企业与沿线国家合作建设产业园区，培育一批具有国际竞争力的跨国企业。

第二节　中国周边国家经济安全合作机制的共同点与差异

通过对上述几种经济安全合作机制的介绍和分析，我们可以看出它们既有共同点也存在差异。

一、共同点

无论是中亚区域经济合作组织，还是中俄哈蒙区域经济合作组织，或是上海合作组织以及欧亚经济联盟，目的都是推动各国的经济合作，加强成员国之间的互联互信，促进各成员之间经济的相互依存，加强开放多边贸易体制，减少区域贸易和投资等壁垒，促进经济发展，进而维护本地区经济安全和各国人民的共同利益。

二、不同点

（1）合作成员不同。中亚区域经济合作组织共有 11 个正式成员国，包括中国、阿富汗、阿塞拜疆、哈萨克斯坦、吉尔吉斯斯坦、蒙古国、巴基斯坦、塔吉克斯坦、土库曼斯坦、乌兹别克斯坦和格鲁吉亚，该组织设有部长会、高官会、行业协调委员会、专门工作组四大工作机制，主要限于中国西北周边国家，不包括俄罗斯。中俄哈蒙区域经济合作组织原先只有三个国家，即俄罗斯、哈萨克斯坦和蒙古，后来中国加入进来，成为"四国六方"，"四国"是指中国、蒙古、俄罗斯和哈萨克斯坦，"六方"是指中国的阿勒泰地区、俄罗斯的阿尔泰边疆区和阿尔泰共和国、哈萨克斯坦的东哈萨克斯坦州、蒙古国的巴彦乌列盖省和科布多省，即上述四国相邻的六个行政省区。上海合作组织起源于 1996 年成立的上海五国会晤机制，是中国、俄罗斯、哈萨克斯坦、吉尔吉斯斯坦、塔吉克斯坦关于加强边境地区信任和裁军的谈判进程的组织，后来乌兹别克斯坦、巴基斯坦、印度加入，现在已有八个成员国、四个观察员国和六个对话伙伴国。欧亚经济联盟是俄罗斯主导的一个区域经济合作组织，成员国包括俄罗斯、哈萨克斯坦、白俄罗斯、吉尔吉斯斯坦和亚美尼亚，五国均是"一带一路"建设的重要合作伙伴。

（2）侧重点不同。中亚区域经济合作组织的宗旨是以合作谋发展，通过开展交通、能源、贸易政策、贸易便利化四大重点领域合作，促进成员国经济发展和民生改善。中俄哈蒙区域经济合作组织合作的重点是科技、经贸、交通、教育、文化、旅游等领域。上海合作组织的合作领域包括安全、经济、交通、文化、救灾、执法等广泛领域，其中安全与经济合作是两个重点方向。欧亚经济联盟的目标是在 2025 年前实现联盟内部商品、服务、资本和劳动力自由流动，并推行协调一致的经济政策，其合作重点是区域一体化。

（3）工作机制不同。中亚区域经济合作组织设有部长会议、高官会、行业协调委员会、专门工作组四大工作机制，其中部长会议是最高的工作机制。中俄哈蒙区域经济合作组织已搭建起了多元化区域和次区域合作机制相结合的架构，并逐步形成和完善三方合作的机制保障。上海合作组织的工作机制包括会议机制和常设机构两部分。首先是国家元首会议，其为上海合作组织最高机构，主要职能有四个：①确定组织活动的优先领域和基本方向；②决定组织内部结构设置和运作的原则问题；③决定组织与其他国家及国际组织相互协作的原则问题；④迫切需要解决的国际问题。其次是政府首脑（总理）会议，主要职能有两个：①通过组织预算；②研究和决定组织框架内具体领域，特别是经济领域合作的主要问题。另外还有外长会议、各部门领导人会议、国家协调理事会和秘书处等。

欧亚经济联盟已形成了以决策机制、关税同盟、争议和纠纷解决机制为主要内容的联盟运行机制。比较而言，上海合作组织和欧亚经济联盟的组织和工作机制比较规范。

（4）发挥的作用和影响力不同。中亚区域经济合作组织与上海合作组织和欧亚经济联盟在合作领域上有重叠性和竞争性，同时也在机构性质、决策方式、重点领域、资金来源、投资效率和进展效果等方面存在一定的差异性和互补性。该组织以协调者和建设者的身份为中亚经济发展提供资金支持，为中亚区域经济一体化消除障碍，并为中亚交通和能源的发展奠定基础，但是在执行中也存在一定的制约因素，其作用和影响力受到一定的影响。中俄哈蒙区域经济合作组织在产能合作、交通运输、金融支撑等方面发挥一定作用，尤其是产能合作的作用较大。在"一带一路"倡导下，强调建设合作共赢的命运共同体，推进国际产能合作，并非过剩产能的输出，而是要推动中国产能从"大进大出"转向"优进优出"，促进亚欧地区产业的整体提升，形成更有区域竞争力的亚欧经济新格局。上海合作组织对各成员国来说，不仅可以在反恐情报方面实现共享，其他成员国还可以得到中国及俄罗斯的经济援助。对中国来说，可以利用这个组织打击中国恐怖势力，在军事上可以制约欧美国家，同时提升中国在国际上的声望，因此其作用还是有目共睹的。欧亚经济联盟对于其成员的作用较大，尤其对俄罗斯更是如此。由于乌克兰向欧盟和北约靠拢，尤其是2022年爆发的俄乌军事冲突，使该组织受到了较大负面影响。现在俄罗斯更清醒地意识到，必须通过加强独联体地区一体化进程才能保存自身不断被蚕食的地缘政治空间。在西方国家因乌克兰问题对俄制裁的背景下，欧亚经济联盟已经遇到不少麻烦和问题。

通过比较分析，我们发现一个重要现象：中国西北周边国家不同程度受俄罗斯的影响较大，在经济合作过程中经常出现政治上依靠俄罗斯，经济上依靠中国，多数国家有借助中国和俄罗斯揩油的想法。此外，各种类型的经济合作组织五花八门，真正发挥作用的还比较少，而且组织松散。因此，非常有必要整合优化上述经济安全合作机制，让其发挥更大的作用。

第三节　小结

概括地说，在党和政府的大力支持下，中国与西北周边国家开展了广泛的经济安全合作，包括同俄罗斯、阿塞拜疆、印度、巴基斯坦、阿富汗、哈萨克斯坦、吉尔吉斯斯坦、蒙古、塔吉克斯坦、土库曼斯坦和乌兹别克斯坦等的合作；

同时，中国和俄罗斯牵头建立若干经济安全合作组织，在合作过程中取得了以下三项成绩：一是经贸合作更加深入，合作领域更加广泛，农业、制造业、能源、金融、教育培训和基础设施等全方位推进；二是建立了双边或多边经济安全合作机制或框架；三是在非传统安全领域加强了合作，主要是国防安全、反恐等，中国在非传统安全领域也发挥着不可替代的作用。

但是，在取得成绩的同时必须清醒地认识到，中国西北周边国家的经济安全合作机制也存在一些问题，主要包括以下三个方面：一是经济安全合作层次有待提高，迄今为止，在西北周边国家开展的经济安全合作会议大多数层面不高，部长级以上的会议屈指可数；二是经济安全合作机制不够健全，有些组织比较松散，有必要通过中国西北周边国家的共同努力，并汇同周边国家整合力量，进一步提升经济安全水平；三是一些中亚国家形成了"经济上靠中国，政治上靠俄罗斯，安全上靠美国"的政策思路。因此，有必要对中国西北周边国家经济安全机制进行整合优化，促进西北周边国家经济可持续发展，提高经济安全水平。

第十五章　经济安全合作机制优化研究与措施

在经济全球化背景下，区域经济一体化组织迅速发展壮大起来，形成了欧洲联盟、北美自由贸易区、东南亚国家联盟、西非国家经济共同体和亚太经济合作组织等，极大地丰富了区域经济一体化实践，在一定程度上推动了世界区域经济合作化进程。此外，中国西北周边国家还形成了形式多样的经济安全合作机制，取得了许多成绩，但也存在诸多问题，需要优化和完善。

第一节　经济安全合作机制优化研究

一、国际典型的区域经济合作机制及评价

（一）国际上典型的区域经济合作机制

迄今为止，世界上的区域经济合作组织有 30 多个，包括 2019 年建立的区域全面经济伙伴关系（RCEP）。下面分别说明：

1. 欧洲联盟（EU）

欧洲联盟（European Union，EU）简称欧盟，是由欧洲共同体发展而来的区域一体化组织。欧洲共同体自建立后，合作内容不断扩大，从关税同盟、共同农业政策，发展到欧洲货币体系的建立和单一货币的实现，社会和政治合作也不断加强，成为全面一体化的典型。1991 年 12 月，欧洲共同体马斯特里赫特首脑会议通过《欧洲联盟条约》，通称《马斯特里赫特条约》。1993 年 11 月 1 日，《马斯特里赫特条约》正式生效，欧洲联盟正式诞生。欧盟具有明显的超国家特性，成为制度化、机制化的区域经济一体化组织。其宗旨是促进和平，追求公民富裕生活，实现社会经济可持续发展，确保基本价值观，加强国际合作。

2. 北美自由贸易区（NAFTA）

北美自由贸易区（North American Free Trade Area，NAFTA）是根据美国、加拿大、墨西哥三国于 1992 年 12 月 17 日签订的《北美自由贸易协定》成立的区域经济贸易组织，其宗旨是取消贸易壁垒，创造公平竞争的条件，增加投资机会，保护知识产权，建立解决贸易争端的有效机制，促进三边和多边合作。

3. 亚太经济合作组织（APEC）

亚太经济合作组织（Asia-Pacific Economic Cooperation，APEC）不仅是亚太地区重要的经济合作论坛，也是亚太地区最高级别的政府间经济合作机制。亚太经济合作组织成立于 1989 年，主要成员包括澳大利亚、文莱、加拿大、印度尼西亚、日本、韩国、马来西亚、新西兰、菲律宾、新加坡、泰国和美国 12 个成员国，以及后来加入的中国、中国香港地区和中国台湾地区、墨西哥、巴布亚新几内亚、智利、秘鲁、俄罗斯、越南，目前成员发展到 21 个。其宗旨是：保持经济的增长和发展，促进成员国家和地区之间经济的相互依存，加强开放的多边贸易体制，减少区域贸易和投资壁垒，维护本地区人民的共同利益。

4. 东南亚国家联盟（ASEAN）

东南亚国家联盟（Association of Southeast Asian Nations，ASEAN），即东盟，于 1967 年 8 月 8 日成立，当时发表了《东南亚国家联盟成立宣言》，即《曼谷宣言》，正式宣告东南亚国家联盟成立。东盟主要国家包括印度尼西亚、新加坡、泰国、菲律宾、马来西亚、越南、柬埔寨等，是以经济合作为基础的政治、经济、安全一体化合作组织，并建立起一系列合作机制。东盟的宗旨和目标是本着平等与合作精神，共同促进本地区经济增长、社会进步和文化发展，为建立一个繁荣、和平的东南亚国家共同体奠定基础，以促进本地区的和平与稳定。

5. 西非国家经济共同体（ECWAS）

西非经济共同体（Economic Community of West African States，ECWAS）主要是非洲国家的一体化组织，它成立于 1975 年 5 月 28 日，总部在阿布贾，目前成员国有 16 个，它们是冈比亚、几内亚比绍、佛得角、几内亚、加纳、塞内加尔、多哥、贝宁、尼日尔、尼日利亚、布基纳法索、塞拉利昂、利比里亚、毛里塔尼亚、马里、科特迪瓦。其主要宗旨是促进成员国在政治、经济、社会和文化方面的合作与发展。2021 年 6 月 19 日，西非国家经济共同体成员国领导人在加纳举行会谈，并就重新修订的路线图达成一致，希望尽快建立统一货币，促进共同体的贸易和经济增长。

6. 区域全面经济伙伴关系（RCEP）

区域全面经济伙伴关系（Regional Comprehensive Economic Partnership，RCEP）是 2012 年由东盟发起的区域经济合作组织。2020 年 11 月 15 日，东盟

10 国和中国、日本、韩国、澳大利亚、新西兰一共 15 个亚太国家正式签署了《区域全面经济伙伴关系协定》，标志着世界上人口数量最多、经济规模最大的自由贸易区成立。2022 年 1 月 1 日，《区域全面经济伙伴关系协定》（RCEP）正式生效。其宗旨是消除内部贸易壁垒、创造和完善自由贸易环境，促进经济发展。

（二）比较分析

总体来看，目前世界六大区域经济合作组织既存在共同点，也存在较大差异。

1. 共同点

这五个区域经济合作组织有一些共同点，主要体现在以下两个方面：一是宗旨和目标相似。六个区域经济合作组织都强调在合作组织框架内实行自由贸易，降低关税，促进区域经济和社会发展，这一点几乎是一致的。二是运作模式和机制也有相似之处，例如，西共体就是根据欧共体（后改为欧盟）量身打造的，拟建立类似组织机构，而且也打算建立像欧元那样的统一货币。另外，RCEP 也想打造亚太地区类似于欧盟的经济联盟，与欧盟和北美自由贸易区并驾齐驱或者全方位超过它们。

2. 不同点

通过比较分析发现，这些区域经济合作组织无论在成立背景、发展环境，还是成员国构成和机制等方面存在较大差异，导致它们在区域经济合作的起点、合作机制选择、合作层次和水平等方面存在诸多不同，主要表现在以下三个方面：

（1）选择方式和发展水平不同。欧洲联盟属于"北北型"合作组织，由于各成员国政治制度相似，各成员国的经济发展水平基本一致，合作机制容易执行，因而发展较迅速。北美自由贸易区则属于"南北型"合作组织，其成员国之间经济发展水平存在较大差异，政治、法律和机制等社会环境也不尽相同，因此，相互间的经济合作的互补性较强，在美国的主导下发展进程也较快。东盟是东南亚国家的合作组织，文化背景较相似，合作机制也比较好。西非国家经济共同体是非洲的一体化组织，经济基础较落后，影响力也不如前面几种，但是具有较大的发展前景。而亚太经济合作组织属"南南型"合作组织，其成员国大部分是发展中国家，成员国间在生产要素、自然禀赋、经济发展水平、政治制度、传统文化、历史背景和运行机制等方面存在显著的差异，致使合作进程较为缓慢。区域全面经济伙伴关系是一个跨区域的经济合作组织，包括亚洲一些主要国家，同时也期待美欧国家加入。

（2）发展起点和层次不同。欧洲联盟的起点是关税同盟，合作层次较高。目前，欧洲联盟正向着经济一体化的最高形式迈进。北美自由贸易区则直接采用了自由贸易区这一形式，在美国前总统特朗普"美国优先"的指导下签署了新的合作协议框架。东盟已建立较为成熟的相关机制，逐步向更成熟的模式升级。区域全面经济伙伴关系（RCEP）就是其升级版的自由贸易区，该组织把中国、日本和韩国也拉进来了。亚太经济合作组织则起始于合作层次最低的组织，而且参与国家众多，发展较为缓慢。

（3）成员国数量和经济规模不同。目前，从成员国数量来说，欧盟目前有28个国家，是参与国家数量最多的，北美自由贸易区只有美国、加拿大和墨西哥3个国家，参加数量最少。但是，从人口数量和经济规模来看，显然区域全面经济伙伴关系（RCEP）是当前世界上人口最多、经贸规模最大、最具发展潜力的自由贸易区，人口占全球的近1/3。相对而言，APEC的人口约25亿，仅次于RCEP，但是其组织也是最松散的。

二、我国周边国家两种典型的经济安全合作机制比较分析

我们选择俄罗斯和印度两个国家的经济安全机制进行比较，主要是因为俄罗斯和印度均与我国西北地区接壤，在区域乃至全球都具有举足轻重的作用，两个国家特别重视国家经济安全的保护和发展，有些经验值得中国学习和借鉴。

（一）俄罗斯经济安全合作机制①

在俄罗斯的官方文件中，"国家经济安全"的目的是"为保障个人生存与发展，为国家政治、经济和军事的稳定，抵御来自国内外的各种威胁创造条件"。国家经济安全是指一个国家在经济发展过程中能够消除和化解潜在风险，抗拒外来冲击，以确保国民经济持续、快速、健康发展，确保国家主权不受分割的一种经济状态。在一国国家安全战略中，经济安全居于核心和基础地位。这是因为，经济利益本身就是一国国家利益的最高表现，而一国的政治、军事、文化和信息等其他诸多层面的安全问题，也无一不包含着经济因素。虽然俄罗斯并没有一部完整的法律被命名为"经济安全法"，但是其"经济安全"的含义散布在每一个领域，包括能源、军事、矿产、土地、环境保护、金融保险、知识产权等。

1. 合理利用土地资源

俄罗斯的国土面积居世界第一。尽管在中华人民共和国成立之初进行了国有土地的快速私有化，但国有土地所占的比重仍占绝大部分。在向市场经济过渡的改革中，怎样管理好土地资源，怎样对刚刚形成的土地市场进行有效的监控，促进土地资源的有效配置和合理利用，是俄罗斯政府面临的首要问题之一。

---

① 何维达. 全球化背景下国家产业安全与经济增长［M］. 北京：知识产权出版社，2016；刘伟，高志刚. 俄罗斯国家经济安全对中俄经贸合作的影响［J］. 商业研究，2020（1）.

为保护国家经济安全，俄联邦出台了有关土地的法律。1997 年 7 月 21 日，俄联邦颁布了《关于不动产权与其交易国家注册登记法》，严格规定个人可以拥有的土地的极限数量（最大量和最小量），其数量由联邦各主体确定。如有违背，交易不予登记，如在规定的期限内对占有的土地不加以利用，对其土地所有权可以予以取消。2001 年 10 月 25 日，《俄罗斯联邦土地法典》颁布，以法律形式对土地实行保护。近年来，俄罗斯通过颁布新《民法典》、修订《土地法典》、颁布《土地流通法》等方式，对转型时期土地的所有权、使用权、土地流通等重要事项进行调整。2017 年修订的《俄罗斯联邦土地法典》全面扩大了实现民事法律协议过程中个人土地所有权制度的应用范围，创立了俄罗斯住宅领域统一发展机构。

2. 立法对外资予以限制

俄罗斯对外资的限制主要包括以下两项措施：

（1）对外资银行的限制。俄罗斯《银行法》规定，外资在俄银行总资本中的最高限额为 25%；成立外国银行分支信贷组织的最低注册资本额不应少于 1000 万欧元；禁止外国银行在俄设立分行；外资信贷组织中俄籍员工的数量应不少于员工总数的 75%；信贷组织长期执行机构职能的人为外国公民或为无国籍公民，信贷组织执行机构的人员编制中俄籍公民不应少于 50%。

（2）对其他重要资源和重要领域的限制。1999 年 6 月 25 日，俄罗斯国家杜马通过了《俄联邦外国投资法》，2011 年俄罗斯对该法进行了修订。《俄联邦外国投资法》是有关外国投资的基本法律，旨在吸收和在俄联邦经济中有效地利用外国物资和资金资源、先进技术、工艺及管理经验，保障外国投资者经营条件的稳定性并使外国投资法律制度符合国际法准则及投资合作国际惯例。2008 年 5 月 5 日，俄总统普京签署《俄联邦外资进入对保障国防和国家安全具有战略意义商业组织程序法》（以下简称《限制外资程序法》），对包括能源、电信和航空业在内的 42 个战略性行业的外国投资加以限制。2011 年，俄罗斯对《俄罗斯联邦外国投资法》进行了修改，旨在降低外资进入门槛，目前政府已通过一揽子修改条款，涉及简化外资进入食品、医疗、银行及地下资源使用等行业的手续。2017 年 9 月，俄罗斯联邦总理梅德韦杰夫签署政府决议，在两年内限制外国家具及木制品参与俄政府采购，但欧亚经济联盟成员国所产家具及木制品不在限制之列。

3. 高度重视国家经济安全

1996 年 10 月，俄联邦安全会议通过《俄罗斯经济安全指标清单》，列出 22 项临界值监控指标：①GDP 占西方七大工业国平均值的 75%，人均值占七大工业国平均值的 50%，与世界人均水平相等。②加工业在工业生产中占 70%。③机器制造业在工业生产中占 20%。④高科技新产品占 6%。⑤进口在国内消费中占 30%，其中食品占 25%。⑥投资总额占 GDP 的 25%。⑦科研经费占 GDP 的 2%。⑧贫困线以下居民占总人口的 7%。⑨人均寿命为 70 岁。⑩10% 的最富裕者与 10% 最贫穷者的差距不超过 8 倍。⑪犯罪率低于 5%。⑫失业率不超过（按国际劳工组织统计法）7%。⑬各联邦主体最低生活费标准的差距不超过 1.5 倍。⑭年通胀率最低不超过 20%。⑮内债不超过 GDP 的 30%。⑯外债不超过 GDP 的 25%。⑰偿还内债不超过预算收入的 25%。⑱外债弥补预算赤字的比例为 30%。⑲赤字不超过 GDP 的 5%。⑳外汇量兑卢布量的比例为 10%。㉑外汇现钞兑卢布现钞的比例为 25%。㉒货币量（广义货币供应量 M2）为 GDP 的 50%。

2017 年 5 月 10 日，俄联邦会议制定俄联邦经济安全战略，确定了经济安全领域的国家政策主要方向，并且确定至 2030 年经济安全领域内关键任务的完成机制。2019 年 11 月 22 日，俄罗斯总统普京主持召开了俄联邦安全会议，专题讨论国家安全（包括国家经济安全）现状，以及未来 10~30 年的国家安全及前景。

4. 加强资源和能源立法

俄罗斯在世界能源市场上的角色越来越重要。2006 年俄罗斯新版的《矿产资源法》生效，内容包含从矿产资源勘查到矿产资源开发工作的各个方面。主要内容有七项：

（1）加强了对土地的保护，并专门增加了一章规范矿区的使用和保护，还规定了对矿产使用者提供土地的条件和要求。

（2）更为明确地划分了联邦、联邦主体和地方三级行政主体在矿产资源管理领域的各自权限和职责，以便避免越权行为、重复审批，减少纠纷。

（3）加强了对探矿权、采矿权的管理，以有效保护国家、地方以及个人对两种权利的合法利益。

（4）专门设立一章规范国家地质调查工作，并增加了地质研究规划工作的条款，提高了地质规划的法律地位，体现了对地质调查研究工作的重视。

（5）新增了对固体矿产、石油天然气及地下水资源开采的要求和技术标准，使俄罗斯自然资源部的管理权限扩大到整个矿业领域，加强了对各种矿产资源在使用过程中的环境保护工作和对地质生态环境的监测。

（6）规定了违反《矿产资源法》应承担的责任和最后条款。

（7）规定了外国公民、无国籍人、外国法人和国际组织不能成为俄罗斯矿产资源的使用者。

2008 年，俄罗斯对《矿产资源法》进行了修订，主要是强调国家对外资参与的内容，建立了联邦性质的矿产地段的法律制度。值得关注的是，2016 年 7 月 3 日俄罗斯联邦法律对《矿产资源法》再次进行了修订，对矿产地段有关矿石资源（例如金刚石、钽、铌等）进行了删除。2019 年 10 月 22~24 日，俄罗斯能源论坛在俄罗斯乌发展览馆（Ufa Exhibition Hall）举行，探讨了能源效率与能源管理以及未来能源安全等问题。由此可见，虽然俄罗斯是资源能源大国，但是比较重视资源能源立法和资源能源战略的重要性，值得中国借鉴。

5. 重视信息安全

近 10 年来，俄罗斯对信息安全高度重视，2013 年 8 月，俄联邦政府公布《2020 年前俄联邦国际信息安全领域国家政策框架》。该政策框架细化了《2020 年前俄联邦国家安全战略》《俄联邦信息安全学说》等战略计划文件中的某些条款，列举了国际信息安全领域的主要威胁。2016 年 12 月，俄罗斯颁布新版《俄联邦信息安全学说》，这是自 2000 年以来俄罗斯对国家信息领域战略指导的首次更新，提出俄面临的信息安全威胁，明确新时期保障信息安全的战略目标和行动方向。2017 年 5 月，普京又批准《2017-2030 年俄联邦信息社会发展战略》，强调信息安全对国家安全（包括国家经济安全）的重要性。2019 年 6 月 26 日，俄罗斯国防部长谢尔盖·绍伊古大将在"信息对抗紧迫问题"论坛上指出，西方国家针对俄罗斯实施信息战的主要目的是不允许其巩固地缘政治联盟中的地位，其根本目的是控制俄罗斯，危及俄罗斯国家安全。俄罗斯十分重视信息的加密管理，俄罗斯总统普京下令政府在 2019 年 7 月 1 日前执行与加密相关的监管。另外，据俄罗斯塔斯社报道，2021 年 1 月俄罗斯推出的《加密法》生效，对于保护俄罗斯政府及个人隐私具有重要的作用。

由此可见，俄罗斯经济安全法律法规，是以国家和民族的核心利益为主，涉及经济、金融、资源、能源、信息等影响国家战略和国计民生的主要领域，这些考量值得我们借鉴。

（二）印度经济安全合作机制①

1. 粮食安全保障

印度是一个人口众多的发展中国家，一直都把粮食安全放在突出位置。从印度的五年计划中就可看出，农业是印度 60 年来各个五年计划必须提及的重点。印度 20 世纪 60 年代开始推行"绿色革命"战略，到了 20 世纪 70 年代，印度大力发展农业生物技术，保护耕地资源，并建立了粮食储备制度。

印度政府于 1997 年 7 月 1 日起对公共分配系统（Public Distribution System，PDS）进行改革，使其目标更为明确，称为有目标的公共分配系统（Targeted Public Distribution System，TPDS），并在全国范围内同时启用。印度发展委员会 2007 年 5 月 29 日通过一项决议，启动国家粮食安全计划。该计划包括水稻、小

① 何维达. 全球化背景下国家产业安全与经济增长 [M]. 北京：知识产权出版社，2016.

麦和豆类三个部分。2019 年 1 月，印度商业与工业部一工作组发布了"印度 2025 计划"蓝图，旨在帮助印度在 2025 年之前成为一个 5 万亿美元的经济体。根据该报告，农业和制造业领域将分别贡献 1 万亿美元的 GDP 产值，其余 3 万亿美元将全部来自服务领域。在农业方面，该报告提出应当鼓励公共和私人部门在如冷藏链等基础设施领域增加投资，并进一步改革土地租让法，以促进土地整合和农场承包经营，并强调粮食安全的重要性。但是，由于印度人口增长很快，总人口接近中国人口，加上自然灾害和管理不善，世界粮农组织曾经警告，2020~2021 年印度可能出现粮食危机。

为了应对危机，印度加强了与国外的合作。据国际资讯 2019 年 11 月 13 日报道，印度和美国在新德里就农业补贴达成共识。印美在农业上的争端曾是世界贸易组织（WTO）面临的最严重危机，它阻碍 2013 年 12 月底在印度尼西亚巴厘岛会议上签署的贸易便利化（简化海关手续）协议的实施。此次达成的协议有利于印度延长实施食品安全计划期限。

2. 能源安全保障

为了保证能源安全，印度政府 2001 年颁布《能源保护法》，中央政府设立能源效能局，负责能源政策的制定和能源法律的起草。2002 年推出《2025 年印度碳氢产品规划》，提出最大限度地挖掘和利用国内石油资源。2002 年又成立石油规划和分析小组，负责分析国内外石油市场走势，评估石油进出口形势，维护数据及保障信息系统的有效运转。从 2004 年开始，印度建立国家石油战略储备机制。2005 年成立最高能源委员会，协调国家能源的总体供需。印度先后制定《石油法》《天然气法》《管道法》和《石油储备法》等相关法律法规，将油气勘探开发、加工、运输、储备等环节纳入规范的法制化管理轨道，加强执法监管。当前，印度天然气发电在其电力供应中所占比重为 9%，鉴于燃煤发电成本较高，印度正在由燃煤发电向天然气发电转型，2021 年印度天然气消费量增加 70% 以上。印度是全球第五大液化天然气进口国，为了能以较低价格进口天然气，2013 年印度和日本发起组建天然气进口国集团，并且已邀请韩国、新加坡等国参加。

3. 金融安全保障

印度经济持续增长的优势是因为拥有比较完整的金融体系环境和证券市场的支持。其金融体系延续了英国留下的金融制度，银行体系有 130 年的历史，股票市场也有百年历程，孟买证券交易所世界闻名，具备了完善的公司信息披露制度。印度储备银行担任中央银行的职能，较早就通过《印度银行储备法》和《印度银行管制法》，1974 年通过了《印度储备银行（修正）法》，它监督银行的设立和银行资产的流动等。此外，印度依靠金融政策支持农业发展。1985 年，印度金融机构发起了农作物综合保险计划。该计划实施期限是 1985 ~ 1999 年。该保险计划与农户的短期农作物贷款紧密相连，保险范围限定为农作物贷款的 100%，每个农户最多 1 万卢比。谷物和粟的保险金比率是 2%，油料作物等为 1%。保险金和风险索赔按 2 : 1 的比率由中央政府和邦政府共同承担。1999 年，印度启动国家农业保险计划。该计划承保面扩大到所有农户，不管农户拥有多少土地，也不限于申请贷款的农户，可投保的作物涵盖所有的农作物、含油种子以及一年生园艺作物或经济性作物，投保的产量以这些作物往年的产量数据为基础。2007 年，印度推出天气作物保险计划。该计划旨在为农民遇到恶劣天气时提供保障，如降水过多或过少、高或低温、湿度等。

印度特别重视互联网金融安全和数字货币的认证。2017 年 12 月印度央行发布的 *Trend and Progress of Banking in India* 报告中表示，将金融科技纳入监管范畴，应该提供一个公平的竞争环境，同时鼓励金融创新。2018 年下半年，印度最高法院宣布禁止金融科技公司使用 UIDAI 数据库进行客户认证。印度是全球加密货币监管最严格的几个国家之一。据印度《铸币报》报道，印度政府就《禁止加密货币和官方监管数字货币 2019 年法案》进行了讨论，重点是对持有、购买、出售比特币等加密货币的犯罪行为，判处 1 ~ 10 年监禁。

4. 制定科技政策，引进外资与限制并重

印度对跨国公司的投资控制经历了以下三个过程：①20 世纪 50 年代中期至 70 年代末，印度政府严格限制跨国公司的投资，执行工业许可证政策，1973 年颁布《外汇管制法》，将跨国公司在印度的投资限额规定在 40%。②20 世纪 80 年代，由于印度发生严重的国际收支危机，印度开始逐步放宽对跨国公司投资的限制政策。20 世纪 90 年代至今，印度大力吸引跨国公司投资，颁布新的《外汇管制法》，取消对跨国公司股权比例的限制。但是，印度在引入外资时，明确规定外国投资应该"遵循的基本原则是允许发展新的生产线，或需要特殊的技术和经验"。引导外资流向印度国家发展战略中优先发展的领域，或是引向本身就具有相对优势的行业，如 IT、医药、生物工程等知识密集型产业。不仅在外资流入产业上有不同侧重，而且还在人才的培养上对外资引进作出了规定。

2000 年印度议会通过了《信息技术法案》。印度计划委员会颁布的印度第 10 个五年计划（2002-2007 年），提出了国家的发展战略为技术性发展战略。印度的科技发展战略规划和政策是由印度科技决策部门提出的，其中包括提出中长期科技战略决策的国家计划委员会、内阁科学顾问委员会和科技部。针对科技计划的评估，印度政府内部专门成立科技委员会，对新技术开发提供咨询意见。针对重点发展领域，由印度中央政府成立国家特别行动小组，在规定时间内制订规划，提出战略和措施。2018 年，印度出台一项新的政策草案，以管理其不断增长的电子商务部门，这有助于保护印度国内企业，并进一步限制外国公司在印度的经营方式。2020年6月底，印度电子信息技术部宣布，禁止包括TikTok、微信、茄子快传、UC浏览器、微信、QQ、快手和美图等在内的中国企业在印度的发展。

综上所述，印度经济安全的侧重点主要是五大领域——粮食、能源、金融、科技和投资，这些涉及的领域与中国有相似之处。但是，需要警惕的是，印度经常出台一些临时法律法规，打压外资企业。例如，2023年6月9日，印度执法局（ED）向小米印度发通知，称印度有关部门指控小米印度违反其《外汇管理法》，因此扣押了小米约48亿元人民币。显然，在合作过程中，需要避免类似的陷阱和风险。

三、经济安全合作机制整合优化目标、原则与方向

（一）经济安全合作机制整合优化目标

主要优化目标：在"一带一路"框架下，坚持总体国家安全观，整合优化中国西北周边国家经济安全合作机制，达到多方利益均衡，维护好国家经济安全，实现共赢和多赢目标。

（二）经济安全合作机制整合优化原则

在坚持总体国家安全观前提下，整合优化中国西北周边国家经济安全合作机制，必须坚持以下六项原则：

1. 开放合作

人类社会发展历史一再证明，开放带来进步，封闭导致落后。目前，美国等一些西方国家奉行保护主义、孤立主义，这不仅无助于自身发展，而且还对世界经济产生较大的负面影响。改革开放40多年来，中国经济发展取得了很大成绩，未来中国经济高质量发展也离不开改革开放。中国不仅不会回到闭关自守的状态，而且还会把开放的大门开得更大。党的十九大报告指出，中国将以"一带一路"建设为重点，形成陆海内外联动、东西双向互济的开放格局。党的二十大报告强调指出，中国坚持对外开放的基本国策，坚定奉行互利共赢的开放战略，不断以中国新发展为世界提供新机遇，推动建设开放型世界经济，更好地惠及各国人民。通过共建"一带一路"维护地区和世界和平、支持经济全球化发展以及改善全球治理等方面也都产生了直接的积极效应，推动构建人类命运共同体。

为了实现中国西北周边国家经济安全机制整合优化，必须大力坚持开放合作原则，维护多边贸易体制和合作基础；坚持伙伴精神，加强宏观政策协调；坚持创新引领，挖掘相互的经济增长动力，推动中国西北周边国家经济发展再上一个台阶。

2. 互利共赢

互利共赢，就是不同种族、不同信仰、不同文化背景的国家和地区通过互惠合作，共同应对威胁和挑战，共同谋划利益和福祉，进而实现互惠互利的共赢发展。互利共赢原则既是符合各国利益的一个基本原则，也符合我国倡导的"和平共处五项原则"要求。

为了实现中国西北周边国家经济安全机制整合优化，必须始终坚持互利共赢原则。2018 年 11 月，习近平主席在首届中国国际进口博览会开幕式上的主旨演讲中指出，必须推动经济全球化朝着更加开放、包容、普惠、平衡、共赢的方向发展。这是构建中国西北周边国家经济安全合作机制的基础。因为只有坚持互利共赢，才能使越来越多的国家从中受益，与世界各国实现互利共赢，为人类社会的发展进步和共同繁荣做出新的更大贡献。

3. 求同存异

由于中国西北周边国家大多数是伊斯兰国家，各国都有严格的宗教教义，所以经济安全合作不能把中国的主观意识强加到其他国家，那样势必带来矛盾和纠纷，达不到合作共赢；此外，还要考虑各国发展的水平差异，在构建经济安全合作机制的时候，既要坚持根本利益的一致性，同时也要考虑到各国的差异，做到求同存异。

4. 和谐包容

中国素有宽容包容文化。例如，孔子很注重"恕之道"，孔子曰："己所不欲，勿施于人。" 1945 年诞生的《联合国宪章》序言中也说："力行容恕，彼此以善邻之道，和睦相处。"为了创造更多的社会稳定和幸福，让人际关系更为融洽，让精神正能量更为充沛，我们应该让和谐包容成为公共价值理念。在整合优化中国西北周边国家经济安全合作机制时，也要坚持这一原则。

5. 独立自主

在整合优化中国西北周边国家经济安全合作机制时，还要从维护中国的核心利益和战略安全出发，涉及根本利益和战略安全时，不能含糊，应该坚持自己的原则，保持在合作中的独立自主，凡是违反我国国家经济安全和国家安全的事情，千万不能含糊和妥协，一定要避免风险叠加，未雨绸缪，防范经济安全风险。

6. 可操作性

一切重在实践，考虑其可操作性。因此，在整合优化中国西北周边国家经济安全合作机制时，要制定出切实可行的行动方案和路径，保证经济安全合作的有效推行。为此，需要坚持进一步整合优化，主要围绕规划体系、工作机制、互联互通等方面进行，使其更加具有可操作性，更富有效率。

（三）经济安全合作机制整合优化的重点和方向

为了实现中国西北周边国家经济安全机制整合优化，需要突出重点，并与西北周边国家现有经济合作机制实现有机融合。主要重点包括四个方面：

1. 以自贸区为基础构建和完善"一带一路"区域经济安全合作机制

虽然美国奉行贸易保护主义和孤立主义，但是全球大多数国家还是希望合作共赢。应该看到，国际经济发展融合趋势依然在加强，区域经济合作发展方兴未艾。在未来很长一段时间内，东亚以及亚太区域经济一体化发展，以及"一带一路"的区域经济合作机制建设的不断推进，有利于实现西北周边国际区域性经济的贸易、投资、机制一体化，形成互联互通、互相促进的"一带一路"经济体系。在此背景下，要进一步完善"一带一路"和亚欧经济共同体等经济合作机制的融通，使西北周边国家经济安全合作机制实现有机融合，更上一层楼。

2. 以基础设施互联互通构建和完善区域性经济安全合作机制

要想顺利开展"一带一路"区域经济合作，就要保证基础设施的互联互通。实现中国西北周边国家经济安全机制整合优化，必须完善跨境交通基础设施，这有利于完善"一带一路"发展网络，增强各个国家和地区之间的经济往来的便捷性。因此，要重点开展交通类基础设施渠道建设，完善路段、设施、交通等方面的建设机制，实现多方面的发展衔接，从而更好地实现国际化的运输发展。另外，在构建和完善经济安全合作机制的基础上，要不断加强航空和通信基础设施建设，从而保证基础设施的互联互通。

3. 以数字经济为抓手合理发挥"经济走廊"示范效应

通过合理构建"经济走廊"可以很大程度推进"一带一路"区域经济安全合作机制的完善。由于"一带一路"贯穿多个国家和地区，这些国家和地区的发展通过经济联合较为容易地形成了"经济走廊"，并且有利于成为对周边区域城市发展的经济支撑点。数字技术和数字经济的快速发展，为经济合作提供了新的方法和路径。因此，要以数字经济为抓手，并按照"一带一路"的具体经济走向，充分利用"一带一路"经济发展区域带，打开国际经济发展贸易的总渠道，构建区域化的"一带一路"经济走廊，使其成为推进西北周边国家经济发展的纽带，成为维护西北周边国家经济安全的标杆。

4. 经济安全合作机制整合优化方向

（1）构建区域经济一体化合作机制。目前，在西北周边国家的区域经济合作机制中，最具代表性的是中国提出的"一带一路"和俄罗斯提出的"亚欧经济共同体"。如何将两者有机融通，是摆在我们面前的重要任务。从长期来看，应该借助欧盟、北美自贸区和东盟等合作机制，构建区域经济一体化合作机制，涵盖中国西北的新疆、甘肃和宁夏，以及中亚五国、俄罗斯、蒙古、巴基斯坦和印度等在内的自贸区，实行经贸、金融、投资、安全等领域的合作。一方面，要加强顶层设计，即加强国家领导人的合作与推动，加强"一带一路"和"亚欧经济共同体"两大合作机制融通，为西北周边国家自贸区提前谋划；另一方面，需要各个部门和地区的共同努力，应采取以下四项措施：一是要加强文化沟通，找到合作共赢的基础；二是要加强基础设施建设，做好基础设施互联，让当地的官员和老百姓切实感受到经济合作的好处，切实感受到周边经济安全水平的提高；三是要加强规划体系共建，即围绕构建自贸区提前谋划，做好长期规划，可以参照欧盟模式或者北美自贸区模式设计其合作机制；四是加强机制体制建设，包括政治联盟、决策机构、议事机构、监督体系等。当然，构建区域经济一体化（自贸区）任重而道远，需要做长期的、不懈的努力。

（2）高端论坛合作深度融合。高端论坛是区域经济合作的一种高级形式，需要国家政府或地方政府的有效推动。它是把文化教育、经济贸易联系和有关安全、政治等问题拿到会议上进行协商，达成合作协议；还有的会把这些问题放到一定的组织内部解决，以便更好地促进各个国家或地区间的区域经济合作。目前，就我国西北与周边国家的区域经济合作来看，特别是与中亚国家间的经济合作，所采取的论坛或会议驱动主要有：中国新疆乌鲁木齐对外经济贸易洽谈会（简称乌洽会）、中亚区域经济合作工商论坛、中亚区域经济合作（会议）等。

我们认为，高端论坛合作可以采取两种主要模式：一是政府高官组织的论坛；二是大学校长论坛联盟等方式。然后通过文化与合作交流，逐步深入到经贸、金融、投资和公共安全等领域，并且与中国"一带一路"深度融合。

（3）边境经济合作开发区向纵深发展。边境经济合作开发区是经过国家政府相关部门同意，在具备条件的边境地区，依托边境城市或口岸的独特优势，吸引相邻国家或其他国家进行投资，以便实现合作共赢，维护各自经济安全。

目前，在西北地区共有3个国家级边境经济合作开发区，分别是伊宁、塔城和博乐边境经济合作开发区。从现在的发展情况来看，伊宁边境经济合作开发区的发展前景最为看好，发展速度快于塔城、博乐。伊宁边境经济合作区的发展紧紧依托邻近的霍尔果斯、都拉塔、木扎尔特3个对外开放的一类口岸和在合作区内的伊宁二类口岸的地缘优势及伊犁独特的资源优势，重点发展以伊犁特色资源为原料，面向国内外市场的各种加工项目和面向独联体市场的进出口贸易。

（4）跨国边境经济合作区进一步整合优化。跨国边境经济合作区与边境经济合作开发区具有不同的特征，前者更强调区内与区外的相互合作，后者则更强调区内的合作。因此，跨国边境经济合作区横跨两个或两个以上的相邻国家，各自出部分地域面积，共同出资建设，共同进行经济合作。它是对边境经济合作开发区的一种深化，是对其外延意义上的扩展，也是一种升级区域经济合作。目前，运用这种合作机制的主要是中哈边境经济合作区——中哈霍尔果斯国际边境合作中心以及中吉边境经济合作区。

2005 年 7 月 4 日，我国与哈萨克斯坦在哈首都阿斯塔纳签署《中华人民共和国和哈萨克斯坦关于建立和发展战略伙伴关系的联合声明》。同日，中国商务部和哈萨克斯坦工贸部代表本国签署《中华人民共和国政府和哈萨克斯坦政府关于霍尔果斯国际边境合作中心活动管理的协定》，标志着该项目进入实施和建设阶段。2013~2019 年，中国与哈萨克斯坦举行过多次首脑会议。特别是习近平主席在 2013 年 9 月访问哈萨克斯坦时，提出"一带一路"倡议，从顶层设计到项目落实，得到哈萨克斯坦的积极响应，为两国之间的经济合作奠定了坚实基础。

四、中国周边国家经济安全合作机制整合优化路径

通过上述分析可知，中国西北周边国家经济安全状况得到了一定的改善，经济安全合作机制逐步建立。但是，也存在三个突出问题：一是经济安全合作机制较为分散和片面，例如，中俄贸易严重依赖石油和天然气，商品结构亟须优化。二是彼此之间存在一定的隔阂，主要涉及历史和文化等问题，例如，对中国崛起的战略疑虑成为俄罗斯发展与中国关系的主要心理障碍，俄罗斯担心中国崛起后是否对俄推行强硬政策、中俄力量对比失衡是否使俄罗斯沦为中国的小伙伴、中国是否成为俄罗斯战略竞争对手等。三是机构能力建设滞后，包括与中亚国家、俄罗斯和蒙古等国的经济安全合作机构不够完善，协作能力较弱。因此，中国需要考虑优化机构和机制，以加强各成员国的合作机制建设。针对上述问题，我们认为，我国西北周边国家经济安全合作机制进行整合优化路径包括以下三个方面：

（一）加强"一带一盟"对接，实现合作机制整合优化

中国和俄罗斯都是国际上举足轻重的大国，又是睦邻友好国家，在中国新疆周边国家中，是首要考虑的因素。中俄合作机制优化不仅关系到两国的战略利益和经济安全，而且对周边国家具有示范效应。2015 年中俄两国就发表了《中俄关于丝绸之路经济带建设和欧亚经济联盟建设对接合作的联合声明》，正式宣布将发展"一带一盟"对接合作，加强区域经济一体化。随后，中俄双方开始商讨以上海合作组织作为对接的平台等问题。需要说明的是，"一带一盟"对接合作涉及"丝绸之路经济带"诸多参与国和欧亚经济联盟五个成员国，在外延上大于中俄合作。与俄罗斯及其主导的欧亚经济联盟共同建设"丝绸之路经济带"，有利于中国向独联体地区输出资本、技术和商品，扩大对外经贸合作。通过促进中亚国家的基础设施建设和经济社会发展，来加强中国与中亚各国的友好合作，维护新疆安全与稳定；完善中国"丝绸之路经济带"沿线地区的基础设

施和产业布局，形成一系列交通枢纽和商贸物流中心，以提升这些地区的开放型经济水平。同时，开展"一带一盟"对接合作，有利于俄罗斯利用中国的资金和技术，发展其西伯利亚和远东地区经济，使俄罗斯从过境运输中获得丰厚的利益；加快俄罗斯与亚太地区的经贸合作进程，并以此弥补西方经济制裁对俄造成的损失；发展欧亚经济联盟的基础设施及其同中国在经贸等领域的合作，促进该联盟框架下的一体化。

中国倡导的"一带一路"与俄罗斯倡导的"一带一盟"对接合作，必定是进一步提升中俄战略协作水平的新机遇，也是优化双方战略协作模式优势的新举措。当前，中俄战略协作伙伴关系已经处于高水平运行状态，需要通过创新合作领域、合作方式等获得持续发展的新动力。如果说此前两国经贸与能源合作还只是中俄睦邻友好与互利合作的重要内容的话，那么，我们建议以双启动（"一带一路"与"一带一盟"）对接合作、扩大中俄区域合作为标志，中俄战略协作伙伴关系从外交策应阶段步入共同发展阶段。

同时，我们还建议将中俄战略协作的地区从中亚扩大到独联体地区，从而促进中亚、独联体地区、欧盟之间的经贸联系。与此对应，中俄安全合作区域也从中亚扩大到独联体地区"丝绸之路经济带"沿线各国，因为沿线地区安全与稳定是"一带一路"和"一带一盟"对接合作顺利开展的必要条件。只有这样，跨区域交通基础设施与经贸合作的实施，才能有助于形成中俄利益共同体观念，从而加强两国战略协作的社会认同，进而为当代世界提供一种互利共赢的区域合作新思路、新路径，有助于避免那种含有地缘政治扩张的区域经济一体化所引发的冲突。

在规划上，中国与俄罗斯可以就各自国家发展战略及"一带一路"沿线地区产业合作布局等进行协调对接，上海合作组织与欧亚经济联盟就建立自由贸易区的目标和"一带一盟"对接合作"路线图"等达成共识。具体在操作上，可以共同商定一系列具有经济可行性的具体合作项目清单，有计划地联合实施，共享合作成果，实现互利共赢，从而促使有关各方进一步扩展各领域务实合作。

"一带一路"与"一带一盟"对接合作的优先领域包括以下三个方面：

（1）基础设施合作，包括双边和地区性的铁路、公路、油气管道、航空设施、电信和电力网络建设。

（2）金融合作。丝路基金和亚洲基础设施投资银行等金融机构要为"一带一路"与"一带一盟"沿线基础设施建设、资源开发、产业合作等有关项目提供投融资支持，并为中资企业在项目所在国扩大市场份额创造条件。扩大贸易本币结算规模，以促进人民币国际化和相互贸易，其中双方本币结算范围还可扩大到其他大宗商品交易，包括货币互换在内的两国金融合作应当为此提供保障。

（3）产业合作。中国增加在沿线国家的工业园建设，合理布局，使之相互补充而不是竞争，以帮助中资企业扩大海外生产。同时，继续推进中俄"一带一路"与"一带一盟"的对接，并且在工业、农业、能源、电信、科技与文化等领域加强合作，通过高效合作给合作各方带来更大收益。此外，为了推动"一带一路"与"一带一盟"对接合作，还需要有一个和平与安全的环境，两国和两组织应防止地区动荡、消除恐怖主义威胁，帮助中亚国家之间建立互信友好合作，以化解中亚国家和沿线居民对中俄投资的忧虑和抵触情绪，提高合作的水平和效率。

（二）加强顶层设计，构建好"六个融通"

习近平总书记在提出"一带一路"构想时，特别提出要实现"政策沟通、设施联通、贸易畅通、资金融通、民心相通"（简称"五通"）。"五通"是"一带一路"得以推进的宏观思路和根本方向，它回应了沿线国家政府和广大人民的深度关切，又向他们展示了未来美好的愿景，发出了和平、友好、合作的热情呼唤，具有较大的凝聚力、较强的信心和力量。但是，随着时间的变迁，我们认为在"五通"基础上，应该加上文化融通。就是说，为了更好地完善中国西北与周边国家的经济安全合作机制，有必要再增加一个融通，即文化融通。因为，如果没有文化融通，就没有心灵的沟通，也就很难贯彻执行其他"五通"。因此，有必要构建"六个融通"，具体思路有以下六个方面：

1. 围绕政策沟通，加强核心区建设顶层设计

中国要围绕丝绸之路经济带核心区域，出台相关政策和措施，包括指导意见、行动计划和实施措施等。目前，乌鲁木齐市发布实施了四大专项规划：商贸物流中心、交通枢纽中心、医疗服务中心、区域金融中心。此外，积极参与中巴经济走廊建设；研究制定了西北地区参与中哈、中俄蒙合作实施意见；启动了《乌鲁木齐国际陆港区总体发展规划（2016-2030 年）》等专项规划编制工作，进一步的合作规划和措施将陆续出台。

2. 围绕设施联通，构建四通八达立体交通网

围绕"一带一路"构想，加大设施联通的推进。目前，一批重点交通项目相继建成和加快推进，北中南三大交通通道功能不断提升。兰新铁路第二双线、乌鲁木齐高铁新客运站、"双西公路"（欧洲西部—中国西部）国内段 G218 线霍尔果斯口岸段已建成通车，莎车机场、若羌机场等建成通航。截至目前，新增铁路营运里程超过 960 公里，总里程达到 5940 公里，高速铁路 717 公里；新增公路里程 2 万公里，总里程突破 18 万公里；新建、改扩建机场 9 个，全疆民用运输机场总数达 21 个。

中国西北地区已初步形成铁路、公路、航空和管道四位一体的综合运输网

络。道路联通带动了商贸物流的联通，进一步推动了丝绸之路沿线国家医疗、卫生、文化和科教的交流，为中国与西北周边国家的合作奠定了基础。

3. 围绕贸易畅通，构建高层次开放型经济

习近平总书记在党的十九大报告中指出，中国开放的大门永远不会关闭，只会越开越大。我们一定要以"一带一路"建设为重点，推动与周边国家的合作战略。目前，中欧班列已经实行定时定点规模化运行；而且，中欧班列乌鲁木齐集结中心已先后开出了19条欧洲、中亚国家"点对点"运输线路，覆盖欧亚17个国家、24个城市。同时，中国的喀什、霍尔果斯经济开发区、各综合保税区、边境口岸等重点开放平台不断完善。2018～2019年，乌鲁木齐、喀什、霍尔果斯、阿拉山口等8个对外开放节点城市联手成立了丝绸之路国际陆港联盟，新疆陆港体系逐步形成。在此基础上，还要考虑构建我国西北与周边国家的数字贸易，规范数字交易，扩大经贸合作领域，使经贸规模再上一个台阶。

4. 围绕民心相通，夯实"一带一路"基础

国际合作的基础就是让各国老百姓福祉有所改进，民心沟通得到提升。因此，民心相通可以为"一带一路"奠定民意基础。目前，我国已形成中国—亚欧博览会、丝绸之路城市论坛、中巴经济走廊合作论坛等多个交流合作平台。这些平台成为推动中国西北地区与周边国家合作的重要渠道，为推进"一带一路"建设，维护国家经济安全奠定了扎实的基础。为此，我们建议以乌鲁木齐为核心建设数字贸易平台，更好地落实民心相通和经济合作。

5. 围绕资金融通，打造区域金融中心

金融的合作关系到中国西北周边国家合作的顺利推进。目前，在中央政府的大力支持下，西北地区多层次资本市场已基本建立，从而推动了核心区的金融中心建设。其中，以中哈霍尔果斯国际边境合作中心金融创新为突破口，人民币与哈萨克斯坦等国货币直接交易规模逐步扩大，跨境人民币业务快速发展。全疆跨境人民币业务累计结算量从2013年的425亿元增加到2019年的4800多亿元，涉及境外国家和地区从43个扩大到90个。以此为契机，我们认为，要进一步加强与中亚五国、俄罗斯、蒙古等国家的金融合作，在石油和天然气贸易、投资等领域实现人民币结算，破除美国的美元霸权，提升中国西北与周边国家的金融安全水平和经济安全水平。

6. 围绕文化沟通，夯实人文交流基础

事实说明，人文交流与文化安全在国家建设中的重要性日益突出。它对国家间关系的影响也得到更多肯定和重视，并成为当今世界国际关系理论中的一个重要分支。由于历史和地缘关系，我国与西北周边国家的文化合作一直是中国对外文化交流的重要组成部分。在中国西北周边国家中，孔子学院数量占较大优势

（见表 15-1）。目前，在西北地区学习的共有来自 63 个国家的 10000 多名各类来华留学人员。其中，留学生人数名列前 10 位的国家中，有 9 个是中亚和周边国家的留学生，占来华留学生的 87% 以上。文化沟通与合作的重要意义在于通过交流与合作，增强对外宣传力度，拓展对外宣传渠道，提升对外宣传效果，加深我国西北与周边国家的相互理解与包容，奠定更为深厚的友情、亲情、感情，消弭谬误与谣言，建立更广泛的共识基础，进而营造有利于中国西北周边国家未来发展进步的良好外部舆论环境。

表 15-1　中国西部地区周边国家孔子学院

国别	孔子学院名称	协办院校	启动时间
巴基斯坦	伊斯兰堡孔子学院	北京语言大学	2007 年 4 月
	卡拉奇大学孔子学院	四川师范大学	2013 年 11 月
	费萨拉巴德农业大学孔子学院	新疆农业大学	—
	旁遮普大学孔子学院	江西理工大学	—
哈萨克斯坦	欧亚大学孔子学院	西安外国语大学	2007 年 12 月
	哈萨克国立民族大学孔子学院	兰州大学	2009 年 2 月
	哈萨克阿克托别朱巴诺夫国立大学孔子学院	新疆财经大学	2011 年 3 月
	卡拉干达国立技术大学孔子学院	石河子大学	2011 年 11 月
吉尔吉斯斯坦	比什凯克人文大学孔子学院	新疆大学	2008 年 6 月
	吉尔吉斯民族大学孔子学院	新疆师范大学	2007 年 11 月
	奥什国立大学孔子学院	新疆师范大学	2013 年 1 月
乌兹别克斯坦	塔什干孔子学院	兰州大学	2005 年 5 月
	撒马尔罕国立外国语学院孔子学院	上海外国语大学	2013 年 9 月
塔吉克斯坦	塔吉克国立民族大学孔子学院	新疆师范大学	2009 年 2 月
	冶金学院孔子学院	中国石油大学	2015 年 8 月
俄罗斯	远东联邦大学孔子学院	黑龙江大学	2006 年 12 月
	俄罗斯国立人文大学孔子学院	对外经济贸易大学	2006 年 12 月
	莫斯科大学孔子学院	北京大学	2007 年 9 月
	莫斯科国立语言大学孔子学院	北京外国语大学	2010 年 3 月
	梁赞国立大学孔子学院	长春大学	2010 年 3 月
	圣彼得堡大学孔子学院	首都师范大学	2006 年 11 月
	下诺夫哥罗德国立语言大学孔子学院	四川外国语大学	2010 年 5 月
	伏尔加格勒国立师范大学孔子学院	天津外国语大学	2010 年 6 月
	伊尔库茨克国立大学孔子学院	辽宁大学	2006 年 12 月

续表

国别	孔子学院名称	协办院校	启动时间
俄罗斯	新西伯利亚国立技术大学孔子学院	大连外国语大学	2007 年 4 月
	喀山联邦大学孔子学院	湖南师范大学	2007 年 4 月
	布拉戈维申斯克国立师范大学孔子学院	黑河学院	2007 年 5 月
	卡尔梅克国立大学孔子学院	内蒙古大学	2007 年 11 月
	托木斯克国立大学孔子学院	沈阳理工大学	2008 年 5 月
	布里亚特国立大学孔子学院	长春理工大学	2007 年 7 月
	乌拉尔联邦大学孔子学院	广东外语外贸大学	2007 年 12 月
	阿穆尔国立人文师范大学孔子学院	哈尔滨师范大学	2010 年 1 月

总之，要以开阔的国际视野和坚定的文化自信，积极"请进来""走出去"，开展一项项影响广泛、意义深远的文化交流与合作活动，为丝绸之路沿线各国的文化艺术交流搭建起对话平台，有助于提升国家经济安全水平。但是，必须要注意的是，在合作中要注意敌对国家和敌对分子文化渗透，预防由此带来的文化安全隐患。

（三）加强优势互补，创新工作方法

必须加强优势互补，创新工作方法，以便更好地维护中国西北周边国家经济安全。具体采取以下三项措施：

1. 厘清关系，寻找优势互补

国家之间的合作，包括经济安全合作不是单边行为，而是双边或者多边行为，必须做到优势互补，利益共享，这样才容易达成合作协议，实现共赢。因此，要围绕中国新疆周边国家的地理、资源、科技、人才等情况，进行摸底，为寻求优势互补，更好地实现合作共赢奠定基础。我们建议，国家有关部门应该加强这方面的调研，实事求是地分析中国西北周边国家的供求情况等正面清单和负面清单，以便做到心中有数，为进一步加强合作创造条件。

2. 加强产业合作，强调企业自主权

中国西北周边国家的产业结构互补性较强，虽然有竞争，但是总体上可以做到合作共赢，双边或多边贸易主要是依据资源禀赋所形成的比较优势展开。由于资源禀赋形成的比较优势具有自发性和自我选择性，过多的政府干预会造成市场扭曲，不利于长期有效的产业合作。因此，与周边国家之间基于比较优势的产业合作，应该以市场为主导，以企业特别是私营企业为主体，由企业依据企业盈利、市场占有等企业目标选择进入、合作或者退出。企业要自主决策、自负盈亏、自担风险。政府的作用主要是宏观引导、宏观调控和减少企业负担等，主要由市场这只看不见的手发挥主导作用。

资本密集型产业合作要关注产业移入国已具有的产业基础，推动上下游产业链和关联产业协同发展。中国一部分具有比较优势的产业、产能过剩的产业或者是能源型产业往往是资本密集型产业。在这一类产业中进行国际产业合作或者是产业转移时，前期资本投入和沉没成本很高，因此往往要求产业的移入国已具备一定的产业基础，这是产业合作或者产业移入顺利进行的一个前提。以钢铁产业为例，观察日本向韩国的钢铁产业转移我们可以得到这样的印证。韩国的钢铁工业在 20 世纪 60 年代起步，起步之初都是小工厂。经过 10 多年的发展，有了初步的工业基础后，日本于 20 世纪 70 年代才开始向韩国转移钢铁产业。中亚国家，例如，哈萨克斯坦拥有铁矿和钢铁企业，具有一定的钢铁产业基础，同时由于国家的发展需要大量的钢材，因此中哈的钢铁产业合作有着较好的发展前景。

资本密集型产业合作投资大，因此要更加关注产业链的延伸，从而带动相关技术进步。例如，哈萨克斯坦提出"只限于那些向我国供应最先进开采和加工技术的外国投资者。我们允许外商开采和享用我们原料的交换条件只限于那些在我国境内建设最新型生产厂的企业"。中国也强调在石油、化工等领域的合作要向下游产业延伸，带动关联产业协同发展。因此，基于产业内分工模式的产业链方式的经济合作是长期、稳定和有效的合作模式。

3. 寻求多条渠道，实现产业转移模式多样化

中国是一个工业体系较为完备的制造业大国。中亚国家包括哈萨克斯坦、吉尔吉斯斯坦、塔吉克斯坦和乌斯别克斯坦以及俄罗斯等国家都是工业体系不健全的资源型国家。在 2021 年全球竞争力排行中，中国排名第 16 位，俄罗斯和中亚国家都落后于中国。由此可以判断，中国与中亚国家和俄罗斯等国的产业合作主要是资源寻求型的合作。因此，应该结合这些国家的特点，采取产业转移模式的多样化。丝绸之路经济带建设提倡包容、开放和创新，中国和这些国家之间的产业合作应该是形式多样和合作共赢的。

第二节　经济安全合作机制优化措施

围绕我国周边国家经济安全合作机制整合优化的目标、原则和重点，应采取有效的应对措施，主要包括以下三方面内容：

一、积极营造周边国家安全环境

（1）要依据不断变化的国际与周边环境，制定和完善国家安全战略，尤其是我国西北周边国家安全战略。通过区域和次区域经贸合作与治理机制，积极协调政策，交流信息，增强共同经济安全意识，培植共同安全防范能力，提升安全水平，以维护共同经济利益。

（2）要建立双边或者多边经济安全合作机制。要按照可持续发展的要求，重点把握基础设施与低碳经济发展脉络，构建和完善以绿色经济为主要载体的技术合作研发与商业推广机制，形成应对低碳经济挑战的合力，谋求共同发展权益。

（3）要结合产业结构调整和增长模式转变，与周边国家合作建立产业结构调整与经济增长互动机制，谋求互利共赢。

二、建立和完善有效的经济安全风险防范机制

制定和完善经济安全政策，主动引导地区和双边经济合作机制，从源头上预防经济安全风险。建立和完善"一带一路"跨区域经济安全预警机制，并与我国西北周边国家保持协调与合作，及时有效地对周边国家和本地区经济安全发展态势进行预警和防范，跟踪相关地区和国家的经济运行状况，及时发现新的合作契机和风险，尽早提出新的合作思路，也要及时发现潜在的经济安全风险，提出应对措施。依据当代世界经济规律，建立和完善共同体的经济区域辐射机制，发挥我国产业分工体系的比较优势，最大限度地借力发展经济，防范经济风险。

三、发展数字贸易，拓展互利共赢领域

依据我国经济发展战略，对接西北周边国家经济发展规划，以双向投资为主导，拓宽能源与资源进口渠道，有效舒缓经济发展资源与能源瓶颈。要推进科技创新，大力提升企业产品在新市场的知名度，鼓励有实力的中国企业在周边国家和地区构建中国商品数字营销网络，积极拓宽进入对方市场的商务渠道。与中亚国家、俄罗斯、蒙古、印度和巴基斯坦相关国家政府合作，加强执法力度，携手打击"灰色贸易"活动，封堵低劣商品周边流通渠道，提高中国商品的质量和声誉。要构建我国西北周边国家的数字经贸合作机制，加强经贸政策对话，推动公路、铁路、水运、通信等基础设施互联互通，促进区域运输便利化和规范化，为企业创造更为有利的贸易条件，实现更多的贸易创造，以贸易促投资，以双向贸易和投资为载体提振我国产业活力和竞争力。同时优化贸易结构，扩大进出口商品国际市场空间，实现西北周边国家经济贸易互利共赢。

四、稳妥推进产业合作

应采取以下四项措施：

（1）要围绕"一带一路"远景规划，切实执行我国与西北周边国家和区域组织签订的《货物贸易协议》《服务贸易协议》和《投资协议》等法律文件，依据我国产业结构调整计划，有序推动国内企业向周边国家转移部分剩余产能，拓展生产空间，延长相关技术和生产线的生命周期，提升经济发展宏微观经济效益，提升我国在区域经济分工与合作进程中的地位与作用。

（2）要建立和完善我国与相关区域经济合作机制，建立国家大基金，为我国企业走向周边、迈向世界提供金融保障。

（3）要创造条件构建和完善以我国为中心的交通、运输和通信网络，提升我国与周边国家互联互通水平，为相关国家企业推进双向投资提供基础设施保障。

（4）要依托现有经济合作机制，不断扩大合作领域和范围。利用周边国家在产业结构和资源禀赋方面的比较优势，在农业、能源、交通运输和信息技术等领域拓展和完善产业链和供应链合作，并提升产业链安全和供应链安全水平。

五、培植安全共同体

安全共同体（Security Community）理论是第二次世界大战结束后最先尝试解决国际关系中非暴力变革的理论。安全共同体的核心理念是将国际关系看作一个在交易（Transaction）、互动（Interaction）和社会化（Socialization）的驱使下进行社会学习和形成认同的过程。国外学者 Amitav Acharya（2016）对东南亚的安全共同体进行了有益探索，值得学习借鉴。①

因此，我们建议，要利用我国西北周边国家区域经贸合作和经济一体化机制，推进我国与这些国家的经济安全合作，加强政治、经济、外交与战略对话，化解分歧与矛盾，增进互信，致力于构建安全共同体，优化经济安全机制。要制定新时代我国经济安全战略和政策，弘扬"互信、互利、平等、协作"的新安全观，拓展传统安全与非传统安全区域合作。稳步推进双边和多边经济合作，充分发挥我国与西北周边国家建立的战略伙伴关系机制，巩固不针对第三方的非盟友安全合作机制。要加强双边或多边政策协调，谋划中国西北周边国家共同安全利益。可考虑建立和完善定期军事与安全联合演习，为周边经贸合作营造安全

---

① Amitav Acharya. Constructing a Security Community in Southeast Asia：ASEAN and the Problem of Regional Order ［J］. The Hague Journal of Doplomacy，2016，12（4）：361-364.

环境。

六、积极推进区域经济治理

要进一步解放思想，调整我国区域经济合作政策特别是西北周边国家经济合作政策，推进区域经济与贸易合作进程，加快区域一体化进程，形成区域经济抵御安全风险的合力。通过定期举行高层论坛或元首会晤机制，就共同关心的经济安全问题交换意见；建立相关经贸联络委员会，应对可能出现的安全风险；加强与有关国家之间经济司法合作机制，解决经贸纠纷。同时，要加快西北周边国家自贸区谈判进程，以富有活力的经贸合作安排，推动区域经济合作，为拓展我国与周边国家经济贸易营造良好的安全环境，促进共同经济安全，提升经济安全合作成效。

七、积极开展非传统安全合作

要加强中国西北周边国家的非传统安全合作，构建共同经济安全环境。通过谈判和磋商建立非传统安全合作机制，有效打击恐怖分子和"三种势力"，防范跨国经济犯罪，促进经济合作利益最大化。通过现行双边和多边合作机制，以消除贫困、改善民生为抓手，逐步增加发展援助投入，协助相关国家消除滋生非传统安全问题的政治、经济与社会因素。加强和完善安全合作对话机制，加强区域非传统安全执法合作。在尊重主权、互不干涉内政和协商一致的基础上，依据权利和义务对等原则，加强执法政策协调，交流执法经验，互换相关信息，提供人力资源培训和相关技术设备，为促进我国西北周边国家经济安全提供法律和机制性保障。

八、构建新的国际合作机制

中国新安全观之"新"，首先在于超越冷战思维，摒弃以对抗求安全的思想，是适应国际形势发展和变化的产物。以此为契机，要逐步把共同治理的理念融合到中国西北周边国家经济安全的事务中，重点突出中国新安全观的核心内容，包括互信、互利、平等、协作，以互利合作寻求共同安全，反对以牺牲他国的安全利益来谋求自身的"绝对安全"；主张通过建立互信措施、加强彼此合作，实现相互安全的方法，消除发生冲突的诱因和安全隐患。此外，努力构建区域经济合作伙伴关系，在政治上推进多极化，在经济上形成"协同体"，用共同的利益去约束强权政治和霸权主义，有利于推动我国经济高质量可持续发展，保障我国西北周边国家经济安全，实现合作共赢目标。

参考文献

[1] ADB. Asian Economic Integration Report 2015 [N]. Asian Development Bank, 2015: 158.

[2] Alsu Ahmetshina, Roza Kaspina, Linar Molotov. Economic Security Indicators Forecasting for Management Decisions Based on Integrated Reporting Data [J]. The Impact of Globalization on International Finance and Accounting, 2018 (2): 403-409.

[3] Amineh M. P. Globalization, Geopolitics and Energy Security in Central Eurasia and the Caspian Region [M]. Hagure: CIEP, 2003.

[4] Amitav Acharya. Constructing a Security Community in Southeast Asia: ASEAN and the Problem of Regional Order [J]. The Hague Journal of Doplomacy, 2016, 12 (4): 361-364.

[5] André Månsson. Energy, Conflict and War: Towards a Conceptual Framework [J]. Energy Research & Social Science, 2014 (4).

[6] Barnaby Kapstein. The Political Economy of National Security: A Global Perspective [M]. New York: McGraw-Hill Humanities, 1991: 188-202.

[7] Barry Buzan. New Patterns of Global Security in the Twenty-first Century [J]. International Affairs, 1991, 67 (3): 432-433.

[8] Cardarelli, Roberto, Selim Elekdag and Subir Lall. Financial Stress Downturns and Recoveries Forthcoming [R]. IMF Working Paper, 2009.

[9] Chyungly Lee. The Asian Turbulence: A Case Study in Economic Security [EB/OL]. http://nccur.lib.nccu.edu.tw/handle/140.119/65303.

[10] Ernest May. Imperial Democracy: The Emergence of America as a Great Power [M]. New York: Harcourt, Brace and World, 1961: 3-6.

[11] Garth E. Kendall, Ha Nguyen, Rachel Ong. The Association between Income, Wealth, Economic Security Perception, and Health: A Longitudinal Australian

Study [J] . Health Sociology Review, 2018 (8): 18–25.

[12] Gerlach S. , F. Smets. Contagious Speculative Attack [J] . European Journal of Political Economy, 1995 (11): 5–63.

[13] Hellen E. S. Nesadura. Introduction: Economic Security, Globalization and Governance [J] . The Pacific Review, 2004, 117 (4): 462–463.

[14] Holikov Ivan. Principles of Economic Security [J] . Economic Annals, 2014, 10 (2): 8–11.

[15] Komelina Olha, Fursova Natalia. Evaluation of Social Security: Systemic and Synergetic Approach [J] . Economic Annals–XXI. 2014, 07–08 (1): 12–15.

[16] Lawrence Krause, Joseph Nye. Reflections on the Economics and Politics of International Economic Organizations [J] . International Organization, 1975, 29 (1): 323–342.

[17] Mamoon Dawood. Economic Security, Well Functioning Courts and a Good Government [J] . International Journal of Social Economics, 2012 (39): 587–611.

[18] Menon, Jayant. From Spaghetti Bowl to Jigsaw Puzzle? Addressing the Disarray in the World Trade System [R] . ADB Working Paper Series on Regional Economic Integration, 2014.

[19] Michael A. Barnhart. Japan Prepares for Total War: The Search for Economic Security, 1919–1941 [M] . Ithaca: Cornell University Press, 1987.

[20] Mi – Youn Yang, Bomi Kim Hirsch, Kristen S. Slack and Lawrence M. Berger. Strategies for Packaging Income and Means – Tested Benefit Sources among WIC Program Participants [J] . Journal of the Society for Social Work and Research, 2019 (4): 459–475.

[21] M. V. Ramana. Nuclear Power: Economic, Safety, Health, and Environmental Issues of Near – Term Technologies [J] . Annual Review of Environment and Resources, 2009: 34.

[22] N. A. Kazakova, A. I. Bolvachev, A. L. Gendon, G. F. Golubeva. Monitoring Economic Security in the Region Based on Indicators of Sustainable Development [J] . Studies on Russian Economic Development, 2016 (5): 638–648.

[23] OECD, Interconnected Economies: Benefitting from Global Value Chains–Synthesis Report [EB/OL] . http: //www. oecd. org/sti/ind/interconnected – economies–GVCs–synthesis. pdf.

[24] O. O. Ivashkina, A. V. Karibskii, Yu R. Shishorin. Control of Economic Safety of the Developing Natural Monopolies: Modeling and Automation [J] . Automa-

tion and Remote Control, 2004: 657.

[25] Pankov V. Economic Security: Essence and Manifestations [J]. International Affairs, 2011 (57): 192-202.

[26] Paul Goble. Tajik Military Increasingly Part of Russian Army in All But Name [J]. Eurasia Daily Monitor, 2019 (19): 84.

[27] Pėstinikas Andrius, Kolisovas Danielius, Teresienė Deimantė. 2003-2013 Published Economic Indicator's Impact on Yields of U. S. Treasury Notes and Bonds [J]. Business Systems & Economics, 2014 (1): 181-195.

[28] Robert A. Pollard. Economic Security and the Origin of the Cold War, 1945-1950 [M]. New York: Columbia University Press, 1985.

[29] Shchurko Ulyana. Financial Security of Ukraine in the Post-crisis World [J]. Ovidius University Annals, Economic Sciences Series, 2013, 7 (2): 703-707.

[30] Theodore H. Moran. Multinational Corporations and the Politics of Dependence: Copper in Chile [J]. The Hispanic American Historical Review, 1993, 56 (11): 36-57.

[31] T. H. 尤季娜. 欧亚经济联盟与丝绸之路经济带的对接——从全球化、区域化和经济哲学的视角解读 [J]. 西伯利亚研究, 2016 (1): 7-11.

[32] Zlatar I., Kozan B., Golob R., Gubina A. F. The Security of Electricity Supply: The Economic Downturn's Influence in Slovenia [J]. Energy Sources: Economics, Planning, and Policy Part B, 2014 (9): 351-359.

[33] 白澎. 中国产业安全的实证研究 [J]. 山西财经大学学报, 2010 (8): 65-76.

[34] 保健云. 国际区域合作的经济学分析——理论模型与经验证据 [M]. 北京: 中国经济出版社, 2008.

[35] 蔡俊煌. 全球定价权博弈下的中国经济安全风险与对策研究 [J]. 亚太经济, 2015 (6): 58-65.

[36] 曹秋菊. 经济开放条件下中国产业安全问题研究 [D]. 湖南大学博士学位论文, 2007.

[37] 曹蔚. 俄罗斯金融监管制度的演变、改革及启示 [D]. 中国社会科学院研究生院硕士学位论文, 2017.

[38] 曹尹. 俄罗斯与中亚的非传统安全合作研究 [D]. 北京外国语大学博士学位论文, 2014.

[39] 曹云华, 彭文平. 东盟的经济安全观 [J]. 东北亚论坛, 2010 (2): 73-79.

［40］常军乾. 我国能源安全评价体系及对策研究［D］. 中国地质大学（北京）博士学位论文，2010.

［41］陈必达，许月梅. 国际政治关系经济学［M］. 兰州：甘肃人民出版社，1996.

［42］陈继东. 转型中的巴基斯坦经济——经济困境与结构矛盾分析［J］. 四川大学学报，2009（4）：111-114.

［43］陈佳贵，黄群慧，钟宏武. 中国地区工业化进程的综合评价和特征分析［J］. 经济研究，2006（6）：4-15.

［44］陈立敏，谭力文. 评价中国制造业国际竞争力的实证方法研究——兼与波特指标及产业分类法比较［J］. 中国工业经济，2004（5）：30-37.

［45］陈利君. 中巴经济走廊建设前景分析［J］. 印度洋经济体研究，2014（1）：107-160.

［46］陈利君. 中巴能源合作问题探讨［J］. 云南财经大学学报，2012（1）：71-79.

［47］陈首丽，马立平. 国家经济安全的风险因素与监测指标体系［J］. 上海统计，2002（6）：12-14.

［48］陈松林. 中国金融安全问题研究［M］. 北京：中国金融出版社，2002.

［49］陈体标. 上海合作组织成员国的产业结构变化和经济增长［J］. 俄罗斯研究，2012（5）：160-192.

［50］陈小沁. 能源战争：国际能源合作与博弈［M］. 北京：新世界出版社，2015.

［51］陈鑫. 中国多层次石油储备体系机制及对策研究［D］. 大连理工大学博士学位论文，2014.

［52］陈雨露，汪昌云. 金融学文献通论·原创论文卷［M］. 北京：中国人民大学出版社，2006.

［53］程伟. 俄罗斯经济能否走出危机［J］. 欧亚经济，2017（1）：1-65+125+127.

［54］程亦军. 俄罗斯的金融体制与金融政策［J］. 中国金融，2011（5）：32-33.

［55］迟国泰，赵志冲. 以企业为主体的科技创新评价指标体系的构建［J］. 科研管理，2018（S1）：1-10.

［56］崔建军，王利辉. 金融全球化、金融稳定与经济发展研究［J］. 经济学家，2014（2）：92-100.

［57］戴翔．中国制造业出口内涵服务价值演进及因素决定［J］．经济研究，2016（9）：44-57.

［58］戴志强．论外资国民待遇对国家经济安全的影响与对策［D］．中南大学硕士学位论文，2007.

［59］邓羽佳，秦放鸣．欧亚区域经济一体化背景下中国出口贸易效应及潜力研究［J］．世界经济研究，2015（12）：55-65+125.

［60］丁德臣．美元周期及对中国经济安全的启示［J］．宏观经济研究，2018（7）：151-163.

［61］丁志刚．地缘经济安全：一种新型的国家安全观［J］．西北师大学报（社会科学版），2001（2）：85-90.

［62］董秀成．"一带一路"战略背景下中国油气国际合作的机遇、挑战与对策［J］．价格理论与实践，2015（4）：14-16.

［63］范恒森，李连三．论金融危机传染路径及对我国的启示［J］．财经研究，2001（11）：51-58.

［64］范子英，彭飞，刘冲．政治关联与经济增长——基于卫星灯光数据的研究［J］．经济研究，2016（1）：114-126.

［65］冯绍雷．中国周边安全的新认知：特点、功能与趋势［J］．国际安全研究，2013（2）：34-57.

［66］冯雁秋．债务危机传染过程中的季风效应与溢出效应：理论与政策［J］．经济科学，2003（1）：43-48.

［67］冯宗宪，李刚．"一带一路"建设与周边区域经济合作推进路径［J］．西安交通大学学报（社会科学版），2015（6）：1-9.

［68］高昊，张一弓．国家经济安全和国家经济发展比较探析［J］．经济问题探索，2010（2）：8-12.

［69］高丽，李季刚．"丝绸之路经济带"视角下哈萨克斯坦货币政策实践及效应研究——基于 VAR 模型［J］．新疆大学学报（哲学·人文社会科学版），2016，44（6）：57-64.

［70］高永久、岳天明．新疆及周边国家"社会安全阀"机制构建研究［J］．新疆大学学报（哲学社会科学版），2006，34（5）：85-90.

［71］高志刚．中国与西北周边主要国家经济安全评价研究［J］．甘肃社会科学，2016（5）：201-207.

［72］贡伟宏，周娜．中国与土库曼斯坦双边本币结算研究［J］．青海金融，2017（11）：26-29.

［73］顾海兵，段琪斐．中国经济安全冲击的国别来源研究［J］．经济学动

态，2016（2）：10-16.

［74］顾海兵，李彬.美国经济安全战略及对中国的借鉴［J］.学术界，2010（3）：60-66+272-274.

［75］顾海兵，李彬.印度经济安全战略及对中国的借鉴［J］.经济理论与经济管理，2010（6）：12-16.

［76］顾海兵，刘玮，周智高.俄罗斯的国家经济安全：经验与借鉴［J］.湖南社会科学，2007（1）：110-116.

［77］顾海兵，沈继楼.保障国家经济安全的对策研究——政府机构视角［J］.国家行政学院学报，2009（2）：73-76+88.

［78］顾海兵，孙挺."十二五"时期国家经济安全水平预测分析［J］.国家行政学院学报，2012（3）：16-20+102.

［79］顾海兵，唐帅，周智高.日本的国家经济安全：经验与借鉴［J］.山东社会科学，2007（4）：59-64.

［80］顾海兵，王甲.国家经济安全指标体系的确定与修正——专家文献法探讨［J］.山东社会科学，2018（2）：110-116.

［81］顾海兵，王甲.中国经济安全研究的文献计量分析——基于中文文献的分析［J］.南京社会科学，2018（3）：23-30.

［82］顾海兵，夏梦.基于国家经济安全的金融安全指标的选取研究［J］.国家行政学院学报，2011（5）：52-56.

［83］顾海兵，张安军.国家经济安全中的金融安全地位研究［J］.学习与探索，2012（4）：91-94.

［84］顾海兵，张帅."十三五"时期我国经济安全水平预测分析［J］.中共中央党校学报，2016（2）：40-45.

［85］顾海兵，张帅.十三五时期我国能源消费组合模型预测——兼及对经济安全条件影响的量化研究［J］.江苏社会科学，2017（4）：66-76.

［86］郭翠荣，刘亮.基于因子分析法的我国上市商业银行竞争力评价研究［J］.管理世界，2012（1）：176-177.

［87］郭惠君."一带一路"背景下中国与中亚地区的投资合作——基于交通基础设施投资的视角［J］.国际经济合作，2017（2）：71-75.

［88］郭金峰.俄罗斯亚太战略研究［D］.外交学院博士学位论文，2013.

［89］郭连成，张海峰.普京时代的俄罗斯经济发展道路及未来展望［J］.国外社会科学，2018（3）：105-115.

［90］郭晓琼.中俄金融合作的最新进展及存在的问题［J］.欧亚经济，2017（4）：82-101.

［91］国家发展改革委，外交部，商务部．推动共建丝绸之路经济带和 21 世纪海上丝绸之路的愿景与行动［M］．北京：外文出版社，2015.

［92］王元龙．中国金融安全论［M］．北京：中国金融出版社，2003.

［93］何德旭．中国金融安全评论［M］．北京：社会科学文献出版社，2014.

［94］何德旭，娄峰．中国金融稳定指数的构建及测度分析［J］．中国社会科学院研究生院学报，2011（4）：16-25.

［95］何维达．中国"入世"后的产业安全问题及其对策［J］．经济学动态，2001（11）：41-44.

［96］何维达等．国家能源产业安全的评价与对策研究［M］．北京：经济管理出版社，2010.

［97］何维达等．全球化背景下国家产业安全与经济增长［M］．北京：知识产权出版社，2016.

［98］何维达，何昌．当前中国三大产业安全的初步估算［J］．中国工业经济，2002（2）：25-31.

［99］何维达，刘立刚．新时代中国金融安全及治理研究［M］．北京：知识产权出版社，2018.

［100］何维达，宋胜洲．开放市场下的产业安全与政府规制［M］．南昌：江西人民出版社，2003.

［101］何维达，王宇，敬莉．亚太五国基于亚欧合作的"丝路战略"比较研究［J］．西部论坛，2015（5）：42-49.

［102］胡再勇，林桂军．国家经济安全：OECD 的治理架构、政策措施及启示［J］．国际经济合作，2014（12）：10-16.

［103］环球网：俄白哈三国签署亚美尼亚加入关税同盟和统一经济空间的"路线图"［EB/OL］．［2013-12-26］．http://china.huanqiu.com/News/mofcom/2013-12/469 9168.html.

［104］黄健柏，刘京星．"一带一路"战略背景下金属产业国际产能合作研究［J］．中国人口·资源与环境，2017，27（7）：1-7.

［105］黄孟芳，卢山冰，余淑秀．以"欧亚经济联盟"为标志的独联体经济一体化发展及对"一带一路"建设的启示［J］．亚太经济，2015（3）：36-44.

［106］江海燕，张秋霞．当今国际贸易体系的不公平性剖析［J］．沈阳师范大学学报（社会科学版），2015，39（2）：53-56.

［107］姜茸，钱泓澎．一种度量国家经济安全风险的方法［J］．生态经济，

2015（4）：14-19.

［108］姜旭朝，胡斌．关于金融独立性分析：强化与异化［J］．金融研究，2000（12）：56-62.

［109］蒋瑛，郭玉华．世界石油价格波动与我国经济安全预警机制建设［J］．经济体制改革，2007（3）：31-34.

［110］金瑞庭．加快推动"一带一路"战略与欧亚经济联盟对接［J］．宏观经济管理，2016（3）：41-43.

［111］景玉琴．产业安全评价指标体系研究［J］．经济学家，2006（2）：70-76.

［112］康成文．美欧日制裁下俄罗斯对外贸易的变化及中俄贸易分析［J］．国际贸易，2016（5）：28-36.

［113］孔庆江．国家经济安全与WTO例外规则的应用［J］．社会科学学刊，2018（5）：134-138.

［114］雷家骕．关于国家经济安全研究的基本问题［J］．管理评论，2006（7）：3-7+63.

［115］雷家骕．国家经济安全：理论与分析方法［M］．北京：清华大学出版社，2011.

［116］雷家骕，陈亮辉．基于国民利益的国家经济安全及其评价［J］．中国软科学，2012（12）：17-32.

［117］李翀．国家金融风险论：对国际资本投机性冲击的分析和思考［M］．北京：商务印书馆，2000.

［118］李佳琦．金融全球化对我国金融安全和风险问题［J］．财经界（学术版），2018（4）：14.

［119］李建军．国家金融安全研究报告（2021）［M］．北京：中国财政经济出版社，2022.

［120］李建军，李俊成．"一带一路"基础设施、经济发展与金融要素［J］．国际金融研究，2018（2）：8-18.

［121］李建民．丝绸之路经济带、欧亚经济联盟与中俄合作［J］．社会科学，2014（6）：7-18.

［122］李金华．国家经济安全监测警示系统的构建［J］．中南财经大学学报，2001（5）：27-30.

［123］李蕾，张帅．国家经济安全视角下的粮食安全："十三五"前期监测和后期预警［J］．兰州大学学报（社会科学版），2018（5）：132-141.

［124］李思奇．"一带一路"背景下中国与中亚五国贸易便利化的经贸效应

研究［J］．东北亚论坛，2018（4）：112-126.

［125］李晓，李俊久．"一带一路"与中国地缘政治经济战略的重构［J］．世界经济与政治，2015（10）：30-59+156-157.

［126］李晓勇．经济全球化与我国国家经济安全［D］．中共中央党校博士学位论文，2003.

［127］李新．丝绸之路经济带对接欧亚经济联盟：共建欧亚共同经济空间［J］．西伯利亚研究，2016（4）．

［128］李新．俄罗斯推进欧亚经济一体化战略分析［J］．学术交流，2010（10）．

［129］李秀蛟．俄罗斯智库专家对"一带一路"的评析［J］．西伯利亚研究，2015（6）：19-24.

［130］理查德·萨克瓦，丁端．拧紧螺栓：新冠疫情与国际政治［J］．俄罗斯研究，2020（5）：49-70.

［131］连欢欢．中国对俄罗斯劳务输出经济效应分析［D］．首都经济贸易大学硕士学位论文，2017.

［132］梁小珍，黎建强，刘建华等．基于机场竞争力评价的我国多层次机场体系研究［J］．管理评论，2016（12）：116-126.

［133］林伯强．外债风险预警模型及中国金融安全状况评估［J］．经济研究，2002（7）：14-23.

［134］林珏．中国石油安全状况分析［J］．亚太经济，2010（2）：24-29.

［135］林兆阳．东亚区域经济合作视角下我国国家经济安全问题研究［D］．西南财经大学硕士学位论文，2012.

［136］凌涛等．中国区域金融稳定评估：FSAP 的研究与应用［M］．北京：中国金融出版社，2009.

［137］刘凡．矛盾尖锐、全局可控——论全面开放条件下我国经济安全面临的问题与对策［J］．河南社会科学，2020（6）：37-45.

［138］刘京军，鲁晓东，张健．中国进口与全球经济增长：公司投资的国际证据［J］．经济研究，2020（8）：73-88.

［139］刘军梅．俄罗斯金融制度的变迁［J］．复旦学报（社会科学版），2003（2）：3-10.

［140］刘沛，卢文刚．金融安全的概念及金融安全网的建立［J］．国际金融研究，2001（12）：50-56.

［141］刘微．俄罗斯财政政策探析［J］．俄罗斯中亚东欧研究，2005（3）：28-34.

［142］刘伟，高志刚．俄罗斯国家经济安全对中俄经贸合作的影响［J］．商业研究，2020（1）：66-73.

［143］刘卫东．"一带一路"战略的科学内涵与科学问题［J］．地理科学进展，2015，34（5）：538-544.

［144］刘文革，谢杰，孙瑾．新常态背景下的地缘政治经济学研究——首届地缘政治经济学论坛综述［J］．经济研究，2016（1）：182-186.

［145］刘锡良．中国经济转轨时期金融安全问题研究［M］．北京：中国金融出版社，2004.

［146］刘晓星，方琳．系统性风险与宏观经济稳定：影响机制及其实证检验［J］．北京工商大学学报（社会科学版），2014（5）：65-77.

［147］刘友法．未来10年中国周边经济安全形势及对策思考［J］．国际问题研究，2012（4）：80-89.

［148］龙涛，等．中国在塔吉克斯坦资源产业开发布局分析［J］．中国矿业，2016（7）．

［149］罗伯特·基欧汉，海伦·米尔纳．国际化与国内政治［M］．姜鹏，董素华译．北京：北京大学出版社，2003：5-206.

［150］罗布森．国际一体化经济学［M］．上海：上海译文出版社，2001.

［151］罗斯丹．中国金融安全问题研究［D］．吉林大学博士学位论文，2009.

［152］马荣等．中亚五国能源产业投资环境评估［J］．对外经贸，2017（1）：34-39.

［153］马蔚云．俄罗斯国家经济安全及其评估［J］．俄罗斯中亚东欧研究，2012（5）：56-62.

［154］穆荣平．高技术产业国际竞争力评价方法初步研究［J］．科研管理，2000（1）：50-57.

［155］年志远，李丹．国家经济安全预警指标体系的构建［J］．东北亚论坛，2008（6）：75-76.

［156］聂富强，周玉琴．基于行业融资结构协调的我国金融安全状态评估［J］．当代经济科学，2017（2）：53-61.

［157］欧阳彪，王耀中．开放经济下中国服务业产业安全的测度与评价［J］．湖南社会科学，2015（2）：130-133.

［158］欧阳向英．俄罗斯经济与战略分析［J］．领导科学论坛，2017（2）：55-60.

［159］潘晓明，陈佳雯．特朗普经济安全战略及其影响［J］．国际问题研

究，2018（5）：90-102.

[160] 潜旭明."一带一路"倡议背景下中国的国际能源合作 [J]. 国际观察，2017（3）：129-146.

[161] 乔世政."一带一路"背景下高端设备制造业的发展路径 [J]. 宏观经济管理，2016（7）：68-70.

[162] 乔兴旺. 哈中油气资源合作国际法保障初步研究 [J]. 资源科学，2008，30（4）：33-37.

[163] 秦放鸣. 中国与中亚国家区域经济合作研究 [M]. 北京：科学出版社，2010.

[164] 欧亚联盟：普京地缘政治谋划的核心 [EB/OL]. [2015-04-09]. http：//world. people. com. cn/n/2015/0409/c1002-26820879. html.

[165] 沈悦，张珍. 中国金融安全预警指标体系设置研究 [J]. 山西财经大学学报，2007（10）：89-94.

[166] 盛斌，黎峰."一带一路"倡议的国际政治经济分析 [J]. 南开学刊，2016（1）：52-64.

[167] 施炳展. 互联网与国际贸易——基于双边双向网址链接数据的经验分析 [J]. 经济研究，2016（5）：172-187.

[168] 石俊志. 金融危机生成机理与防范 [M]. 北京：中国金融出版社，2001.

[169] 史欣向，李善民，王满四等."新常态"下的产业安全评价体系重构与实证研究——以中国高技术产业为例 [J]. 中国软科学，2015（7）.

[170] 宋国明. 吉尔吉斯斯坦矿业投资的机遇与风险 [J]. 国土资源情报，2013（11）：35-39.

[171] 苏国辉. 东亚经济合作视角下中国经济安全研究 [D]. 辽宁大学博士学位论文，2011.

[172] 苏立维. 中国金融安全的风险影响因素研究 [J]. 暨南大学，2010（10）.

[173] 孙海鸣，史龙祥，陈盈佳. 上海自由贸易试验区国际能源交易中心建设研究 [J]. 国际商务研究，2015（9）：31-41.

[174] 孙力等. 中亚国家发展报告 [M]. 北京：社会科学文献出版社，2018.

[175] 孙莹. 俄罗斯经济转轨与经济发展问题研究 [D]. 东北财经大学博士学位论文，2007.

[176] 唐建新，古继洪，付爱春. 政府审计与国家经济安全：理论基础和作

用路径［J］．审计研究，2008（5）：29-32．

［177］唐旭，张伟．论建立中国金融危机预警系统［J］．经济学动态，2002（6）：6-12．

［178］唐朱昌．中国与未来欧亚联盟国家的经济合作定位［J］．社会科学，2014（5）：19-26．

［179］藤田昌久，克鲁格曼，维纳布尔斯·空间经济学［M］．北京：中国人民大学出版社，2013．

［180］万晓莉．中国1987~2006年金融体系脆弱性的判断与测度［J］．金融研究，2008（6）：80-93．

［181］汪晓波．俄罗斯外汇市场研究［D］．黑龙江大学硕士学位论文，2010．

［182］王伯安，张德胜．中国石油经济安全评价指标体系设计［J］．企业管理，2010（1）：141-144．

［183］王殿华．互利共赢的中俄经贸合作关系［M］．北京：科学出版社，2011．

［184］王芳，陈雨露．经济体制改革与中国金融安全——问题、逻辑和对策［J］．经济理论与经济管理，2006（7）：5-12．

［185］王礼茂，牟初夫，陆大道．地缘政治演变驱动力变化与地缘政治学研究新趋势［J］．地理研究，2016，35（1）：3-13．

［186］王树春，万青松．试论欧亚经济联盟的未来前景［J］．俄罗斯研究，2012（2）：191-208．

［187］王维然．中亚区域经济一体化研究［M］．北京：知识产权出版社，2014．

［188］王维然，赵凤莲．欧亚经济共同体对中亚区域一体化影响的研究［J］．国际经贸研究，2012（10）：68-78．

［189］王宪举．俄对欧亚经济联盟和丝绸之路经济带建设对接的态度及中国应采取的策略［J］．西伯利亚研究，2016（4）：28-31．

［190］王彦．俄罗斯与中亚国家安全合作机制分析［J］．东北亚论坛，2012（6）：72-81．

［191］王愉飞．新经济安全观及如何维护我国的经济安全［J］．云南电大学报，2009（2）：64-67．

［192］王元龙．关于金融安全的若干理论问题［J］．国际金融研究，2004（5）：78-82．

［193］王元龙．我国对外开放中的金融安全问题研究［J］．国际金融研究，

1998（5）：33-39.

［194］王震等．中国与全球油气资源重点区域合作研究［M］．北京：经济科学出版社，2014.

［195］王梓麒，蔡宏波．"一带一路"背景下国际能源合作分析［J］．国际经济合作，2017（5）：36-38.

［196］魏浩，郭也．中国制造业单位劳动力成本及其国际比较研究［J］．统计研究，2013（8）：102-110.

［197］魏浩，马野青．外商直接投资对我国经济安全的影响［J］．中央财经大学学报，2005（3）：66-70.

［198］温俊萍．经济全球化进程中发展中国家经济安全研究［D］．华东师范大学博士学位论文，2006.

［199］吴笛，霍然．后危机时代的中国经济安全问题［J］．长春市委党校学报，2010（5）：43-46.

［200］吴磊．中国能源安全面临的战略形势与对策［J］．国际安全研究，2013（5）：62-75.

［201］裴占奎，陈建国，恪家栋．区域经济组织研究［M］．北京：经济科学出版社，2000：10-20.

［202］谢洪礼．国民经济运行安全评价指标体系研究［J］．统计研究，2000（7）：11-19.

［203］信春华，朱世英．省区经济安全评价指标体系建立及模糊综合评价［J］．中国矿业，2007（1）：44-48.

［204］邢斐，王书颖，何欢浪．从出口扩张到对外贸易"换挡"：基于贸易结构转型的贸易与研发政策选择［J］．经济研究，2016（4）：89-101.

［205］邢佳韵等．中国在哈萨克斯坦矿业投资区域优选评价研究［J］．资源科学，2015，37（5）：1076-1085.

［206］徐海燕．一带一路视域下哈萨克斯坦经济发展战略及中哈合作［J］．俄罗斯学刊，2016（7）：65-71.

［207］徐坡岭，那振芳．我国制造业在"一带一路"的产业链布局问题——竞争优势互补与中间品贸易视角［J］．东北亚论坛，2018（3）：88-109.

［208］徐晓彤等．乌兹别克斯坦矿业投资前景分析［J］．中国矿业，2017（3）：77-80.

［209］徐义国．金融自由化路径及其效应［M］．北京：中国经济出版社，2008.

［210］徐英倩．论我国国家经济安全立法［J］．学习与探索，2017（10）：

65-70.

［211］徐玉威．人民币国际化的正式启动对人民币周边化的影响——基于货币锚地位的变化［J］．经济经纬，2017（1）：63-68.

［212］许勤华．中国国际能源战略研究［M］．北京：世界图书出版广东有限公司，2014.

［213］闫恩虎．论国家经济安全及其防范模式［J］．河北经贸大学学报，2002（5）：22-26.

［214］杨国亮．新时期产业安全评价指标体系构建研究［J］．马克思主义研究，2010（6）：63-71.

［215］杨雷．中亚新跨国铁路的建设及其利益协调［J］．欧亚经济，2016（1）：72-84.

［216］杨丽花．丝路基金、PPP 与"一带一路"建设——基于博弈论的视角［J］．亚太经济，2016（2）：24-30.

［217］杨鹏．通道经济——区域经济发展的新兴模式［M］．北京：中国经济出版社，2012.

［218］杨恕，王术森．中亚与西亚的地缘经济联系分析［J］．兰州大学学报，2018（1）：50-59.

［219］杨芷晴．基于国别比较的制造业质量竞争力评价［J］．管理学报，2016（2）：306-314.

［220］叶芳芳．乌兹别克斯坦投资法律环境的利弊分析［J］．新疆财经，2014（3）：69-74.

［221］叶莉．金融全球化条件下的我国金融安全问题研究［D］．河北工业大学博士学位论文，2008.

［222］叶卫平．国家经济安全的三个重要特性及其对我国的启示［J］．马克思主义研究，2008（11）：35-40.

［223］叶卫平．国家经济安全定义与评价指标体系再研究［J］．中国人民大学学报，2010（4）：93-98.

［224］伊万·沙拉法诺夫，任群罗．"丝绸之路经济带"背景下哈萨克斯坦产业投资环境研究［J］．俄罗斯研究，2017（1）：133—134.

［225］依马木阿吉·艾比布拉，姑哈尔泥沙·热合曼．乌兹别克斯坦引进外资及其政策［J］．欧亚经济，2014（6）：38-44.

［226］依马木阿吉·艾比布拉，孙世伟．吉尔吉斯斯坦经济转型中投资环境及中国对其投资前景分析［J］．西安财经学院学报，2014（1）：11-14.

［227］殷永林．近期巴基斯坦经济发展走势分析［J］．南亚研究季刊，

2014（4）：61-70.

[228] 尤传明. 全球化视域中的中国经济安全研究 [D]. 武汉大学博士学位论文，2013.

[229] 于一，何维达. 货币政策、信贷质量与银行风险偏好的实证检验 [J]. 国际金融研究，2011（11）：59-68.

[230] 余根钱. 国家经济安全指标体系研究 [J]. 研究与探索，2009（4）：14-15.

[231] 余翔，武兰芬，姜军. 国家经济安全与知识产权危机预警和管理机制的构建 [J]. 科学学与科学技术管理，2004（3）：65-70.

[232] 曾康霖. 对金融风险、金融危机的理性认识过程——改革开放以来的回顾 [J]. 中国金融，2008（5）：45-47.

[233] 曾永泉. 转型期中国社会风险预警指标体系研究 [D]. 华中师范大学博士学位论文，2011.

[234] 臧景范. 金融安全论 [M]. 北京：中国金融出版社，2001.

[235] 张方慧. "一带一路" 背景下中国与中亚国家经贸合作：现状、机制与前景 [J]. 现代管理科学，2018（10）：18-20.

[236] 张汉林，魏磊. 全球化背景下中国经济安全量度体系构建 [J]. 世界经济研究，2011（1）：8-13+87.

[237] 张杰. 我国金融体制改革的演进轨迹与取向观察 [J]. 改革，2018（5）：37-47.

[238] 张静佳，张冀，孙浦阳. 金融危机、溢出渠道与企业敏感度 [J]. 国际金融研究，2016（2）：11-25.

[239] 张森. 发展同俄罗斯、中亚五国经贸关系的对策建议 [J]. 世界经济与政治，1993（2）：63-67.

[240] 张维. 金融安全论 [M]. 北京：中国金融出版社，2016.

[241] 张晓慧，肖斌. 欧盟与中亚及外高加索地区国家能源合作：政策、战略和前景 [J]. 国家经济合作，2014（4）：54-60.

[242] 张新华. 中国与中亚国家及俄罗斯能源合作探析——以丝绸之路经济带建设为视角 [J]. 新疆社科论坛，2013（6）：21-28.

[243] 张艳璐. 欧亚联盟与新丝绸之路经济带的复合型共生关系分析 [J]. 国际展望，2015（2）：97-110.

[244] 张艳松等. 基于地缘战略中国同土库曼斯坦资源合作分析 [J]. 资源科学，2015（5）：10-92.

[245] 张一弓，高昊，崔俊富. 中国国家经济安全战略的演进及内涵 [J].

财经问题研究，2010（3）：10-16.

［246］张勇．中国企业在哈萨克斯坦投资的法律环境评价［J］．新疆师范大学学报（哲学社会科学版），2013（5）：48-54.

［247］张玉玲，迟国泰，祝志川．基于变异系数——AHP 的经济评价模型及中国十五期间实证研究［J］．管理评论，2011（1）：3-13.

［248］张志波，齐中英．论国家经济安全［J］．哈尔滨工业大学学报（社会科学版），2002（1）：72-76.

［249］张智富，郭云喜，张朝洋．宏观审慎政策协调能否抑制国际性银行危机传染？——基于跨境金融关联视角的实证研究［J］．金融研究，2020（7）：38-56.

［250］赵蓓文．外资风险视角下的中国国家经济安全预警指标体系［J］．世界经济研究，2012（1）：68-74.

［251］赵华胜．欧亚经济联盟和丝绸之路非二选一？中俄应采取新思维［N］．环球时报，2014-04-26.

［252］赵欢，王丽艳．土库曼斯坦油气资源投资法律环境分析［J］．资源与产业，2015，17（2）：134-139.

［253］甄峰，赵彦云．中国制造业产业国际竞争力：2007 年国际比较研究［J］．中国软科学，2008（7）：47-54.

［254］郑国富，曹绿．哈萨克斯坦体制转轨的经济学分析与思考［J］．哈尔滨学院学报，2009（5）：39-43.

［255］郑世林，周黎安，何维达．电信基础设施与中国经济增长［J］．经济研究，2014（5）：77-90.

［256］史丹等．中国能源安全结构研究［M］．北京：中国社会科学出版社，2015.

［257］周道许．金融全球化下的金融安全［M］．北京：中国金融出版社，2001.

［258］周延丽，王兵银．丝绸之路经济带与欧亚经济联盟对接的必要性与可行性［J］．欧亚经济，2015（3）.

［259］朱坚真，刘汉斌．我国海洋经济安全监测体系研究［J］．太平洋学报，2013（1）：86-93.

［260］朱建民．一些国家维护产业安全的做法及启示［J］．经济纵横，2013（4）：116-120.

［261］朱建民，魏大鹏．我国产业安全评价指标体系的再构建与实证研究［J］．科研管理，2013（7）：146-153.

［262］朱建民，魏大鹏．我国装备制造业产业安全评价体系构建与实证研究［J］．亚太经济，2012（2）：110-114.

［263］朱雄关．"一带一路"背景下中国与沿线国家能源合作问题研究［D］．云南大学博士学位论文，2016.

［264］朱永彪，魏丽珺．中国、美国和俄罗斯在中亚的影响力评析［J］．俄罗斯研究，2019（5）：73-107.

［265］邹嘉龄，刘春腊，尹国庆等．中国与"一带一路"沿线国家贸易格局及其经济贡献［J］．地理科学进展，2015，34（5）：598-605.

后　记

　　本书《经济安全与合作机制评估研究》，是国家社科基金重点项目《我国数字经济安全风险预警、防范机制和保障能力研究》（21AZD108）、国家社会科学基金一般项目《总体安全观下加强经济安全风险预警、防控机制和能力建设研究（21BZZ016）》和广东省社科规划2023年党的二十大精神研究专项《数字经济推动粤港澳大湾区经济高质量发展研究》（GD23XZZC24）的部分研究成果，获得广东省普通高校人文社科重点研究基地"珠澳数据谷与自贸区研究基地"（批准号2023WZJD013）和珠海科技学院"三个层次"人才建设工程资助。本书还包含广东省教育厅广东省重点建设学科科研能力提升项目《粤港澳大湾区数字金融与产业链重构理论和实践研究》（2021ZDJS137）、珠海科技学院创新能力培育工程项目《应用经济学》（2020XJCSQ002）的部分研究成果，并得到其资助。在此表示衷心感谢！本书的顺利出版，还要感谢国家社会科学规划办公室，如果没有项目经费的支持，就不可能顺利完成课题，也不会有本书的出版。同时，还要感谢国家发展与改革委员会、国家工信部和商务部等政府机构提供的咨询与建议。

　　本书由何维达教授任主编。主要成员包括何维达教授（珠海科技学院）、沈颂东教授（珠海科技学院）、程春梅教授（珠海科技学院）、杨帅教授（珠海科技学院）、李华老师（珠海科技学院）等。除了上述人员之外，参与本书撰写的人员还有高志刚、张磊、任群罗、张喜玲、苏来曼、何俊逸、林陟峰、韩延玲、刘伟、李涛、姚步晨、付兴春、王宇、张燕、陈三景、丁广伟、冯雅清、段鑫、胡宗哲等。最后由何维达教授负责总纂。

何维达

2023年6月16日